周蓓 主編

『民國專題史』叢書

劉彥 著

河南人民出版社

歐戰期間中日交涉史

敘述第一次世界大戰期間中日交涉的過程，包括日軍襲擊青島簽訂“廿一條”，袁世凱復辟與日本的關系，日俄同盟及日本侵略中國東北等

圖書在版編目(CIP)數據

歐戰期間中日交涉史 / 劉彥著. —鄭州 : 河南人民出版社, 2016. 4(2017. 1 重印)
(民國專題史叢書 / 周蓓主編)
ISBN 978-7-215-10168-5

Ⅰ. ①歐… Ⅱ. ①劉… Ⅲ. ①中日關係-國際關係史-近代 Ⅳ. ①D829. 313

中國版本圖書館 CIP 數據核字(2016)第 090322 號

河南人民出版社出版發行
(地址:鄭州市經五路 66 號　郵政編碼:450002　電話:65788063)
新華書店經銷　河南新華印刷集團有限公司印刷
開本 710 毫米×1000 毫米　1/16　印張 25. 75
字數 370 千字
2016 年 4 月第 1 版　2017 年 1 月第 3 次印刷

定價 : 167. 00 圓

出版前言

中國現代學術體系是在晚清西學東漸的大潮中逐步形成的。至民國初建，中央政治權威進一步分散和削弱，加之新文化運動帶給國人思想上的空前解放，新學的啓蒙，新知識分子的產生，民國學術如草長鶯飛，進入一個自由而蓬勃的時代。中國傳統學科乃中國學術之根基與菁華所在，民國學人采用『取今復古，别立新宗』之方法，引入西方的學術觀念，積極改造，使史學、文學等學科向現代學術方向轉型。此外，大力推介西方社會科學的新學科和自然科學，在學習、借鑒乃至移植西方現代學術話語和研究範式的過程中，逐漸建立中國現代學科，使中國的學科門類迅速擴展。一時間，新舊更迭，中西交流，百花齊放，萬壑争流，開創了中國現代學術的源頭。

伴隨知識轉型和研究範式轉換而來的，還有學術著作撰寫方式的創新。中國古代的著作向來以單篇流傳，經後人整理匯編後，方以成册成集的面目出現并持續傳播。直到十九世紀末，東西方的歷史編撰體裁不外乎多卷本的編年體、紀傳體和紀事本末體等，章節體的出現標志着近代西方學術規範的產生和新史學的興起。章節體具有依時間順序，按章節編排；因事立題，分篇綜論；既分門别類，又綜合通貫的特點。以章、節搭建起論述之框架，結構分明，邏輯清晰，較傳統的撰寫體裁容量大、系統性强。它的傳入，使中國現代學術體系從内容到形式被納入了全球化的軌道。民國時期專題史的研究、譯介、編纂、出版恰恰是在這樣的背景下欣欣而發，是學術的實驗場，也是歷史的記録儀。編選『民國專題史』叢書的初衷正是爲了從一個側面展示中國學術從傳統向現代過渡的歷史進程。

專題史是對一個學科歷史的總結，是學科入門的必備和學科研究的基礎，也是對一個時代艱深新鋭問題的解答，是學術研究的高點。民國專題史著作中，既包含通論某一學科全部或一時代（區域、國别）的變化過程的，又囊括對一時代或一問題作特殊研究的，還有少部分是對某一專題的史料進行收集的。原創與翻譯并重，翻譯的底本大多選擇該學科的代表著作或歐美大學普及教本，兼顧權威性和流行性，其中日本學者的論著占據了相當比重。日本與中國同屬東亞儒家文化圈，他們在接納西方學術思想和研究模式時，已作了某種消化與調適，從思維轉換的角度看，更便于中國借鑒和利用，他們的著作因而被時人廣泛引進。

與當代學術研究日趨專業化、專門化、專家化的『窄化』道路迥乎不同的是，中國傳統學術崇尚『學問主通不主專，貴通人不尚專家』的通識型治學門徑，處于過渡轉型期的民國學術在不同程度上保留了這種特徵。民國學術大師諸學科貫通一脉，上千年縱横捭闔之功力自不待冗言，外交家著倫理政治史、文學家著哲學史、化學家著戰争史等亦不乏其人，民國專題史研究呈現出開放、融通、跨界撰述的特點。與此同時必須看到，自晚清以來，中國的命運就在外侮屢犯、内亂頻仍的窘境中跌宕彷徨，民族存亡仿若命懸一綫。這股以創建學科、總結經驗、解决問題爲指歸的專題史出版風潮背後，包裹着民國學人企望以西學爲工具拯民族于衰微的探索精神，及以學術救亡的愛國之心。梁任公曾言：『史學者，學問之最博大而最切要者也，國民之明鏡也，愛國心之源泉也。』這種位卑未敢忘憂國的歷史使命感和國民意識是今人無法漠視和遺忘的。

『民國專題史』叢書收録的範圍包括現代各個學科，不僅限于人文社會科學，學科分類以《民國總書目》的分科爲標準，計有哲學、宗教、社會、政治、法律、軍事、經濟、文化、藝術、教育、語言文字、中國文學、外國文學、中國歷史、西方史、自然科學、醫學、工業、交通共19個學科門類。本叢書分輯整理出版，内不分科，單本發行，方便讀者按需索驥。既可作爲大專院校圖書館、學術研究機構館藏之必備資源，也可滿足個人研讀或興趣之收藏。

與目前市場已有的一些專題史叢書相比，『民國專題史』叢書具有規模大、學科全、選本精、原版影印的特點。本叢書選目首重作者的首創、權威和著作影響力，尤其注重選本的稀見性。所謂稀見，即建國後没有再版，且多數圖書館没有收藏，或即便有收藏，也是歸于非公開的珍本之列予以保存，普通讀者難以借閲。部分圖書雖有電子版，但作爲學術研究的經典原著讀本，紙質版本更利于記憶和研究之用。本叢書精揀版本最早、品相最佳的原版圖書作爲底本，因而還具有很高的版本收藏價值。

『民國專題史』的著作是民國學者對于那個時代諸問題之探究，往往有獨到之處，無論其資料、觀點短長得失如何，要之在中國現代學術史的構建與發展進程中，自有其開宗立論之地位。

歐戰期間中日交涉史叙

歐洲戰爭始於民國三年。終於民國九年。此七年間、其前三年。為日本朝鮮中國之時期。其後四年。為日本印度中國之時期。所謂朝鮮中國之時期者。乘歐戰方殷。列強不能干涉東亞。時積極執行覆滅中國之手腕。如二十一條之要求。如袁氏帝制之擾害。如日俄秘密同盟之締結。無非急往直追。欲中國於此時期。一變而為朝鮮第二。假使俄不革命。美不參戰。而歐戰再延長數年。則其朝鮮中國之政策。或可成功。而無轉為第二時期之必要。然不期俄國革命。致日俄同盟無效。更不期美國參戰後。歐戰旋告終結。其朝鮮中國之手腕運用不及。乃一轉而行印度中國之策。所謂印度中國之策者。擴大中國之內亂。助長主戰派之實力。行其以印度人殺印度人之策也。

綜計民國六七兩年。中日各借款契約。殆與庚子賠款之總額相勒。而中國因此等借款。其喪失之國權。遠過於二十一條。其發生之兵禍。更什伯倍於聯軍入京之慘。迄於今南北統一無期。全國危機四伏。內亂尚不知胡底。原因雖複雜。然多由於此種擾亂政策之結果。嗚呼。歐戰以來。吾國政府與國民。其對於與國。曾未嘗有國際上之犯罪。而其被削之國權。與所受之處分。無論為前清外交痛史中所不有。竟比協約國處分德奧之程度。毫無差別。此應為我國人興亡國之懼。弭內亂之爭。而對於中日關係之嚴重。應急謀救濟之策者也。斯則不佞編述本史之微意所在也歟。夫國必自伐而後人伐。近年之外患。大半與內亂相聯鎖。內亂愈不息。外患愈甚。外患愈甚。內亂愈不能息。國人既不能鬩牆而禦侮。且賈外侮以鬩牆。而一切喪權禍國之約束。遂成於少數人秘密之手。日本得達侵害之目的。以此吾國之幾於朝鮮幾於印度亦以此可爲痛哭長太息也雖曰吾國之外交式歷爲少數人主持國民例不過問然從未有如歐戰期間日本利用此弱點以行其侵害之甚者也歐洲和會山東問題失敗後我國民忽起空前之愛國運動少數人主持之舊式外交有一變而爲國民外交之趨勢且拒簽和約與拒絕山東直接交涉之兩大問題竟皆依國民之志願以行此不可謂非日本朝鮮吾國印度吾國之反響然一按七年以來所受侵害之慘毒與喪失國權之浩大而僅換得國民外交之發軔其貸價何其昂貴苟擴而充之將舊外交式全換爲新外交式則朝鮮印度之禍或不再見於他日不則歐戰雖已結局日本之侵害無止期舊式外交既不足以護國新式外交又不能發展則眞無希望之國民也矣於人乎何尤然予絕不信黃漢民族之如此闇弱無血性無力量也願與國人共勉之至本

史撰述之概例。贅言於左。

一、本史即拙著中國近時外交史之續編。以吾國歐戰期間之重大外患。全為中日交涉。故以專冊行之。

一、本史以民國三年歐戰開始後之中日交涉為限。其以前者、增補於拙著中國近時外交史內。

一、凡歐戰期間。歐美各國與吾國之外交事件。其與日本侵害吾國有關係者。編於本史內。無關係者、增補於拙著中國近時外交史內。

一、歐戰期間、吾國之內亂。如帝制之戰。南北之戰。直皖之戰。皆與日本對我國之外交政策有聯鎖關係。故分別為系統之敘述。藉闡閱牆揖寇之原因。

民國十年二月一日劉彥誌

歐戰期間中日交涉史目次

緒言

第一章 日本攻青島與中日條約

第一節 歐洲開戰與日本佔領山東

世界大戰之起源……條頓族斯拉夫族爭巴爾幹優越權之畧歷……歐洲各國加入戰爭之原因……中國宣告中立……日本對德國發最後通牒……日本對德宣戰……日本拒絕中國共同出兵……美國對日本之通牒……大隈斯混美國之電文……加藤濫用日英同盟之演說……日英同盟與歐戰不相干……日本謀奪山東之夙志……日軍由龍口上岸……日軍截萊州半島為交戰區域……中國宣告濰縣以東為交戰區域……日軍進入濟南佔領膠濟鐵路……日使之聲明書……認膠濟鐵路為租借地之橫暴……青島之降服……日本佔領青島海關……袁政府要求英日撤兵……日本拒絕撤兵與提出二十一條……日外相取消青島交還中國之宣言

第二節 日本向中國要求二十一條與中日條約

日本臣屬中國之政策與實行之機會……二十一條之要求案……日外相致日公使之密訓……

第二章　袁氏稱帝日本之侵害中國

第一節　袁氏稱帝之情形

第二節　日本乘袁氏稱帝之侵害中國

第三章　鄭家屯事件

第四章　日俄同盟與中國之關係

二十一條新約後日本之外交方針……日本結歡俄國之政策……日本強姦俄國爲日俄同盟……俄國不得已之贊承……日俄協約……中國之天地變色……非同一千九百十年日俄協約之比……非同民國元年日俄密約之比……協約危害中國之程度……世傳之日俄密約……俄國共和政府發表之日俄密約……密約即日俄防禦同盟……密約制中國死命之情形……俄國革命與宣告密約無効……日本意外之打擊……中國意外之邀倖……密約之破壞日英同盟……密約之瞞過英國……英國承認日俄協約之原因……與西藏問題之關係……中國保全主義之消滅……中國危迫之程度

第五章　日美共同宣言與中國之關係

日本欲緩和美國之原因……日本派石井大使赴美……石井專欲美國承認日本在中國之特別關係……蘭辛受石井之騙……日美之共同宣言……美國人之易騙……美國政府之不謹慎……日本之曲解條文認中國爲保護國……石井適用極東們羅主義之演說……本野外相濫解條文之宣言……美國國務省之布告……美公使之說明書……日美解釋條文之懸殊……根據共

得之貸價

第七章　福州事件

中國學生排日貨情形……日人之忿恨……福州日人行兇與學警被害情形……日本政府派軍艦赴福州……軍艦之示威運動……日使之反坐……李厚基之詳報……日使主張派員調查之用意……派員調查與日本撤艦……調查後日本之延宕……中國正式要求之條件……日使之要求互辦……閩案解決與尼港交涉之關係……外部自行取消懲兇一欵之錯誤……日使之讓步條件……閩案解決與琿春事件之關係……結案之換文……中國外交之闇弱

第八章　日本之侵略北滿

日本侵奪北滿之夙志……中國收回中東路守備權……影響南滿之情形……軍事協定與日本出兵北滿之關係……日本出兵西伯利亞之目的……日本之運用俄國黨人……過激軍之全勝與各國撤兵……尼港事件與日本佔領沿海省……日本佔領沿海省之聲明書……日軍之駐紮北滿中東路沿線……中東路管理權之變遷……聯合鐵路委員會之處置中東路……日本謀奪

第九章 日本使署收容中國禍首事件

第十章 琿春事件

歐戰期間中日交涉史

劉彥 著

緒言

最近七年。中日兩國交涉諸事實。爲中國國家命運最危險之時期。亦卽爲日本侵害中國最激厲之時期。余既編述此歷史。自不能不將日本於此七年內、侵害中國之政略之事實。及我國於此七年內、領土主權、政治經濟、及其他一切被日本侵害之事實之程度。一一爲詳細之述明。既述明此種事實矣。在善讀余書者。或能諒解余以坦白爽直之胸懷。指陳日本對中國政策之錯誤。將冀其改變南針。以謀中日實際之親善。此善讀余書者也。在不善讀余書者。或認予有排日性質。而爲反對中日親善之人矣。斯則大謬不然。爲不善讀予書者也。關於此點。願於本史之開初。一發其凡焉。

中國民族。原爲平和發達之民族。不幸承前淸之泄沓。與近年之內亂外患。一時陷於紛糾。對於國家政治實業諸端。不能遽謀有秩叙的建設。此吾人自慚自認而不諱者也。日本民族。有進步之精神。有組織之能力。其習慣文字地理。皆與中國最便。而中國富源之待開發。實業之待振興。日本亦有相當之財力。可資借助。尤有健全之人才。可資借用。雙方相需甚殷。應相待甚切。故中日親善四字。吾人一再承認而以爲必要者也。惟此等親善之精神。應以正義的、互助的、平等的主義爲原則。不當以陰險的、毒害的、侵奪的主義爲原則。此種原則一誤。則中日親善之目的。適得其相反之結果矣。爲維持東亞和平計。爲中日兩國相互利益計。爲日本永久遠大的利益計。日本當局均應以中日親善爲目的。不應以中日親善爲手段。然近年日本對中國之所爲。大隈內閣以中日親善四字爲不屑言者無論矣。卽寺內原田內閣、以反對大隈內閣對中國政策爲目標者。亦皆以中日親善爲手段。而不以中日親善爲目的。有如加藤在議會。鄭重聲明。惟恐日本國民誤會中日親善四字之作用。此遺憾千萬者也。日本對中國政策。果繼此不變。

則以前數年積極侵害中國之行爲。必將再見於他日。或比前更加甚焉。亦未可知。此爲我中華民國國家命運生殺存亡之問題。所關引起吾人重大之憂慮。重大之責任。而不能漠然視之者也。

然日本果繼續侵害中國之政策以行。不僅爲中國之大不幸。亦日本之大不幸也。蓋中國固無抵禦日本侵害之能力也。然能保不釀第二次之歐戰於遠東乎。日本固海陸軍善戰。且據太平洋之形勝也。然日本之鐵之煤之米糧及其他軍需必要之原料與經濟生活之日需品。果能支持長久之戰期不須仰給於中國乎。平日殘賊其人之父兄子弟。侵奪其家政家財。臨事而望其人爲患難交。天地間有如此奇謬反常之因果律乎。吾人非恐懼日本行侵迫。故爲此等虛嚇之言。二十年前。俄國曾逞其虎威於滿洲。德國曾逞其狠慾於山東。今日滿洲山東之形勢。果如當日俄德兩帝國政府之初心乎。日本策國萬全。其所侵奪中國之權利。十年二十年後。未必如德俄之結果。然當此世界潮流激變。正義人道國際平等、主義勃興之會。而日本軍閥政閥。必執其帝國主義、大陸國主義、向中國以進行。果不惹起列強之猜忌乎。果不激動中國四萬萬人愛國之心理乎。果不引起日本國民正義人道之觀感。或起國內反動之一日乎。此吾人確認日本爲維持東亞和平計。爲中日兩國相互利益計。爲日本永久遠大的利益計。皆當以中日親善爲目的。不當以中日親善爲手段。故凡近年日本侵害中國之手腕之政略。嗣後應爲根本之翻新。乃可以期中日親善之實現。不然、以若所爲。求若所欲。猶緣木而求魚。且未必無後災也。吾人爲希望東亞實際之和平。應要求中日兩國實際親善。爲要求中日實際親善。吾人對於日本愛和平好正義有進步之國民。應表十分之親愛。相期互助發展兩國和平之利益與幸福。而對於日本軍閥政閥侵害中國之陰謀之策略之事實。應以光明磊落坦白爽直之胸懷。一一指陳而披露之。以訴於中日兩國國民之裁判。與世界之公論。藉以期其自反改良。不再爲中日親善之障礙。而負破壞東亞和平之責任。此爲吾人今日最重要之天職。亦爲時勢要求最急切之義務。且信爲中日兩國大多數國民心理所同歸之一途。斯卽不佞編述本史之意義所在也。明乎此。乃爲善讀吾之書。

第一章　日本攻青島與中日條約

第一節　歐洲開戰與日本佔領山東

世界大戰之起源

世界大戰之起源、以千九百十四年(民國三年)六月二十八日塞爾維亞之兇徒刺殺奧國皇太子爲導火線。一時歐洲諸國太半皆加入戰爭漩渦中。蓋巴爾幹半島。小國林立。種族不同。而斯拉夫族、居其大半。俄國久欲聯合斯拉夫族組織一大同盟。而自爲盟主。以握半島之優越權。歷史上屢次之俄土戰爭。皆此物此志也。

條頓族斯拉夫族爭巴爾幹優越權之略歷

然卒爲英德奧法諸國所破壞。千八百七十八年。柏靈會議。畢斯麥揮其外交手腕。陷俄國於枯窮之境。規定波斯尼亞、黑賽哥維那二州之統治權。爲奧國所有。蓋根本打破斯拉夫族之結合。而伸條頓族之權力於半島也。至千九百八年。奧國乘俄國新敗於日本。忽將該二州合併爲本國領土。塞國極端反抗。俄國亦不承認。而德國急向俄國提出嚴重抗議。俄塞二國始不得已承認之。故巴爾幹近數十年來之問題。多是條頓族與斯拉夫族爭優越權之問題。而德俄二

歐洲各國加入戰爭之原因

國。卽該二族之族長也。遇有事變。二國不但不能傍觀。且認爲有保護同族之責任。千九百十四年。奧國以塞國殺其太子之故。迫壓大甚。卒至與塞爾維宣戰。俄國以歷來之關係。不肯作壁上觀。俄旣助塞。德遂不能不助奧。法與德爲世仇。曾與俄訂攻守同盟。以複鎖聯合之關係。法國遂亦不能脫出範圍之外。此俄德法三國皆圈入戰爭漩渦之所以也。英於歐洲方面。本未嘗與何國訂攻守或防禦同盟之約。惟因德國近年擴張軍備。欲奪英國海上覇權。英始爲對德之預備。始與俄法爲三國協商。以與三國同盟對抗。繼於千九百十二年。與法國爲軍事協商。約定法國全部艦隊集中地中海。英國在地中海艦隊之大部分。移於北海。此種協商。蓋明白防禦德人也。及大戰旣起。德犯白爾義中立。英遂對德宣戰。至意大利依三國同盟之關係。本應助德奧。惟意大利與奧國利害衝突之處甚多。因之脫離三國同盟。而加入協約國之側。此外白爾義、盧森堡、葡萄牙、土耳其、勃牙利、羅馬尼亞、門的內哥羅等小國。或因本國之利害關係。或因不能維持中立之地位。均次第加入戰爭。此歐洲幾全體加入戰團之大概情形也。

中國宣告中立

當歐戰初起。我國上下人士。昧於世界大勢。主張中立者甚多。當時不佞因袁氏解散國會。避黨禍於雲南。聞俄德既宣戰•當即寓書於北京外交部。國務院。及雲南唐督軍•陳日本必攻青島•以奪德國在山東之權利。我國宜制機先。速對德宣戰。孤島遠懸。終必制勝•不然。宜與德公使。速訂密約。以交戰之形勢。將膠州交還中國。以免為日本所制。為當局所不納。袁世凱政府卒於同年八月六日向關係各國宣告

日本向德國發最後通牒

中國中立而日本政府則於同年八月十五日向德國發最後通牒要求德國政府實行左記兩項之事。

一 德國艦隊在日本中國海洋方面者即時退去其不能退去者速即解除武裝。

二 德國政府將膠州灣租借地全部以還付中國之目的於一千九百十四年九月十五日以前無償無條件交付日本官憲。

以上二項德國政府若於一千九百十四年八月二十三日正午尚無完全承認之答覆則日本應執必要之行動。

日本對德宣戰

德政府接此通牒竟不致覆日本遂於同年八月二十三日與德國宣戰。原日本對德發最後通牒事先并不與我國相商事後始由駐北京日公使日置益通知

我國外交部。蓋視我國如無主權之地位。其侮辱中國國家已可想見。袁氏接此通知。無可如何。遂要求與日本共同出兵攻青島。爲日本政府所拒絕。

日本拒絕中國共同出兵

蓋是時日本大隈內閣已决定乘歐戰之機。向中國爲積極之處分。如中國參入協約國之側。則不能行其對華之策。故絕對不承認中國共同出兵也。

美國對日本之通牒

斯時美國政府。恐日本假對德宣戰之名。侵略中國領土。特致日本左之通告。

美國政府。認日本本日英同盟之精神。對德宣戰。則自必尊重中國領土保全之主義。斷非欲對於中國謀領土之擴張無疑也。惟中國國內若有變亂發生。日本欲於膠州灣領域之外。有所行動時。須先與美國商議。

大隈欺混美國之電文

此通告蓋含監視日本對中國行動之意味。日本恐美國懷疑。除正式致覆外。另由大隈致美國各報館一電。文曰。日本用兵青島。或不免發生種種謠諑。余敢宣言。日本此次行動。全憑清潔之良心。合於正義。且與同盟國完全一致。斷無侵略土地之野心。惟以保護遠東之和平者自任耳。至八月二十四日。大隈又致紐約獨立報一電曰。余以日本總理之資格。前已宣言。茲特對於美國人民、及全世界、

加藤濫用日英同盟之演說

再為聲。明日本斷無最後之目的。或佔領土地。或剝奪中國及他國人民所有之任何利益。敢保證我日本能以信義遵守此主義云云。蓋以此等宣言。為欺混美國人計耳。同時日本外相加藤高明於議院說明對德宣戰之始末。曰帝國政府。深望歐洲戰亂。不波及於遠東。奈八月初旬以來。英國政府。本日英同盟關係。要求日本與相當之援助。蓋德國艦隊。常出沒東洋海面。英國海上貿易。陷於危險。帝國海上商業。亦多受障礙。而日英同盟協約。以確保東亞全局之平和。與確實中國獨立。領土保全。與機會均等為事。又保持東亞日英兩締盟國之領土權與其特殊利益為目的者也。今英國以東亞方面之通商貿易。遭重大驚嚇。求相當之援助。我帝國政府。自應致其相當之力。以盡同盟之義務。且與日英同盟利害全相反嚮之德意志。保持山東一角。以為東亞策戰之根據地。不但為東亞永遠和平之重大障礙。實與帝國之利益全相背反者也。故政府決意應英國之要求。對德宣戰。以確保東洋永遠之和平。與同盟國特殊之利益。信為帝國之責務也云云。

日英同盟與歐戰不相干

濫引同盟責務之可羞

日本謀奪山東之夙志

按日英同盟雖確保東亞及印度地方全局之平和然關於該地方兩締盟國一方之領土權與其特殊利益受他國攻擊與其侵畧行動乃至於開戰之時他一方之締盟國始發生協同戰鬬之義務此該協約明白規定也今英國對德宣戰並非因德國攻擊英屬印度香港何處領土之故亦非因德國侵畧英屬印度香港何處特殊利益之故實完全以歐洲問題而開戰則與日英同盟協約毫不相干殆如風馬牛不相及日政府硬稱乘機奪取德國在山東之權利不失光明磊落之態度必濫引日英同盟之關係而稱爲履行同盟之責務則殊可羞也加藤演詞中惟一語道出眞供卽德意志保持山東一角以爲根據實與帝國利益全相背反之一言是已蓋日本對中國之政策欲比列強獨得優越地位以達其臣屬中國之目的欲達此目的不得不打破列強在中國均勢之局而德國盤據勢力於山東爲日本侵畧中國之重大障碍欲乘機奪取之是日本之夙志也此次德國旣與歐洲諸國開戰無東顧之暇正日本乘機奪取之時縱英國不與德國宣戰日本亦必以其他之口實終向山東出兵無疑也獨惜袁氏當國不能矚遠

日軍由龍口上岸

日軍截萊州半島爲交戰區域

中國宣告濰縣以東爲交戰區域

日軍進入

不乘日本未發動之時。先出兵攻青島。致貽國家之憂。可大息痛恨也。

日本雖云用兵青島。其實志在山東全省。當時助攻青島之英國軍隊由膠州之勞山灣上陸。不侵犯租借地以外一步。日本則大不然。其出發海陸軍二萬餘人。不逕攻青島。而由山東北部海濱之龍口上岸。龍口南距青島一百五十英里。既非德之租借地。亦非租地之警備區域。中國既宣告中立。又日本非對中國宣戰。則當然無由龍口上岸之理。然日本欲乘機囊括山東。故先截萊州半島爲交戰區域。自九月三日。陸軍登陸後。橫穿半島以達膠州。所有沿途中國之城鎮與郵電機關。盡行佔管。徵發物品。役苦人民。視同敵國地境辦理。袁氏政府無可如何。乃不得已參照日俄戰爭中國劃遼河以東爲戰區之先例。於九月三日宣告中外。劃萊州龍口及接近膠州灣附近地方爲交戰區域。聲明此外各處仍嚴守中立。同時又與日政府約定交戰區域、以膠濟鐵道之濰縣車站以東爲界。日軍不得越界而西。至九月二十六日。日軍四百名突至濰縣。佔據車站。十月三日。復迫中國軍隊退出鐵道附近地方。中國抗議。全然不理。十月六日。日軍大隊。進逼濟

濟南佔領膠濟鐵路

日使之聲明書

南。佔領膠濟鐵路全線。及鐵路附近各礦產。所有鐵路及礦產用事之中國人員。全行驅逐。而改用日本人。當時袁政府以該鐵路在中國政府管轄之下。全係中立地帶爲辭。向日置益公使提出抗議。日置益旋向袁政府提出左記之聲明書。

山東鐵路公司。根據一千八百九十八年中國許與德國權利之膠州協約而成立。在德國政府直接管轄之下。爲德國國有財產之公司。實際上卽作爲膠州。租。借。地。延。長。之。一。部。也。據該鐵路公司之定欵。及德國政府附與之特許狀觀之。足證明該公司完全爲德國所有之公司。而以現在該鐵路活動之狀態言之。亦有不能分割之情勢。濰縣以西之一部。雖爲中立地帶。然其狀態依然與德國所有無異。日本政府本對德宣戰之旨趣。須將德國之根據全然破壞。則佔領山東鐵路。殊屬正當。此事與中國政府本無關係。爲避誤解及地方官憲衝突之故。日本政府特向中國政府聲明此旨。幷希望中國政府對於日本執行此等必要之手段。無所用其疑惑。

此。聲。明。書。最。橫。暴。之。點。在。以。膠。濟。鐵。路。全。線。作。爲。膠。州。灣。租。借。地。延。長。之。一。部。原

認膠濟鐵路為租借地之橫暴

日本佔領青島海關

袁政府要求英日撤兵

中德條約。僅限膠州灣為租借地。日本佔領之後。逞其橫暴。直欲將膠州租借地之範圍延長至於濟南也。十一月七日德國將領。以青島降服於英日聯軍之下。日本佔領青島及膠澳之後。卽向中國當局聲明青島海關人員應由日本人充當。先是一千八百九十九年四月十七日。中德青島設關條約。及一千九百零五年修訂之約。青島海關。雖由德人管理。然海關人員。全由中國自派。日本縱妄欲接替德人在山東之權利。准之中德原約。亦無用日本人充當海關人員之權。且中國海關組織。原有定約。若一從日本之請。則全國海關制度。從此破壞紛亂。自不能承認其要求。然日政府一方向中國政府聲明。一方命神尾總司令以軍力將青島海關之文件財物。盡行押收。將中國人員。盡行驅逐。事實上歸日木佔領辦理。

青島降服之後。袁世凱以為戰事既畢。交戰兩方之軍事設備。業已解除。遂請日政府將青島以外、山東內地之日軍。撤回青島。並請拆卸龍口至張店之輕便鐵道。與附掛於中國電桿之電線。日政府全然不理。袁氏以昔日不得已劃定交戰

日本拒絕撤兵與提出二十一條

區域之理由今不復存。遂宣告取消九月三日之宣言。於一月七日、照會北京英日兩公使。請其撤兵。日公使於一月九日答覆。謂奉本國政府訓令。此項取消之舉。實屬獨斷。沒却國際情誼。帝國政府不勝驚愕。并不勝憤懣。決不令山東之帝國軍隊。受此等取消之拘束云云。同時日本各報紙并倫敦太晤士報之日本通信。皆誣中國欲與德國同盟。將效土耳其助德國與協約國宣戰。以簧惑英法各國之視聽。日政府旋向袁世凱提出二十一條之要求。

日外相取消青島交還中國之宣言

先是青島降服之後。日本政府卽欲取消對德最後通牒中以膠州灣還付中國之宣言。十二月初旬。加藤氏於議會答覆議員之質問曰。關於膠州灣前途之問題。目下不能答覆。政府對於此事。從未向何外國表示態度。對德宣戰之目的。從德國手中取得膠州灣。藉以恢復東方之和平。至戰後歸還一層。當時未曾想及。最後通牒中亦無明白之宣言云云。蓋斯時日本政府已決定乘此時機。對中國爲積極之處分。故無忌憚變換膠州灣還付中國之宣言。而乘袁世凱要求撤兵之機。遂提出二十一條耳。

第二節　日本向中國要求二十一條與中日條約

日本臣屬中國之政策與實行之機會

斯時中日違言起於山東撤兵問題則中日交涉應限於山東問題而止然日本對華政策欲比列強獨得優越地位置中國於日本保護之下而苦不能得此種條約以爲根據值歐戰方酣列強無干涉極東之暇而協約國以日本助戰之故不願以中國問題與之爲難又袁氏方潛圖帝業民黨方潛圖反對左推右挽悉在日本操縱之中且北京部員有早經日本養成爲韓國一進會李容九第二者力爲內應此日本實行對華政策千載一時之機也故大隈內閣乘袁氏要求撤兵之隙旋命駐華公使日置益於民國四年一月十八日破國際慣例逕向中國元首袁世凱提出五號二十一條之要求如左

二十一條之要求案

第一號

日本國政府及中國政府互願維持東亞及全局之平和並期將現在兩國友好善鄰之關係益加鞏固議定條款如左

一 中國政府允諾日後日本政府與德國政府協定關於德國在山東省依據條約或其他關係享有一切權利利益讓與等項之處分概行承認

二　中國政府。允諾凡山東省內並其沿海一帶土地及各島嶼。無論何項名目。概不讓與或租借與他國。

三　中國政府。允准日本國建造由煙台或龍口接連膠濟路線之鐵路。

四　中國政府。允諾爲外國人居住貿易起見。速自開山東省內各主要城市爲商埠。其應開地方。另行協定。

第二號

日本政府、及中國政府。因中國向認日本在南滿洲及東部內蒙古。享有優越地位。茲議定條欵如左。

一　兩訂約國互相約定。將旅順大連租借期限。幷南滿安奉兩鐵路期限。均展至九十九年爲期。

二　日本國臣民。在南滿洲及東部內蒙古。爲蓋造商工業應用之房廠。或爲耕作。可得其須要土地之租借權。或所有權。

三　日本臣民。得在南滿洲及東部內蒙古。任便居住往來。幷經營商工業等項生意。

四 中國政府。允將南滿洲及東部內蒙古各礦開採權。許與日本臣民。至擬開各礦。另行商訂。

五 中國政府。應允左開各項。先經日本政府同意。然後辦理。

一、在南滿洲及東部內蒙古。允准他國人建造鐵路。向他國借款之時。

二、將南滿洲及東部內蒙古各項稅課作抵。向他國借款之時。

六 中國政府。在南滿洲及東部內蒙古聘用政治財政軍事各顧問教習。必先向日本政府商議。

七 中國政府。允將吉長鐵路管理經營事宜。委任日本國政府。其年限自本約劃押之日起。以九十九年爲期。

第三號

日本國政府。及中國政府。以現在日本資本家。與漢冶萍公司。有密接關係。願增進兩國共通利益。茲議定條欵如左。

一　兩締約國互相約定。俟將來相當機會。將漢冶萍公司作爲兩國合辦事業。并允如未經日本政府同意。所有該公司一切權利產業。中國政府不得自行處分。亦不得使該公司任意處分。

二　中國政府允准所有屬於漢冶萍公司各礦之附近礦山。如未經該公司同意。一概不准該公司以外之人開採。并允此外凡欲措辦。無論直接間接。恐於該公司有影響。必須先經該公司同意。

第四號

日本政府。及中國政府。爲確實保全中國領土之目的。茲訂立專條如左。

中國政府。允准所有中國沿岸港灣及島嶼。概不讓與或租借與他國。

第五號

一　中國中央政府。須聘用有力之日本人。充爲政治財政軍事等項顧問。

二　所有在中國內地所設日本病院寺院學校等。概允其土地所有權。

三　向來中日兩國屢起警察案件。以致釀成糾葛不少。因此須將必要地方

日外相致日公使之密訓

之警察作爲中日合辦。或在此等地方之警察官署。聘用多數日本人。以資籌劃改良中國警察機關。

四　由日本採辦一定數量之軍械。（如中國政府所須軍械之半數以上）或在中國設立中日合辦之軍械廠。聘用日本技師。幷採買日本材料。

五　允將接連武昌與九江南昌之鐵路。及南昌杭州間、南昌潮州間各鐵路之建造權。許與日本國。

六　福建省內籌辦鐵路礦山。及整理海口。（船廠在內）如需外國資本時。先向日本國協議。

七　允日本國人在中國有宣教之權。

此五號二十一條。日本政府於民國三年十二月三日。將正文寄交日使日置益氏。令其相機提交中國政府。同時加藤高明致日置益左記訓令一通。

茲因處置日德戰後之一切事件。幷堅固帝國之地位與維持東亞之和平。帝國政府。決計陳說中國政府。勸其按照提議中所定前四號之方針與帝國政府訂立條約及合同。……夫堅固帝國在東亞之地位因以保持東亞之利益。而使中國不得不依附上述之提議以行事皆帝國政府所信爲至要之舉。故必竭力謀之宜用種種方法以求達到此目的。茲特以全權相委兩國開議之時。務希堅持勿懈。至要至要。

至於第五號中提出者。雖不過帝國政府一種願望。然亦望勉力進行。以此項願望。終能見諸實行爲目的。蓋此第五號之提議。實係條件。非僅一願望也。

祇達目的不擇手段之宗旨

此秘密訓令。兢兢以鞏固帝國在東亞之地位及不得不使中國依提案以行事爲辭。蓋卽日本派統監赴韓國時之口吻也。至所謂竭力謀之用種種方法等語。則令其凡有益於此事之辦法。可不擇手段耳。其後日置益氏誘惑袁世凱運動外交官。指定中國所派代表之人員。不准會議時設正式記錄。不准中國另提對案。故意更改中國總代表之言論而反誣中國擅自塗改。故意墮馬延會辱中國全權代表就床前會議。又日本政府於談判緊急之時。海陸軍並進且正式提出最後通牒。皆本竭力謀之用種種方法以求達到此目的之旨也。

要求案侵害中國之程度

以中國爲日本保護國之實質

至二十一條要求案。其侵害中國之程度。究竟奚若。應分別考究其實。在第一號除第一款繼承德國之權利外。其第二三款皆侵害中國之主權。第二號一七兩欵卽割讓之新名詞。五六兩欵侵害主權。二三兩欵侵害主權妨害內政。四欵破壞機會均等與開放門戶主義。三號一二欵皆侵害主權。三欵破壞機會均等。四號侵害主權。五號一三四欵侵害主權。二七兩款妨害內政。五款破壞均等。并違背中英條約。而最可痛心者爲第五號之一三四款。其第一款直以中國爲日本保護國之條件也。第三四款則預備以中國合併於日本之條件也。吾人應記憶日俄戰爭時。韓國實際變成日本保護國者。以日韓協定書規定韓國政府聘日本政府所推薦之日本人爲財政外交顧問。凡關於財政外交事宜。悉聽其意見施行之條約是也。茲日本要求吾國政治財政軍事皆聘有力之日本人爲顧問。實比保護韓國之條件爲加重。吾人又記憶韓國統監伊藤博文赴韓後之第一要政。卽解散韓國軍隊。代以日本軍隊是也。茲第四欵之要求。蓋不使中國軍械獨立。便將來易制中國軍隊之死命也。吾人又記憶日本實際合併韓國之時。先

預備中日合併之實質

要。求。韓。國。政。府。將。警。察。權。委。托。日。本。辦。理。明。治。四。十。二。年。七。月。日。本。憲。兵。司。令。石。明。元。治。郎。爲。韓。國。警。察。總。長。旋。以。數。萬。憲。兵。警。察。遍。配。韓。國。樞。要。都。市。而。寺。內。統。監。遂。於。八。月。十。六。日。向。韓。國。政。府。提。出。合。併。韓。國。案。此。世。人。所。知。也。茲。要。求。中。國。警。察。歸。中。日。合。辦。或。用。多。數。日。本。人。改。良。中。國。警。察。機。關。其。與。委。托。日。本。辦。理。相。距。幾。何。此。明。明。預。備。將。中。國。合。併。於。日。本。之。先。聲。也。

袁政府對付之錯誤

此種要求純是戰勝國對於戰敗國壓迫之條件。無端向中立國爲此等要求。實歷史上國際間所不曾聞見之創舉。當時日置益要求袁政府嚴守秘密。並聲明中國政府若洩漏條件。日本當更索賠償。又要求從速解決。不得延緩。蓋日本自知條件大苛。既削中國主權。又破列強均勢。一經洩漏或曠日持久。必生意外枝節。故利於秘密與從速解決也。在我國則不然。首宜拒絕提案。不承認有受商之理由。繼宜明白宣布。求中外之公論。繼宜擇其輕者受商。重者留置世界和會時提請列強公決。蓋承認中國之獨立。並保全其領土。與列強機會均等三大主義。實爲日英俄法美各國條約上之義務。今日本之要求。實與三大主義相背而馳。

外交官之誤國

袁世凱之被誘惑

為中國自衛計與維持列強均勢計。惟有將日本要求條件正式向關係諸國通告耳。又此等重大外交自應訴諸國民期得全國民之後援。不應密付於一二外交官之手。乃其時新任外交總長陸徵祥雖主張將條件明白宣布而親日派之外交官則稱民氣囂張。一經宣布輿論沸騰措施益難。而袁氏以日置益當面慫惑謂日本臣民大半以為貴總統反對日本若不開誠交涉是反對日本之證若開誠交涉則日本希望貴總統再高陞一步。袁氏心懷疑惑卒墮計中。雖經十九省將軍、及全國各界苦請將條件宣佈。袁氏卒從民氣囂張、一經宣布措施益難之言。將此絕大問題以外交秘密四字搪塞國人而付於日置益氏所指定陸徵祥曹汝霖二人之手。陸氏忠厚少才。非折衝之選。亦無燭奸之明。遂不得不鑄成此大錯。

初次會議情形

二月二日。陸曹兩全權委員、與日置益初次會議。日置益欲使中國囫圇吞毒。要求對於二十一條全案、為大體之承認。陸氏拒之。二次會議。陸氏發表對於全案之意見。謂原案四五號各款。非侵害中國之獨立主權與內政。則妨害他國之成

二次會議情形

約。絕對不能商議。三號漢冶萍公司。純是商人產業。政府無權干涉。亦不能爲國際之商議。至第一第二兩號。可爲逐條討論。惟一號一欵。應待日德媾和中國加入講和會議時處斷。二欵有傷中國獨立主權。不便對日本獨爲聲明。三款民國成立以來。祇有與他國借款修路之例。不能以建築權許與他國。且煙濰鐵道借款。與德國已有成議。不能再訂。四款山東業已宣布之自開商埠。尚未開放。應俟日後再議。第二號一欵。應俟期滿續商。南滿安奉兩路。性質不同。年限亦異。應分別商議。二三兩欵、有害中國主權之行使。如日本得土地所有權。將來勢之所及。該處土地。到處皆爲日本所有。是侵害中國之領土權也。應另行提議。且東部內蒙古。不能與南滿並論。四款有碍機會均等。應爲不背開放門戶主義之修正。五六兩款。碍主權行使。不能承許。七款係半借款所造之路。無委任日本政府管理、並九十九年之理由。

日使拒絕會議情形

越二日、日使到部聲明。奉本國政府訓令。須貴國對於二十一條全行提出修正案。方能開議。時日本國論顛狂。並行示威運動。袁政府惟恐和議不能成行。旋命陸曹表示退讓。允將第三號作爲主義之聲明。即將來漢冶

曹汝霖在參政院之報告

英美之質問與日本之欺詐

萍公司。願與日本商人有合意之辦法。而不背中國之法律時。中國政府可不反對。第四號允由中國自行宣言。不爲國際的聲明。第五號仍不允商議。請其撤回。日置益不允。堅持非將第五號同意。斷不開議。並謂如中國堅執不允恐生不測之危險。斯時情形。據曹汝霖在參政院之報告曰。政府兢兢業業。既不敢意存挑撥。以速危機。又不敢輕言讓步。自喪國權。惟苦請日使速行開議而已。時英美兩國政府。皆向日本政府質問要求中國條件之內容。日本政府、一方將二十一條。第五號。各款。全然刪除。而以其餘較輕之欵。通知英美兩國。一方由大隈伯以總理資格。故意由東京電社所發表意旨曰。日本對中國提議事件與英日同盟、及日本與他國所訂保全機會均等。與中國領土完全之條約。毫不違背。又曰、日本於中國。並未謀何等專利。或以不正當之法。侵害他國之權利云云。此等宣言。徒爲一時欺騙友國。而不顧喪失國家之信義。與本身之人格。惜乎袁政府不敢利用此時機。將二十一條原案。和盤托出。向列強宣告。爲可痛也。至此日政府恐英美二國有干涉之意。乃命日置益氏承受中國之修正案。再開會議。而中國提出

袁政府修正第一號之提案

第一號之修正案如左。

第一號（關於山東）

一　中國政府聲明日後日德政府彼此協定關於德國在山東省內、依據條約及成案辦法。對於中國政府享有一切利益等項之處分屆時概行承認。日本政府聲明中國政府承認前項利益時。日本應將膠澳交還中國。並承認日後日德兩政府協議上項事宜之時。中國政府有權加入會議。此次日本用兵膠澳所生各項損失之賠償。日本政府概允擔任。膠澳內之關稅電報郵政等各事在膠澳交還中國以前。應暫照向來辦法辦理。其因用兵添設之軍用鐵路電線等。卽行撤廢。膠澳租界以外。之日本軍隊先行撤回。膠澳交還中國時。所有租界內之日兵。一律撤回。

二　中國政府聲明。凡在山東省內並其沿海一帶之地及各島嶼。無論何項名目。概不讓與或租與外國。

三　中國政府。允准自行建造由煙台或龍口接連膠濟路線之鐵路。如須借

日使不承認中國對待條件

陸曹承認漢冶萍合辦案

用外款。德國願拋棄煙濰路借款權之時。可先儘日本資本家商議。

四 中國政府允諾為外國人居住貿易起見。從速自開山東省內合宜地方一二處為商埠。所有應開地點及章程由中國自定。但預先與日本公使接洽。

右修正案二三四各款。皆對於日本原案稍加修正。並非中國另有要求。故日置益對此三款無甚異議。惟第一款中國主張加入日德講和會議。又主張交還膠澳。恢復山東原狀。是為中國向日本要求之對待條件。日置益當卽聲言此條緩議。蓋日使視中國如被征服之地位。不准其有提對待條件之權也。

次議第三號漢冶萍問題。陸氏仍聲明此係商人財產。政府不能與外國訂約合辦。日置益堅不允。陸曹卒提左之修正案。以表示完全承認中日合辦之性質。

查漢冶萍公司係中國商辦公司。按照中國法律。原有保全財產營業管理之權。政府未與該公司商定。不便逕自代為處置。惟該公司將來如遇有機會。就現有事業願與日本商人商訂合意之辦法。與本國法律不相違背。中國政府屆時自可允准。另口頭聲明。中國政府對於該公司。不國有不充公。不借第三國資本。

第二號二欵之慘憺談判

次議第二號。日使主張南滿與東蒙同議一樣之條件。陸氏主張東蒙不能與南滿並論。且稱南滿鐵路之特權。得於日俄戰爭之結果。安奉路之性質。則迥不同。提出安奉除外之議。日置益大怒。遂依原案第一欵同意。至原案第五欵。承認如借款造路或抵借外債。儘先向日本商議。第六款南滿聘用顧問。允先聘日本人。惟不涉於東蒙。第七欵吉長鐵道。允改爲全路借日本之欵。第四欵開礦權。則指定奉天吉林十處礦區。准其開採。殆完全承諾日本之要求。惟該號二三兩款。要求在南滿東蒙自由居住貿易耕作並土地所有權。將來勢之所及。該處土地到處皆爲日本人所有。顯是侵畧中國之土地無疑。且無論何國欲實行內地雜居。必先撤回領事裁判權。不然本國之法律。不能行使於領土範圍以內。則獨立國家之資格奚存。現在世界弱國。如波斯。土爾其。暹羅。皆許外人有治外法權。然皆限於已經開放一定之都市爲然。若未經開放之內地。則未有不執行本國之法律者。

日本海陸軍之動員

陸曹就日

也。今日本既要求雜居滿蒙內地。若不服從中國之法律。則領事裁判權。推行於中國內部。其侵害中國獨立主權。爲何如。且使中國比波斯土耳其暹羅之資格。而不如矣。故袁政府對於此二條之要求。始則不肯允許。繼則力拒東蒙於範圍外。繼則允於南滿洲添設商埠。且允日本人得與中國合辦農墾。以便日人得雜居之實利。而不喪中國之主權。乃日置益絕對不允。乃提議如堅欲雜居內地則須撤回領事裁判權。日置益又不允。乃提議雜居內地之日本人。須服從中國警章。完納各項賦稅。與中國人一律。至民刑訴訟。應倣照間島雜居之成例。歸中國官裁判。日本領事得到堂聽審。日置益又不允。乃查照土耳其暹羅對於外國人現行之成例。復行提出。日置益又不允。時袁政府已無轉旋之餘地。蓋世界。任何弱國。尚無許外人領事裁判權施行於內地之先例也。然日本海軍艦隊忽然進駛福州廈門吳淞大沽等處。山東奉天方面。日本增派大兵進紮。袁政府表面雖持鎮靜。然力謀會議進行。日使忽藉口墮馬受傷。不能出席。陸曹兩全權竟就日本使館會議。日使又藉口不能下床。竟就其私室爲床前會議。受如此之

使床前會議

袁政府提出第二號二三款第六次修正案

承認領事裁判權推行於內地

辱屈。喪國家之體面。雖戰敗被征服之國。亦罕見此例也。當時陸氏殫精竭慮。委曲求全。關於第二號二三條提出第六次之修正案如左。

一　日本國臣民在南滿洲可蓋造商工業應用之房廠。或為農業可向業主商租須用之地畝。其農業租地章程。由中國另行規定。

二　日本國臣民。可在南滿洲任便居住來往。並經營商工業等各項生意。

前二條所載之日本國臣民。除將照例所領護照向地方官註册外。應服從中國警察法令。完納一切賦稅。與中國人一律。至民刑訴訟各歸被告之本國官審判。彼此均得派員聽審。但關於土地或契租之爭。無論日本人與日本人之訴訟。及日本人與中國人之訴訟。均歸中國官審判。俟該省司法制度完全改良之時。所有日本國臣民之民刑訴訟。即完全由中國法庭審理。

此修正案。僅以土地所有權改為商租而加以章程另訂數字。其餘悉與日本原案同意。惟加一條。令其服從中國警章與稅則。蓋既許內地雜居。此等約束實出於萬不可已。至民刑訴訟竟許其各歸被告之本國官吏審判。即許日本領事裁

土爾其無領事裁判推行內地之証

喪獨立資格於土波暹之下

警章稅則經日本承認之要求

判權推行於內地也。吾人查土耳其本國法律。與千八百六十八年之英土協約。其規定內地裁判辦法如左。

凡土耳其人與英人間之民刑案件。無論該英人爲原告被告。皆由土耳其法庭審判。其關於不動產之各種條件案內之外國人。須與土耳其人一律辦理。且無論該外國人爲原告或被告。須直接由土耳其民事法庭處斷。卽使兩造爲外國人。亦無利用其國籍之權利。

是爲土耳其尚無推行領事裁判權於內地之鐵證。然不僅土國爲然。凡有外國領事裁判權之波斯暹羅亦無不如是。故此修正案爲破世界未有之先例。喪獨立資格於土耳其波斯暹羅之下也。然日置益以修正案中有關於土地契租之爭歸中國官審判之語。猶不承認。要求將契租二字删除。而關於土地之訴訟亦須由兩國派員會審。至雜居內地之日本人。雖可服從中國之警章與稅則。但此等警章與稅則。須經日本領事之承認云云。夫警察法與稅法。皆係完全內政。如須經外國領事承認。則是外國領事有干涉國內之立法權。尚得爲有主權之國

日本新提二十四條修正案

乎。此等提議實橫暴無情理之極。陸氏已不能再讓。仍執原議。請其反省。日置益報告本國政府。竟無回電。旋迫陸曹議第五號。陸氏將第五號逐條說明。均係侵害中國主權。無從考量。日置益遂聲言須待本國訓令。會議遂終止。此四月十七日也。自此日本海陸軍向中國恃威運動愈猛。至二十六日。日置益向陸曹提出二十四條新案。聲言係最後修正。如中國全體承認。日本亦可交還膠澳云。

查日本新提出之二十四條。仍分爲一二三四五號。其第一號比原案讓步之點。惟煙台龍口起之鐵路。准中國借日款自造而已。其餘悉如原案。至中國要求加入日德講和會議。與交還膠澳、恢復山東原狀之對待條件。則無一語道及。其第二號除原案一四五七各款。早經議定外。於審判問題。毫不容中國之意旨。而依前次之原議。又以中國不肯東部內蒙與南滿同一辦理之故。另提關於東內蒙之條件四款。(一)該處地方稅抵借外債時。先與日本商議。(二)該處借款造路時。先與日本商議。(三)開放商埠須日本同意。(四)日人有與華人在該處合辦農業製造業之權。其三四兩號。如前之議定。而關於原案第五號之五六兩條。則要求中國向日本爲左項之照會。

接連武昌九江南昌之鐵路。及南昌至杭州、南昌至潮州、各鐵路之借欵權。由日本國與向有關係此項借欵權之他國直接商妥。如該他國並無異議。應將此權許與日本國。

中國政府允諾凡在福建省沿岸地方。無論何國。概不允建設造船廠、軍用蓄煤處、海軍根據地。又不准建設其他一切軍務上之施設。幷允諾不以外資自行建設上開各事。

又關於原案第五號之一二四條。要求中國爲左之聲明。

一　嗣後中國政府認爲必要時。應聘請日本人爲顧問。

二　嗣後日本臣民願在中國內地爲設立學校及病院租賃地畝或購買中國政府應允許之。

三　中國政府日後於適當機會。遣派陸軍武官至日本與日本軍事當局協商採買軍械或設立合辦軍械廠之事。

又關於原案第五號第七條。改由日使爲左之聲明。

關於布教問題。日後應再行協議。

修正案讓步之點與英美之關係

日政府此修正案。其對於原案二十一條讓步之點。惟將第五號第三欵合辦中國警察之點。及第五號第二欵寺院二字取消之而止。此外則用朝三暮四之術。無非如原案之要求。東內蒙之新提四欵。實際上仍使東蒙變成南滿也。至要求將原案第五號一二四五六七各欵。不取條約之形勢。而由兩國政府以照會或聲明出之者。則以英美兩國政府質問之時。日本未將第五號各欵告知。若將該五號之要求。與中國爲條約之訂定。則日本外交上之信義。益無以自解。故特提

中國最後讓步案

此修正案耳。袁政府接此修正案。復斟酌輕重。於所提東蒙前三欵。仍完全同意。福建問題。亦允照辦。內地雜居裁判問題。復爲讓步。惟對於第五號顧問之件。學校病院用地之件。南方鐵路之件。兵器兵廠之件。布教之件。完全拒絕之。因第一號一二兩欵。我國提出之對待條件。初未討論。仍照初次修正案列入。作成最後修正案。於五月一日提交日使。說明無可再讓。實爲中國最後之答覆。日政府旋

日本最後通牒

於五月七日。向我國提出左記之最後通牒。

五月一日。中國政府之答覆實。與日本政府之預期。全然相反。且將日本交還膠州之苦心好意。未嘗一爲顧及。查膠州灣爲東亞商業上軍事上之一要地。日本因取得該地。所費之財與血實不少。既爲日本取得之後。毫無交還中國之義務。然爲將來兩國親善起見。竟擬將其交還中國。而中國政府。不但不諒日本政府之苦心。反要求將膠州灣無條件交還。并要求日本擔任各種損害之賠償。且聲明將來有權加入日德講和會議。明知此種條件。爲日本所不能承認。而故爲要求。且明言該案爲中國政府最後之決答。因日本不能容認此等要求。則關於其他各項。卽使如何妥協商定。終不覺有何等意味。且南滿洲與東部內蒙。就地理上政治上商工利害上。皆與日本有特別關係。爲中外所共認。此種關係。因日本經過前後二次之戰事。更爲深切。然中國政府。輕視此種事實。不尊重日本在該處之地位。卽日本政府以互讓的精神。照中國代表所言之事。而擬出之條項。中國政府。亦任意改竄。或許此而否彼。實不能認中國當局者之信義與誠意。至關於顧問之件。學校病院用地之件。兵器及兵器廠之件。南方鐵道之件。帝國政府之修正案。或以關係外國之同意爲條件。或祇以中國政府代表者之言明存於記錄。於中國主權與條約。并無何等抵觸。然中國政府之答覆。惟以與主權與條約有關係爲言。而不應日本政府之希望。日本政府鑒中國政府如此態度。幾無繼續協商之餘地。然爲維持極東平和與圓滿了結此交涉起見。於無可忍之中。更酌量鄰邦政府之情意。於日本政府前次提出修正案中。將原案第五號各項。除關於福建業經兩國代表協定外。其他五項。可承認與此次交涉脫離。俟日後另行協商。帝國政府既然如此退讓。中國政府應諒日本政府之誼。照四月二十六日日本政府提出之修正案所記載者。不加何等更改。速行應諾。茲日本政府重行勸告。望中國政府至五月九日午後六時爲止。爲滿足之答覆。如到期不接到滿足答復。則帝國政府將執必要之手段。合併聲明。

通牒外附加說明七條。其重要者如左。

通牒外之重要說明

加藤報告曹汝霖之私話

一　所謂日後另行協商之五項。卽關於顧問之件。學校病院用地之件。南方鐵路之件。兵器及兵器廠之件。布教權之件。

二　中國政府。如能承認此次最後通牒要求之各項。則日本政府。於四月二十六日交還膠州灣之聲明。依然有効。

三　第二號二款土地租賃購買之件。如能明白租期無制限。且無條件續租之意。卽用商租二字亦可。警察法及稅則經日本領事承認之件。作爲密約亦可。

此最後通牒之要求。與上記日本之修正案。完全一致。惟當時日外相加藤氏在衆議院之報告曰。最後通牒未交付之時。曹汝霖君曾到日使館。謂第五號中之或條欵。亦有可以承認者。但此係曹汝霖君一個人之意思云云。次日日本新聞皆用大字刊載其言。而時事新聞、與每夕新聞、並明載曹汝霖以個人意見與日使言。第五號之學校病院土地所有權。與鐵道問題。可以承認。而日本終將第五號之五項。提作日後另行協商者。則以英美提出抗議之故云云。據此以觀。倘非英美抗議。則最後通牒之要求。或比修正案再進一步。實行曹汝霖君之意見。未可知也。

袁政府決議承認最後通牒

袁政府接此通牒。連日開軍政界特別會議於總統府。卒決議承認日本最後通牒之要求。當派曹汝霖將此旨、先行通知日使。殊日使要求中國答覆書之草稿。須先經日使閱過滿意。乃能承受。袁政府又屈服之。令曹氏將稿送閱。殊日使要求答覆書中『除第五號中五項』文字之下。必加添『容日後協商』五字。曹汝霖依日置益之要求。當面添註容日後協商字樣。當時陸徵祥通電各省。有曹次長誤簽數字。益費籌躇之語。於是全國攻擊曹氏賣國者甚衆。福建巡按使許世英。長江巡閱使張勳。皆電請將曹汝霖明正典刑。袁政府不得已於五月九日午前。向日使交付答覆書、此答覆書。即經日使先行閱稿。并迫曹汝霖在日使署添註容日後協商五字之文也。其文如左。

曹次長誤簽數字

袁政府屈服日本之答覆

本月七日下午三時。中國政府、准日本公使面遞日本政府最後通牒一件。附交解釋七條。該通牒末稱、望中國政府至五月九日午後六時、爲滿足之答覆。

如到期不接到滿足答覆。則日本政府將執必要之手段。合併聲明等語。中國政府。爲維持東亞和平。起見。對於日本國政府四月二十六日提出之修正案。除第五號。中。五。項。容。日。後。協。商。外。（原稿爲除第五號中五項外。無容日後協商五字。該五字爲日使迫曹次長所增。）其第一二三四號之各項。及五號中關於福建問題以公文交換之件。照四月二十六日提出之修正案所記載者。并照日本政府所交最後通牒附加七條之解釋。卽行應諾。以冀中日所有懸案。就此解決。俾兩國親善。益加鞏固。卽請日本公使。定期惠臨外交部。修正文字。從速簽字爲荷。

至此日本無端向中國提出二十一條之要求。除中國警察中日合辦一條外。其餘二十條。完全達到目的。當時英國以歐戰方酣。又以日本多方朦蔽之故。不甚過問。惟美國威爾遜之政府。於五月十一日。向中日兩國政府。發送左記同樣之通牒。

美國對中日兩國之通牒

此次中日兩國。磋商條件。早已開始。迄今尚未解決。磋商所至。必有議決之件。以事甚秘密。美國政府不得而知。然有不得不向中日兩國政府宣言者。卽中日兩國政府。無論有何同意。或企圖。如有妨害美國國家、及人民、在中國條約上之利益。或損害中國政治上、領土上之完全。或損害關於開放門戶、商工業均等、之國際政策者。美國政府。一律不能承認。

美國政府此種消極之宣言。毫不能使日本有所顧忌。袁政府亦知其不能爲實際上之援助。卒命陸徵祥與日置益於五月二十五日。正式訂結二十一條結果之中日條約如左。

中日條約

關於山東省之約。

一　中國政府。允諾日後日本國政府、向德國政府、協定所有德國關於山東省、依據條約或其他關係、對中國享有一切權利利益讓與、等項之處。分概行承認。

二　中國政府。允諾自行建築由煙台或龍口至膠濟路線之鐵路。如德國拋棄煙濰鐵路借款權之時。可向日本資本家商議借款。

三　中國政府。允諾爲外國人居住貿易起見。從速自開山東省內、合宜地方爲商埠。（另以照會聲明地點與章程、由中國自行擬定、與日本公使協商後决定之。）

山東不割讓之照會

關於山東省不割讓中國外交總長陸徵祥之照會。

本總長以中國政府之名義。對貴國政府聲明。將山東省內及沿海一帶之地或島嶼。無論以何項名目。概不租與或讓與外國。

南滿東蒙之約

關於南滿及東內蒙之約。

一　兩締約國、約定將旅順大連租借期限。並南滿安奉兩鐵路之期限。均展至九十九年爲期。

二　日本國臣民在南滿洲爲蓋造工商業應用之房廠。或爲經營農業。得商租其需用地畝。

三　日本臣民。得在南滿洲任便居住往來。并經營商工業一切生意。

四　如有日本臣民。及中國人民。願在東部內蒙合辦農業及附隨工業時。中國政府可允准之。

五　前三條所載之日本國臣民。除照例將所領之護照。向地方官註册外。應服從中國警察法令、及課稅。民刑訴訟。日本國臣民爲被告時。歸日本領事官審判。中國人民爲被告時。歸中國官吏審判。彼此得派員旁聽。但關於土地、日本國臣民與中國人民之民事訴訟。照中國法律、及地方習慣。由兩國派員共同審判。將來該地方司法制度、完全改良時。所有關於日本國臣民之民刑一切訴訟。卽完全由中國法庭審判。

六　中國政府。允諾爲外國人居住貿易起見。從速自開東部內蒙合宜地方爲商埠。（地點章程、由中國自行擬定、與日本公使協商後決定之）

七　中國政府。允諾以向來中國與各外國資本家、所訂之鐵路借欵合同、規定事項爲標準。速從根本上改訂吉長鐵路借欵合同。將來中國政府。關於鐵路借欵事項。將較現在各鐵路借欵合同。爲有利之條件、給與外國資本家時。依日本國之希望。再行改訂前項合同。

南滿租期展長之照會

南滿礦山讓與之照會

八　關於東三省中日現行各條約。除本約另有規定外。仍一概照舊實行。

關於南滿租期展長中國外交總長陸徵祥之照會。

本日畫押關於南滿及東內蒙約內第一條所規定旅順大連租借期限展至民國八十六年。即西歷千九百九十七年、爲滿期。南滿鐵路交還期限展至民國九十一年。即西歷二千零二年爲滿期。其原合同第十二條所載、自開車之日起三十六年後、中國政府可給價收回一節。毋庸置議。安奉鐵路期限展至民國九十六年。即西歷二千零七年爲滿期。

關於南滿開礦中國外交總長陸徵祥之照會。

日本國臣民。於南滿洲左列各礦。除業已採勘或開採之各礦區外。速行調查選定。中國政府即准其採勘或開採。但在礦業條例確定以前。應倣照現行辦法辦理。

屬於奉天省之礦區。

本溪縣中心台之煤礦。

本溪縣田什付溝之煤礦。

海龍縣杉松崗之煤礦。

通化縣鐵廠之煤礦。

錦州暖池塘之煤礦。

自遼陽至本溪鞍山站一帶之鐵礦。

屬於吉林省之礦區。

和龍縣杉松崗之煤礦幷鐵礦。

吉林縣缺窰之煤礦。

樺甸縣夾皮溝之金礦。

滿蒙借款優先權之照會

關於滿蒙優先權中國外交總長陸徵祥之照會。

嗣後南滿洲及東內蒙需造鐵路由中國自行籌款建造。如須外資。可先向日本資本家商借又中國政府嗣後以南滿洲東內蒙之各種稅課作抵。（除中國政府業經爲借款作抵之鹽稅關稅等類。以外之稅課。）與外國借款時。可先向日本資本家商借。

南滿聘顧問之照會

關於南滿聘顧問。中國外交總長陸徵祥之照會。

嗣後如在南滿洲聘用政治、財政、軍事、警察之外國顧問教官時。可儘先聘用日本人。

商租解釋之照會

關於商租解釋。日本公使日置益之照會。

本日畫押、關於南滿東內蒙約內、第二條商租二字須了解含有不過三十年之長期限。及無條件而得續租之意。

制限警章與稅則之照會

關於制限警察法及稅則。日本公使日置益之照會。

本日畫押、關於南滿及東內蒙約內、第五條之規定日本國臣民應服從中國之警察法及課稅由中國官吏通知日本領事。接洽後施行。

漢冶萍中日合辦之照會

關於漢冶萍中日合辦。中國外交總長陸徵祥之照會。

中國政府。因日本國資本家與漢冶萍公司有密接之關係。如將來該公司與日本國資本家商定合辦時。應允許之。非得日本資本家之同意。不將該公司歸爲國有。又不將該公司充公。又不使該公司借用日本國以外之他國資本。

福建問題之照會

關於福建中國外交總長陸徵祥之照會。

中國政府。茲特聲明、并無在福建省沿岸地方、允許外國建造船所、軍用貯煤所、海軍根據地。及其他一切軍事上施設之事。又無借外資欲爲前項施設之意事。

附條件交還膠州之照會

關於交還膠州灣。日本公使日置益之照會。

日本國政府。於現下之戰役終結後。膠州灣租借地、全然歸日本國自由處分之時。於左開條件之下。將該租借地交還中國。

一　膠州灣全部開爲商埠。

二　由日本政府指定之地域。設置日本專管租界。

三　如列國希望共同租界。可另行設置。

四　此外關於德國之營造物。及財產之處分并其他之條件手續等。於實行交還之先。日本國政府、與中國政府。另行協定。

此外關於日本二十一條原案第四號。中國沿海不割讓之要求。日置益氏、准不用中日兩國訂條約及照會之形勢而由中國政府爲自動的聲明袁氏因命參政院提挈固國防之建議案於五月十四日依據該建議頒布左記之申令

查海疆邊域關係國防大計亟應詳審綢繆該院建議洵屬識慮遠大特加宣布嗣後中國所有沿海港口灣岸島嶼無論何國概不承認租借或讓與幷着陸海軍兩部、及海疆官吏力負責任妥爲籌防以鞏固國權之至意

沿海不割讓之申令

依上記條約照會袁氏申令及承認第五號各項日後再商之答覆書綜覈之凡日本二十一條要求案除第五號第三款中日合辦中國警察一條由日本取消外其餘二十條完全如日本政府之意旨解決而此解決之結果二十年來列強對於中國作成均勢之局全被破壞中國數千年獨立自主之國家有一變而爲日本半保護國之勢日本對於中國之地位居然超過列強將佔上國之威權實際上觀之此交涉之結果實爲中國亡於日本之第一步而自海通以來外交失敗雖多曾未嘗於毫無緣故之時受如此苛酷之要求幷由對手國指定談判委員不准提對待條件更改答覆文稿之奇辱也當時袁世凱申令、與陸曹在參政

獨立均勢之破壞

中國破天荒之奇辱

中國被侵害之程度

院之報告。均稱南滿之利權損失已鉅。幸而主權內政均得保全云云。隱示此次外交。並未如何失敗。欺己欺人。殊堪憫笑。九十九年之租借。即割讓之別名。雖曰南滿情形。事非旦夕。然日英同盟。與日法日美日俄保全中國領土與主權之各協約。從此破壞。影響所及。恐非僅貽一隅之憂。警察法與稅法。全係內政。今被限制。是與外人干涉立法之漸。民國成立。羣望收回領事裁判權。今則推廣延行於內地。開世界未有之奇例。降國際地位於波斯暹羅土耳其之下。福建受軍事設備之制限。漢冶萍受不國有不充公不借外債之約束。其損主權妨內政者至矣。而按日本要求容日後協商之五項。一爲顧問之件。二爲學校病院用地之件。三爲南方鐵路之件。四爲買兵器合辦軍械廠之件。五爲佈教之件。據日本最後通牒附件之說明。如中國承認此五項日後再商。則日本以交還膠州灣爲條件者也。該五項內鐵路之件。須由日本取得英國之同意後。中國乃可允許。佈教之件。日本既自行聲明日後再行協議。則日本不再提議。中國自無從與議。此外如採買日本兵器。合辦軍械廠。聘日本人爲政治財政軍事顧問。各重要之件。中國皆

第五號完全履行與膠州不能還付

中國亡於日本之先聲

於民國六七兩年。徐總統任內。即段祺瑞總理任內。完全履行之。（民國六七兩年。北京政府購買日本泰平公司兩批大宗軍械。又與日本訂一百萬萬元之製鉄借欵契約。以完成中日合辦軍械廠事業。又聘青木為軍事顧問。坂谷為財政顧問。續聘有賀為政治顧問。）至學校病院租地之較輕之件更不成問題也。（曹汝霖於日本未行最後通牒之前。即與日使言中國可以允許之。）而膠州灣不但不能交還。反使山東問題愈增嚴重。貽中國根本之憂。（詳第六章）又二十一條原案第五號、合辦中國警察之要求。日本雖於此次談判時自行取消。然不越數年。山東膠濟鐵路之特別巡警隊。則要求聘日本人組成之。而東部內蒙、自鄭家屯至四平街一帶。及福建之廈門。及延吉道之五縣。（皆詳以後各章）日本皆不取中國政府之同意。無端設置日本警察署多處。並中日合辦之形勢而無之矣。所以如此者。蓋自二十一條可以無故向中國提出之。並可強迫其承認之。則自後中日兩國之關係。凡日本許與中國者無一件可望諸實行。而日本欲要求於中國者。則無故強迫之而已。故曰此次中日交涉之結果。實中國亡於日本之先聲也。

余編叙至此。對於此次中日交涉之始末。生出兩大疑問。一為日本何故無忌憚侵奪英國在揚子江已得之鐵路權。一為袁政府何故自認熱河道為東部內蒙

日本何故無忌憚侵奪英國之既得權

古區域。此大惑不解者也。分別述之於左。

揚子江為英國勢力範圍。為日本所熟知。光緒二十五年英俄協約。規定揚子江為英國築造鐵路範圍。雖邇年英國對於揚子江區域。毫無侵畧之行動。然其條約上既得之權利。斷無任他國無端攫奪之理。而此次日本第五號第五欵要求之鐵路權。實為英國條約上之既得權。卽一千九百零八年中英滬杭甬鐵路合同。一千九百十四年三月中英甯湘鐵路合同。及同年八月南昌至潮洲鐵路優先權、讓與英國之成約是也。乃日本政府、明知之而欲明奪之。其最後修正案、與最後通牒中。皆聲明該鐵路借欵權、由日本與關係此項借欵權之他國、直接商妥。如該他國並無異議。應將此權許與日本云云。然則日本必有把握。能令英國。將此種既得權。讓與日本矣。究竟是否以中國他項權利與之交換。日英密約中、有無關涉此事。殊不可知。夫日英同盟。以互相防護兩同盟國在東亞之特別利益為目的。豈有無端侵奪之理。青島之戰。英國亦相助出兵。縱不獲何利益。豈有無故將既得鐵路權讓與日本之理。其後巴黎講和會議。中國代表提出取消二

曹陸何故認熱河道爲東蒙

十一條案。案內聲明日本侵犯英國既得鐵路權。而英國代表喬治氏。不但不與中國以些微贊助。反竭力扶助日本以壓中國。則此等鐵路問題。英日兩國似早有一種默契之形勢。而不能明其究竟。此疑惑者一也。

依此次條約。日本所得東部內蒙之權利。尙不如南滿之大。則中國應將南滿與東蒙之境界明白劃淸。以免日本將獲得南滿之權利。濫用於東蒙也。又既許日人在東蒙有合辦農工業權。借款優先權與協商開埠地點權。則東部內蒙之區域。亦應明白劃淸。以免日本將獲得東蒙之權利。濫用於中南蒙也。據內蒙古地理上之位置言。惟哲里木盟。實位於東。則所謂東部內蒙。應限於哲里木盟而止。而自前淸以來。多將內蒙地方。設置縣治。編入於接近各省與特別行政區域。如長春縣編入於吉林。洮昌道所轄洮南昌圖十餘縣編入於奉天。皆哲里木盟新設之縣治也。又如熱河道特別區域、所轄承德灤平朝陽十餘縣。卽昭烏達盟、與卓索圖盟、新設之縣治也。今日本依據新約。對於南滿與東內蒙所得之權利。輕重不同。試問日本對於長春與洮昌道十餘縣之地方。認爲是東部內蒙區域而

認東蒙爲南滿認中南蒙爲東蒙之謬妄

履行條約上所得東蒙之權利乎抑以其已經編入南滿省份卽認爲南滿區域必履行條約上所得南滿之權利乎此談判時我國全權必爭之問題也如日人必認長春與洮昌道爲南滿區域則熱河道所轄之十餘縣旣早經中國編爲特別行政區域卽與長春洮昌道爲同一之比例其不能認爲內蒙地域無疑矣且以其在哲里木盟之西尤不能認爲東蒙無疑矣乃談判中、全不聞陸曹兩代表提出長春與洮昌道、不能作爲南滿區域之提議而中國第二次修正案內一則聲明嗣後不將南滿及熱河道所轄之東部內蒙、各項稅課、抵借外債再則聲明嗣後南滿與熱河道所轄之東部內蒙、如借款造路、先與日本商議再則聲明允諾自開南滿及熱河道所轄東部內蒙合宜地方爲商埠、云云此等提案必冠熱河道所轄五字于東部內蒙之上以證明日本所指東部內蒙卽係熱河道所轄之區域誠不可解如因日使之要挾而云然則何以不將長春及洮昌道各縣不能作爲南滿區域、以相抵制實際之東蒙任日人默認爲南滿實際之中南蒙自認爲東蒙令敵氛逼近於國都不得謂非外交官之過也。

中國礦業條例之取消

南滿礦山與日本國防之價值

我國礦業條例。經民國三年製定。規定外人得與民國人民合股、取得礦業權。惟外人所有股本不得逾全額之半。又須遵守本條例、及其他關係諸法律。該條例公佈之後。日本以其僅與外人投資權。而無開採經營權。甚不滿意。曾要求我國修正該條例。而未實行。此次獲得南滿礦山十處。特令中國於照會中聲明在鑛業條例確定以前。應倣照現行辦法辦理。其所謂礦業條例確定以前者。即指中國現行礦業條例未修改之前也。所謂仿照現行辦法者。即指日本現在南滿洲所開各礦、以中日合辦爲名。其實全歸日本開採經營。毫不受何等制限之謂也。照會中既如此聲明。則中國現行礦業法律。遂被其無形取消矣。至所許十處礦山之中。以鞍山鐵礦。爲日本最注意之處。蓋日本感製鐵爲立國之根本。而日韓及南洋各處。皆無相當之鐵產。遂注意於南滿諸礦。與漢冶萍之關係。鞍山站鐵礦。跨遼陽本溪二縣。鐵量約二億噸左右。於日本國防實增重大之價值也。至其與漢冶萍之關係。則陰謀有年、光緒二十四年伊藤博文來北京爲與大冶礦山生關係之始。光緒三十年。日本乘該礦資本不足。密令小田切與盛宣懷訂結由

日本謀奪漢冶萍之歷史

日本興業銀行借欵三百萬元。而以大冶礦山作擔保之約。是爲日本實際與大冶礦山生關係之始。光緒三十四年。盛宣懷奏請漢冶萍三處事業合併組織漢冶萍煤鐵有限公司。先後借日款至一千一百二十萬圓之多。當時公司總金額爲二千萬元。日本投資已達一半以上。日人遂主張由中日兩國人合辦。然爲中國法律所不許。及兩宮崩。盛氏入長郵傳部。日人運動其改訂商法。規定資本之半數可許外人入股。爲漢冶萍將來中日合辦計也。値中國革命。漢陽鐵廠爲戰亂之中心。損傷甚鉅。不能恢復原狀。盛氏因請由民國政府收買經營。斯時民國初立。財政甚困。不能顧及。因令其仍由民辦。藉外資發展事業。時先後又借日金四百七十萬元。以濟一時之用。至民國二年。公司遂與日本正金銀行、訂借欵契約二紙。一借九百萬元爲擴充公司及改良一切之用。一借六百萬元爲償還短期與重利舊債之用。規定以公司一切財產爲擔保。於約定期限內。無論如何。不得借他欵還淸。若再借外債時。先與日本交涉。且聘用日本人爲顧問技師及會計顧問。條件甚苛。該契約發表。國人反對者甚多。然股東會卒照案通過農商部

漢冶萍將爲日本之國有財產

以事關重大。久不批准。其後礦務局長楊廷棟農商部參事張金赴上海與股東及日人多方接洽後。認爲借欵不得已。卒下令許可。日本於漢冶萍之地位由此確固。然日人無饜之求。必欲使漢冶萍事業。脫離中國政府之關係。而置諸日本政府管理之下而後已。此次由中國政府聲明。准由中日商人合辦。幷聲明不國有不充公不借第三國之欵。即不啻聲明中國政府無干涉該公司之權。而實際上日本政府。爲該公司之股東。所有該公司重要職權。如顧問技師及會計顧問已歸日人之手。將來勢之所及。隨機侵奪。必使漢冶萍公司名義上爲中日兩國商人之合辦事業而實質上則變成日本之國有財產可拭目俟之也。

第二章　袁氏稱帝日本之侵害中國

第一節　袁氏稱帝之情形

日本窺破袁氏稱帝之情節

二十一條親交袁氏之原因

帝制媒介之有賀長雄

袁世凱稱帝之志。始於民國二年、解散國會、驅逐民黨於海外之時。最初欲得德國之承認。密與德國公使及青島總督有所接洽。民國三年。德國將與俄法宣戰。爲維持中德和平關係。青島總督有秘密承認袁氏稱帝之文件。此等文件。青島降服後。落於日本之手。日本始悉袁氏稱帝與聯德之決心。視爲奇貨可居。民國四年。日本向中國要求二十一條。照國際慣例。外交事件。無直接元首之例。日公使破國際慣例。面交袁氏者。卽乘機誘引袁氏之帝慾。便二十一條容易解決耳。及中日談判開始。有賀長雄。忽奔走於東京北京之間。關於中國承認日本之要求。日本承認中國變更國體之事。密與袁氏有所接洽。蓋有賀長雄者。大隈重信之私人。袁氏之政治顧問。屢主張中國宜於君主立憲。爲袁氏所器重。故日本於斯時特令其堅袁氏之帝慾也。袁氏以爲中國變共和爲君憲。實於日本國體有禆益。認以爲眞。（此事有賀長雄亦受本國要人之騙。認以爲眞。故袁氏稱帝之時。卽上表稱臣。）於中日交涉了結之後。卽陰籌帝制之進行。命楊度發起籌安會。時楊當以日本第五號要求。仍將伺機而動。中國此時。似不宜有重大變動爲言。袁當謂外交上沒有問題。我已有把握。汝爲之可也。陸徵祥亦謂外交不易辦。袁亦慰之曰。此事外交一面我已辦妥。汝等可不管。

袁氏之受騙

蓋袁氏深信日本不至爲難也。同年八月。袁氏命楊度孫毓筠等六人。發起籌安會。爲改造國體恢復帝制之運動。以民黨人物。全被驅逐海外。無敢倡反對者。

籌安會之氣勢

一時中央大官及地方將軍巡按使。無不參加於旗幟之下。不旬日間。勢力所波及。如燎原之火。不可究止。

設國民代表大會解決國體問題

八月三十一日。袁氏申令、以參政院代行立法院職權。關於國體請願由該院受理。該院以九月一日開會。接受全國變更國體之請願書。凡八十三件。蓋自籌安會成立後。旋組織請願聯合會。聯合各方請願機關。以促帝制之速成。又由參政院議決一種國民代表大會組織法。國體問題由其投票解決。

國民代表選舉之黑幕

該組織法於十月八日。袁氏以法律特號公佈之各省選舉此種代表皆依中央秘密指授、誣造民意之各種辦法。急速進行。凡喪盡國民廉恥之行爲無

各省代表全體贊成君主立憲

立法院第一次推戴袁氏爲皇帝

袁氏推讓

立法院第

所不至。非贊成袁氏爲皇帝之人。不得當選。其間雖經日本與協商諸國公使。勸告帝制延期。並經日本公使單獨質問。又經袁氏令曹汝霖陸徵祥先後向各國公使答覆。切實聲明帝制不急速進行。然不過掩耳盜鈴。進行殊不少懈。各省代表解決國體之投票。於十二月上旬。一齊彙到中央。十二月十一日。代行立法院。舉行全國國民代表大會解決國體問題之總開票。副院長汪大燮報告。計全國代表一千九百九十三人。全體一致贊成君主立憲。又各省代表皆有推戴書。全體一致推戴袁世凱爲皇帝。當由參政楊度孫毓筠提議。謂既然全國一致贊成君憲。幷推戴袁大總統爲皇帝。本院理應據情咨報政府。又本院應以總代表名義。恭上推戴書。衆贊成。副院長宣告中華帝國國體已定。全體立呼中華帝國萬歲。袁大皇帝萬歲。當卽奏呈第一次推戴書。袁氏當卽申令推托不受。謂本大總統從政垂三十年。功業不足稱述。追懷故君。已多慚疚。驟躋大位。於心何安。又致治保邦。首重信義。民國初建。本大總統曾向參議院宣誓。願竭能力。發揚共和。今若帝制自爲。於信義無以自解云云。立法院當日再開會。奏呈第二次推戴書。推

二次推戴

袁氏受朝賀爲皇帝

雲南貴州獨立

湘粵桂各省獨立

崇袁氏功德。夐絕古初。遠過湯文。并稱民意共和則誓詞隨國體爲有效。民意君憲則誓詞隨國體爲變遷。今民意已改國體。已變民國元首之地位。不復保存。民國元首之誓詞。當然消滅。凡此皆國民之所自爲。固於我大皇帝渺不相涉云云。袁氏本此推戴書。卽於十二日申令承認爲皇帝。十三日在居仁堂受百官之朝賀。册封黎元洪爲武義親王。大封勸進功臣爲五等爵。改民國五年爲洪憲元年。設大典籌備處。定舊歷正月元旦卽皇帝位。忽十二月十五日。日英俄法意五國公使。提出第二次帝制延期之警告。又其時國內反對帝制之運動甚烈。蔡鍔李烈鈞等。皆先後赴雲南。十二月二十二日。用將軍唐繼堯巡按使任可澄名義。逕電袁世凱。要求取消帝制。限二十四時答覆。翌日雲南貴州。宣佈獨立。蔡鍔率護國第一軍進攻四川。袁氏雖派重兵抵禦。然所在皆敗。瀘州納溪叙州各要地。全爲蔡鍔護國軍所佔領。而湘粵桂各省。相繼獨立。同時袁氏派特使赴日本。擬獻納某項權利。求其承認帝制。爲日本所拒絕。至此袁氏對內對外。威望喪盡。不得已向日英俄法意五國公使。發帝制延期之正式通告。旋於三月二十三日。向國

帝制取消

內申令帝制實行延期至三月二十三日。更申令取消帝制。當卽撤消大典籌備處。廢棄洪憲年號。起徐世昌爲國務卿。任段祺瑞爲參謀長。復黎元洪爲副總統。藉三人名義與民軍講和。其時民軍之勢日益增大。廣東廣西湖南浙江陝西四川皆相繼獨立。

護國軍政府成立

護國軍政府成立於肇慶。岑春煊唐繼堯梁啟超陸榮廷等爲中堅。大義森嚴。毫無講和之餘地。

軍政府依法奉黎元洪爲大總統之宣言

當時軍政府對內宣言曰。前大總統袁世凱因犯謀叛大罪。自民國四年十二月十三日下令稱帝以後。所有民國大總統之資格。當然消滅。其遺缺未滿之任期。根據約法當由副總統繼任。本軍政府謹依法宣言。恭承現任副總統黎公元洪爲中華民國大總統。同時專電北京各國公使。奉託公同監視袁世凱對於黎大總統之行動。幷設法保障黎大總統之生命及其自由。各國公使原深惡袁世凱帝制行爲。對於護國軍政府此等措置。深表同情。

袁世凱死

袁氏至此毫無辦法。羞憂成疾。於六月五日病死。黎元洪依法繼任大總統。帝制戰爭。因告終局。

第二節　日本乘袁氏稱帝之侵害中國

日本包圍中國之策

自歐戰起後。大隈內閣、對中國下四面包圍之策。其對於英俄法諸國。則以日本參加協約國之故。務使協約各國。對於中國之問題。惟日本之意旨是從。不能關開日本。單獨有所活動。而協約國以歐洲戰爭。日本有左右輕重之關係。亦不敢違反此旨。日本於中國。既得外交上此種特殊勢力。則對於中國內部。隨機應變。以達其擾亂中國之策。

日本引誘袁氏稱帝之陰謀

袁氏竊國之志。既被日人看破。遂藉二十一條之交涉。竭力引誘。令其入彀。當帝制初步進行。日本有力人物。及報界論載。多表示贊成之意。幷稱如中國爲君主立憲。與日本國體甚有利益云云。然此等表示。幷非眞贊成袁氏之帝制成功。不過藉此以啓中國之內亂耳。及中國各省國民代表實行投票。帝制將實際成功之時。

日本忽然改態之警告

日本代理公使小幡酉吉。忽約同英俄二國公使。於十月二十八日。同赴外交部。先由小幡口述日本政府之旨曰。中國帝制進行甚速。其裏面反對之暗潮甚烈。如因此發生事變。非僅中國之不幸。亦關係諸國之憂。願袁總統出以賢明之措置。將實行帝制之期。暫行延緩。以固東亞之和平。日本爲此勸告。決非干涉中國之內政云云。英俄二公使亦爲同意之口述。次日日

日政府正式公布對中國之警告

本外務省將訓令小幡公使向中國政府警告之原文正式發表如左。

中國改變國體之計劃。近已趨於實現之地位。目下歐戰尙無了期。無論世界何國。苟有傷害和平安寧之事變。當竭力遏阻之。中國帝制進行。其國內表面雖似無大反對。以日本政府所得報告。殊屬皮毛、而非事實。反對暗潮之烈。實出人意料之外。袁總統若驟立帝制。必變亂陡起。中國將復陷於重大危險之境。日本政府對於中國此等危險狀況。深加憂慮。蓋中國若發生亂事。不僅爲中國之大不幸。凡在中國有重大關係之各國。亦將受直接間接之危害。而與中國有特殊關係之日本爲尤甚。日本政府爲保持東方和平起見。乃決定以目下時局大可憂慮之情形。通告中國政府。幷詢問中國政府能否自信可以安穩達到帝制之目的。日本以坦白好友之態度披瀝勸告。甚望中華民國大總統聽此忠告。顧全大局。緩行帝制。以防禍亂。而固遠東之和平。故帝國政府。已發必要之訓令。致駐華代理公使日本政府之爲此。實盡其友好鄰邦之責任。幷無干涉中國內政之意。

公布警告之用意

袁政府第一次答覆

日公使一再質問

夫各國公使向外交部之口頭報告。尚非正式交涉之性質。無在本國正式發表之必要。日政府之特爲公布者。一則對袁氏表示鄭重之態度。打擊其帝制進行。一則鼓動中國民黨起抗袁運動耳。十一月一日。袁氏命陸徵祥答覆三國公使。大致謂此事全係中國內政。既承友誼勸告。亦宜詳細答覆。中國約法主權本於國民全體。國體問題。政府不得不聽諸國民之公決。今大多數國民羣以共和不適宜於中國。國是業已動搖。倘遷延不決。釀成事端。不但本國受害。即友邦僑民。亦未必不蒙損失。政府爲此迭電詢各省文武長官。能否確保地方秩敍。皆稱如從民意解決。均可擔任地方治安。故實行改革時。斷不至有變故發生。貴國友誼勸告。意在維持東亞之和平。儘可深信本國政府實有維持和平之力云云。英俄二公使對此答覆。皆無異論。惟日本政府謂此等答覆。意旨甚不明瞭。使小幡公使於十一月四日單獨至外交部。請中國政府對於三國警告更爲明白之答覆。蓋逼袁氏非承認延期不可。而表示干涉之態度也。越二日再至外交部催促袁氏不得已於十一月九日命曹汝霖分往各使館。聲明本年內斷不實行帝制。又

袁政府再三答覆

邀請各公使於十一日會談外交部。由陸徵祥正式致左記之答覆。

目下國體投票。已有十餘省贊成帝制。是變更國體早已決定於多數國民之志願。延期之舉。揆諸民意。雖非所樂聞。然在政府、應行籌備之事甚多。非寬假時日難增完美。況黨人匿跡治外法權外、欲乘機造亂者。頗不乏人。各友邦之忠告。亦卽以此故。延期實行。勢所不免。惟是意外之亂。若果猝發。中國政府自信無論何時。皆有對付之力。

五國聯合之警告

此答覆既聲明帝制延期。日本亦不再行質問。及十二月十三日。袁氏申令承認爲皇帝後日公使小幡忽於十五日、率同英俄法意諸公使至外交部。提出第二次五國聯合帝制延期之警告、如左。

曩者各國對於中國帝制問題。曾向中國政府勸告。其時中國政府聲明不急遽從事。且稱有力擔保國內之治安。勸告諸國據此以後對於中國決定執監視之態度。

袁氏之狼狽

此警告簡單嚴厲。袁氏接閱之後。萬分狼狽。不得已對於本國稱皇帝稱洪憲元

特使派遣日本之擋駕

日公使之質問

年。對於各國仍稱大總統。稱民國五年。袁氏知此種警告。雖由五國聯合。實出於日本之原動力。遂謀挽回日本之感情。冀得外交上之援助。擬犧牲某項權利。爲日本承認帝制之交換條件。先與日公使商議。日使電告本國政府。得其承諾。袁氏遂以祝賀日皇即位大典之名義。派農商總長周自齊爲特使。擬即便啓行。（時民國五年一月）日公使特於一月十四晚。招請周特使等餞宴。席間表示日本政府十分歡迎之意。周特使定十七日啓行。隨員皆早日先行。及十六日、日公使忽至外交部。謂奉本國政府訓令。俄國大使將至東京。不便迎接中國特使。且避兩國間各種誤解起見。請中國特使延期啓行。此耗一來。袁氏威望喪盡。無以爲計。閱三日、日使復訪陸徵祥。謂貴國政府前信實行帝制。國內斷無騷擾。今雲貴之事。究竟何時可平。又其他各省、是否能保無變動。陸氏無詞以對。蓋其時四川方面、瀘州納溪敘州各地。皆爲護國軍佔領。而其他各省。皆蠢蠢將動。袁氏知日本對己搗亂。無法轉旋。亦自知無平定反對派之力。且探悉日本招集宗社黨於滿洲舉勤王軍之計劃。深以爲懼。不得已於一月二十一日。命陸徵祥向日英俄法意五國

日政府派人加抗袁運動

日本於滿洲集宗社黨舉勤王軍

公使。發帝制實行延期之通告。旋向國內中令取消帝制。

如上所述。袁氏帝制之失敗。雖曰由於西南護國軍勢力宏大之故。然日本政府對於袁氏外交上之打擊。其功實不在護國軍之下。惟日本對袁搗亂。其目的實在擾亂中國之全局。而乘機以奪中國之權利。並非僅以反對袁氏稱帝即滿足也。故日政府第一次對袁氏提出警告之後。即一面派多數軍人策士參加中國民黨之抗袁運動。如上海民黨奪軍艦。山東民軍起事。皆有日本人參加其間。一面於滿洲召集清室之宗社黨。組織討袁軍。一名勤王軍。以圖擾亂滿蒙。而張日本之權利。先是清室鼎革之後。日本羅致清室宗社黨一班首領。住於大連。至此日政府擁肅親王糾合宗社黨。謀於滿洲舉勤王軍以討袁世凱。其軍費由日本大倉氏借貸日金一百萬元。以肅親王之財產作抵。內以三十萬元由肅親王招集宗社黨三千人（馬賊佔多數）至大連。由日本軍官編練成軍。餘七十萬元。由日本陸軍大佐土井等。率領日本後備軍人。另組一軍。混入於勤王軍之內。備勤王軍有實際戰鬥之能力。猶恐軍力單弱。更招致蒙匪南下。供給蒙古巨匪首領名巴布

日本招引蒙匪南下

扎布者、以多數武器。嗾使舉兵南犯。以與南滿之勤王軍應。策方巴布扎布南下之時。忽袁世凱病死。帝制問題消滅。肅親王之勤王軍出師無名。不得已中止。然

鄭家屯案之由來

日政府不肯因此收手。仍促蒙匪南犯。遂釀成鄭家屯中日軍隊衝突事件。結果索償中國之重大權利。乃止。（詳第三章）

日俄同盟之協定

又袁世凱命周特使啓行赴日本之時。正俄國克魯義大公到東京之日。日俄同盟之事實。卽此時在東京之所協定。此日政府拒絕袁氏特使之重大原因也。不久日俄協約發表。其第二條文曰。『兩締約國之一方在極東之領土權及特殊

日俄協約處分中國之程度

利益。爲他一方所承認者。如被侵迫時。兩國應協商防護此等權利利益應取之手段』。此條文聲明俄日兩國互相承認其在中國之領土權與其特殊利益。而毫無限制。蓋明白宣示日俄兩國壟斷中國之領土及權利也。又同時之日俄密

日俄密約處分中國之程度

約。更引申前義。規定中國政治上之優越權。惟日俄兩國所獨佔。如有第三國對於日俄兩國懷敵意時。日俄共同防禦之。（詳第四章）此等同盟之用意。蓋以歐戰方殷。各國無東顧之暇。而中國內部之帝制戰爭。不知糜爛至於何等程度。將由日俄

日本利用袁氏稱帝之大陰謀

兩國處分中國之天地耳此日本政府利用袁世凱稱帝而擾亂中國之全局而圖攫取中國無上權利之陰謀之結精點所在也幸而袁世凱早死中國之帝制戰事早告結局又幸而俄國全爲德國所敗。日俄同盟殆成水泡中國遂賴以無恙。不然彼時之日禍。其可思議哉。國人多以爲日本欲滅袁世凱也。嗚呼。日本對於中國之目的。豈僅欲滅袁氏一人而已哉。

日軍無駐紮家屯之權利

日軍移紮鄭屯之陰謀

蒙匪南下與華軍剿討

第三章　鄭家屯事件

當二十一條未解決以前。滿蒙間忽起中日重大之交涉者。鄭家屯事件是也。鄭家屯爲東部內蒙古哲里木盟地。民國二年始改爲遼源縣。屬於奉天洮昌道者也。據中日條約。日本於南滿洲鐵道附近。有駐紮守備兵之權。鄭家屯既非南滿。又非鐵道附近。日本殊無駐紮軍隊之理由。然日人欲吞併滿蒙。見二十一條之談判。中國堅拒東蒙與南滿並議。遂避談判之衝突。爲實際之進行。無端令駐南滿之日軍。移一支隊於鄭家屯。並設日本巡警署。當經奉天當局迭請撤退。日本置之不理。民國五年。日本政府利用袁氏稱帝。暗助清室宗社黨肅親王升允鐵良等。於滿洲招集馬賊。起勤王軍。並招引蒙古巨匪巴布扎布。率軍南下援應。以行其擾亂滿洲之策。巴布扎布。原有舊部三千人。至此以日人資助。新招二千。率五千人於同年七月殺入滿洲。擬據洮南府爲根據地。先犯突泉。爲奉天二十八師馮麟閣之軍隊所擊敗。急退南滿鐵路附近之郭家店。日人見蒙匪大敗。急遣大尉福生田至二十八師。聲明南滿鐵路附近不能開戰。以止二十八師之追擊。同時在鄭家屯之日人。卽假一最小事件殺入中國團部威壓奉軍。使不能痛剿蒙匪。此鄭家屯事件之由來也。

日警士無端生事

中日軍警格殺情形

原二十八師出剿蒙匪之軍隊。假鄭家屯裕勝當店駐紮。八月十三日。同市一小孩。誤以瓜水潑於經過該處日商吉本衣上。吉本當扭小孩痛打。一華兵見之。詢問情由。吉本橫罵。彼此動打。吉本卽赴日警署訴告。警士川瀨。卽帶同吉本逕來裕勝當店尋仇。守兵以其不投刺而昂然直進。攔阻之。并告長官不在。川瀨大憤而去。旋同武裝日兵二十餘名。逕來裕勝當店。先將守兵拘執。日兵一鬨而進。時團長外出。弁兵見其來勢洶洶。極爲招待。冀弭禍端。適一兵由內出。身負手槍。日兵卽向前搶奪。正爭奪間。忽響發彈。出日兵。於是衆槍齊發。逢人射擊。時團部僅有馬弁崗兵數名。倉皇間毫無備禦。因情勢所迫。拚命死鬥。結果中國兵死亡四名。傷數名。日本兵及巡警川瀨等當場死亡七名。其後因重傷死者五人。此日本軍警無端殺入中國團部之一場活劇也。

日政府擾亂滿蒙之陰謀

上述日本軍警殺入中國團部之行爲。不過爲鄭家屯事件之導火線。而其遠因。全爲日本政府用種種陰謀所醞釀而成。觀於日本男爵後籐新平所著『日支衝突之眞像』一書。得窺其全豹。蓋鄭家屯事件發生之時。後籐在野。漫遊滿蒙。恨大隈內閣不乘機吞併滿洲。歸著此書。送各知交。以爲推倒大隈內閣之具。而鄭家屯事件。朝陽坡事件之內幕。因以暴露。茲將該書所述之事實。擇要錄之於左。以證明日本政府擾亂滿蒙之實據。亦藉悉鄭家屯事件之眞相。

後籐所著日支衝突之眞相

後籐男爵所著日支衝突之眞相摘要錄之於左。

余（後籐稱）自本年六月及九月。兩度旅行滿洲。鄭家屯事件。及其他續發事件之眞相。余親所見聞。因此該事件之原因及經過之內容。余全然會得之。我國對滿蒙外交之失敗。已達極點。今已陷於不可收拾之窮境。若非從根本上改變方針。帝國對外政策。必釀成重大事件。茲舉現政府對於滿蒙之眞相。以供與余同感諸君子之研究。

外交關係。本宜秘密。苟於國家有所不利。自應隱蔽。惟滿洲今回事件。已屬公然之秘密支那官民、及列國之領事商人無不盡悉其委曲故欲隱蔽事實以求外交上之勝利尤絕對困難卻恐招致意外事件之虞寧事實爲事實失敗爲失敗從根本上刷新外交方針爲得策

政府對袁氏雖發帝制延期之警告而不預備強制之手段於後因此警告之目的不能達不得已遂出擾亂支那全國之策捲起支那各地抗袁運動以求貫徹警告之目的凡上海民黨奪取軍艦山東起事雲南舉兵及今回滿洲事件之發生無非我國政府間接直接左右於其間

今專就滿洲方面言之我政府擁肅親王糾合宗社黨謀於滿洲舉討袁軍其軍費以肅親王全部財產爲擔保命由大倉氏借貸日金一百萬元以三十萬元交肅親王爲肅親王糾合宗社黨起事之費餘七十萬元由我政府保管爲舉日本軍之費旋派第五聯隊長青森及現役陸軍大佐土井率領多數日本預後備軍人擔任組織討袁軍

然我政府及土井等不通滿洲實情又與日本在滿之浪人失聯絡故日本官

憲。雖竭力爲之。而終不容易起事。至大正五年春。始得招集宗社黨二千餘人於大連。稱勤王軍。然此種軍隊多係馬賊苦力之徒。雖以金錢招致。殊不可靠。我政府乃命日本將校於遼東租借地內訓練此等宗社黨至數月之久。其事實遂爲內外人士所周知。

及六月五日袁氏忽然身死。我政府竟觀望徘徊。不急解散此等勤王軍。遂惹出種種問題。其一肅親王向我政府要求大倉借欵之餘額七十萬元。于是我政府組織討袁軍既經消費之金額。陷於不得不自負擔之苦境。其二勤王軍久不解散。漸露出馬賊本來面目。在大連一帶到處騷擾。日本警察無法處置。不得已調駐紮柳樹屯之日本軍隊。始得彈壓了事。

政府於袁氏生前。欲與滿洲宗社黨應策。更立招練蒙匪之計劃。竭力聯絡巴布扎布。巴布扎布者。日俄戰時一馬賊隊長。助日軍甚得力。近據興安嶺鹽湖之邊。植勢力於蒙古。所部慓悍不畏死。原信賴日本。我政府因利用之。嗾使舉兵交涉。既成。遂約供給蒙匪武器。

此種武器解送蒙匪之時。經哈爾濱。被俄國官憲查覺。爲所押收。我政府費百方交涉之結果。始得發還。仍送交巴布扎布。從此俄國官憲確信日本供給蒙匪武器之事。

武器既入巴布扎布之手。而周圍情況。尙不容蒙匪南下。及袁氏病沒。我政府旣不解散勤王軍。又不中止蒙匪南下。故巴布扎布忽然殺到滿洲。此滿洲擾亂之近因也。

蒙匪旣南下。中國軍隊。屢加討伐。不易奏功。對於誘致蒙匪之日本。自然不勝怨憤。於是鄭家屯中日軍隊之衝突。以起。怨憤塡胸之中國軍隊。遂射擊日本軍隊。包圍日本兵營。此問題之解決。似易而實難。中國政府所以對於日本抗辯不休者。實以日政府有招誘蒙匪之事實耳。

蒙匪進入滿洲後。與華軍交戰數次。皆不利。恰遇鄭家屯事件發生。日本軍隊。威壓華軍。使華軍不遑他顧。而蒙匪得於此時。乘隙急逃。投入日本南滿鐵路附屬地方之郭家店。故自中國方面觀之。日本軍援助蒙匪。故意惹起鄭家屯事件。將蒙匪引入郭家店。而加以保護。顯然可見。

日本因特別關係。欲保護蒙匪。向中國交涉。欲令其安然退去。奉天張督軍作霖。欲免地方糜爛。許之。然我政府無端再施一大失策之陰謀。由大連宗社黨勤王軍二千人內分派八百人。由南滿鐵路運至郭家店。參加蒙匪。更對於蒙匪及勤王軍供給大砲機關槍步槍及多數之彈藥。此事全係日本官憲之所爲。非然者。則日本監視之宗社黨勤王軍。何以得離大連南滿鐵路。何肯爲之運送槍砲彈藥。何從爲之供給。故全出於日本官憲之手。毫無疑義。

華軍既允蒙匪安然退出。忽見新加勤王軍。且添多數武器彈藥。乃大驚。遂通告日本。謂中國雖承認蒙匪自由退去。然忽增多數馬賊編成之勤王軍及精銳武器。事變叵測。不得已從事討伐。請爲原諒云云。

日本軍於蒙匪預定退去期日之先一夜。接到中國討伐通告。欲由奉天日本領事答覆張督軍。謂由郭家店經楊家城子至鄭家屯。可劃一線。其東不許中國軍隊行動。若違反之。則日軍當取自由行動云云。然奉天日本領事以該通告爲蔑視國際法。恐惹起將來困難問題。謂不能由外交上正式發此通告。因此中國有討伐之通告。而日本不能爲停止討伐之交涉。遂陷庇護之蒙匪於死地。實日本之隱痛也。

既而蒙匪與勤王軍。並列而進。日本騎兵。口稱監視。實係護衛。同由郭家店出發。於是既發討伐通告之華軍。對之開始攻擊。因此日本國旗被彈丸穿射。日騎兵亦受傷。是爲朝陽坡事件。

朝陽坡事件。應注意之點。一爲日本政府。對於停止討伐蒙匪之交涉。不十分進行。二爲日軍對於此等蒙匪。及由馬賊編成之勤王軍。皆派兵護送。誠不可思議之事也。

若單爲華軍攻擊日軍。凌辱日本國旗。日軍儘可出非常之手段。然日本有上述之特別關係。且有外交上之缺陷。對於此種侮辱。只得呆視華軍之行動。不能發揮日軍之威。外交上亦陷於不能明快解決之苦境。

其後醜態百出。以朝陽坡事件既起。乃調公主嶺日軍一旅。向朝陽坡進發。當時日人皆欲更進一步。逕行佔據華軍根據地之奉天。然當局以華兵退避。不與接戰之故。畢竟無何等意義而止。

於是日本之陰謀。皆不成功。而華軍之征蒙計劃。反着着奏効。吉林軍重重阨蒙匪退路。蒙匪困難。不可言喻。於是日本復向中國交涉。仍欲使蒙匪安然退去。惟其時蒙匪與勤王軍。大肆刧掠。滿洲秩叙大亂。幸中國承認由日本勒繳勤王軍之武器。而解散之。允許蒙匪安然退去。

然日本官憲曩由大連運送之勤王軍。且給以武器。至此復收回其武器。而解散之。其矛盾出醜。誠可驚矣。

今就此等事件。平心判斷。擾亂滿蒙之責任問題。不能默視也。第一、大連招致宗社黨勤王軍。現政府果不知之耶。然地點則在遼東租借地內也。訓練之人則日本將校也。勤王軍之行爲。則日本軍警之責任也。乃日本官憲不解散。而訓練之。而運用之。則明明政府之爲之也。第二、日本官憲在滿洲各方面發散金錢。如編制勤王軍。招引蒙匪。解散勤王軍之餉糈。及其他特別費用。此等金錢。政府以外決無支出之處。肅親王與大倉之借款。既盡數支付。則此等用費。全然借欵以外之支出明也。第三、由南滿鐵路。運送勤王軍八百人至郭家店。使參加蒙匪。又輸送多數武器。經哈爾濱至於蒙古。非日本官憲能爲之耶。則責在南滿鐵路公司。亦在參謀本部。於大連租借地內招致宗社黨。編制勤王軍。而訓練之。非日本官憲爲之耶。則責在關東都督府。供給勤王軍及蒙匪多數之武器。且以正式軍隊護衛勤王軍及土匪脫險。非日本官憲爲之耶。則責在陸軍省。當袁世凱生存時。猶曰爲倒袁計也。今猶頻施此等小策者。其目的果安在耶。

鄭家屯事件之眞相

觀後籐此作。乃知日本大隈內閣。爲擾亂中國計。於滿洲擁護宗社黨起勤王軍。又招致蒙匪。使與勤王軍應策。及蒙匪南下。擾亂滿洲。經中國軍討伐。蒙匪大敗。日本愛莫能助。乃利用日商與華童毆打小事。率兵殺入中國團部。以成中日直接交涉。旋用重軍。威壓華軍。使華軍不遑他顧。而得令蒙匪乘隙急逃。以盡日本保護之責。此鄭家屯事件之眞相也。

日軍逼華軍退出鄭家屯

當事變發生之時遼源知事闔警旋赴日營安慰并請其訓令兵士不再尋仇日隊長井上松尾一面電請附近各日軍來援一面向知事要求二十八師卽時出城不得停留知事當訪團長商議團長於事後始返營亦深恐己軍憤激圖報復當命所部卽時開拔城外駐紮知事以告井上井上仍以恐華兵報復爲詞逼令凡中國軍隊均須一律退出城外三十里知事旋又向巡防及二十七師各軍商議各軍爲消弭禍端起見皆於是晚相繼退出知事復以告井上井上遽變面目

日軍佔領鄭家屯

將知事拘留而八面城之日軍大隊公主嶺駐屯騎兵兩中隊鐵嶺駐屯步兵一大隊機關銃一隊共一千五百兵先後至鄭家屯將遼源鎭守使署及中國各營房全行佔據並張告示宣布由鄭家屯至四平街三十里內不准華人入境以示全行佔領之意此間被華軍擊敗之蒙匪乘間逃入南滿鐵路附屬地之郭家店全受日軍之保護矣

北京政府之闇昧

事變報知北京北京政府對於日本招致宗社黨編制勤王軍招致蒙匪南下及援救蒙匪藉端殺入中國團部諸黑幕皆無所聞知以爲係偶然發生之衝突且

日政府之要挾條件

係地方上事件。飭由地方政府了結。而日本政府於事變發作之時。其目的雖專爲救援招致之蒙匪起見。於事變發作之後。則更進一步必藉端要挾中國之重大權利而後止。故北京政府雖視爲小事。飭由地方了結。而日本政府則拒絕在奉天談判。必由日本公使與北京外交部直接交涉。新任日使林權助。以華軍包圍日營爲詞。於九月二日。向外交部提出左記八條要求實行。

一　懲罰第二十八師師長。

二　有責任之將校。悉行免黜。其中直接指揮暴行者。處以嚴刑。

三　嚴飭駐南滿東蒙之中國軍隊。嗣後不得再有挑撥日本軍隊或日本人民之何等言動。並由該處地方官。以此項命令布告週知。

四　承認日本政府爲保護取締南滿及東蒙之日本臣民。於必要地點。派駐日本警察官。中國並於南滿洲增聘日本人爲警察顧問。

五　駐紮南滿洲及東部內蒙之中國各軍隊。聘用日本將校若干名爲顧問。

六　中國士官學校。聘用日本將校若干名爲教習。

七　奉天督軍親往關東都督署及奉天日本領事署謝罪。

八　對於被害者予以相當之慰藉金。

按後籐所述日支衝突之眞相。此事變之責任。當然全在日本。而不在我。即退一步言之。苟非日本違約駐紮軍隊於遼源。與設置日本警察署。亦不至發生此事變。鄭家屯地屬東蒙。日本無駐軍之權。上文已詳言之。以警察論。日人於南滿設置警署數十處。皆係條約以外之強制行爲。從未得中國之承認。東蒙非南滿之比。日人尤無設置警署之理由。苟無日本警署在該處。則川瀨無從生事。苟無日軍在該處。縱生事亦不如此重大。故此案發生之後。中國政府應嚴向日本要求。撤退鄭家屯之日警與其軍隊。以弭後患。是爲至當。乃事不出此。是非倒置。日公使反向我國提出上述之八條要求。履行夫衝突責任既在彼而不在我。則我外交部本可拒絕此等提案。不與接受。乃代理部務外交次長夏詒霆。以日本事實上於四平街鄭家屯一帶。已增派大軍駐紮。恐案懸不結。別生枝節。遂置是非曲直於不論。竟接受日使提案。與開談判。

責任之全在日本

中國無接受提案之理由

外交部之懦弱

日本要求東蒙警察權

日本要挾中之第六欵與本案毫不相干。實爲極無理之條件。日本亦不過作爲襯品。其最注重者爲四五兩條。而尤注重於東蒙各要地得派日本警察官之一點。蓋民國四年之中日新約規定日本臣民得雜居南滿。經營東蒙。雖有服從中國警察法令之文。然在日人。不過視爲紙上陳文。必令滿蒙全境。凡日人足跡所到之區。即日本警署設置之區而後已。此要求第四款之本意也。然警察權係內務行政之重要主權所關。當二十一條要求時。日本已經撤消。則我當局當然拒絕之。而對於五六兩欵。亦嚴格要求撤回。其餘各欵皆許磋商讓步。然日使於軍事顧問與警察問題。則堅持不讓。經十餘次談判。不能解決。五年十月與六年一月。日使兩次交付說明書於外交部。

日本援南滿例設警署於東蒙之照會

前者交付署理外交總長夏詒霆。大意謂日本於南滿設置若干警署。中國地方官事實上業經承認。自四年五月訂結中日新約之後。日本臣民移於東部內蒙者。必日增多。日本政府爲保護并取締該臣民起見。認爲有派駐警察之必要。請援南滿之例。從速承認爲盼云云。後者交付於新任外交總長伍廷芳。畧謂查派駐警察官之事。究竟係屬治外法權當然之

日本自由設警署於東蒙之照會

伍廷芳荅覆之圓滑

解決之照會

措置而毫無侵害中國主權之處。倘中國政府籌躇不表同意。則日本政府祇得自由實行之。實屬不得已之事云云。伍廷芳旋與日使會面并交付說明書。略謂本國政府。詳細考量。於中國領土內。駐紮外國警察。無論如何。於中國主權之精神及形式上均有妨碍。現在南滿各處設置之日本警察。業由本國政府及地方官迭次抗議。並未承認。且所稱係屬治外法權。尤難牽混。中國數十年與各國訂有治外法權以來。未聞有以此爲辭者。應請貴國政府無庸再提。仍不能作爲中國政府業經承認實行云云。此說明書之最可注意者。爲最後之二語。卽暗示日本在東蒙已經設置之警署。既不撤廢。毋庸再提。但不能作爲中國政府承認之耳。日使遂忽然變調。謂此案久懸。殊非善鄰之誼。望將已經商好之五項。卽用公文交換了案。兩國全權委員。遂於六年一月二十二日。交換左記各欵之照會。

一　中斥第二十八師師長。

二　有責任之中國軍官。按照法律。酌量處罰。其應從嚴者。自應從嚴。

三　於日本臣民雜居區域內。出示告諭一般軍民對於日本軍民應待以相當禮遇。

四　奉天督軍。對於關東都督署及日本領事館表示抱歉之意。

五　給日本商人吉本五百元之卹金。

六　日本因鄭家屯事件發生增派至該處之軍隊。於上五項全部實行後卽行撤退。

日本之强類外交與伍總長糊塗了案

鄭家屯問題依此照會解決。日本對於原要求之四五六各欵。表面上似皆放棄之。其實日本原注重之點。惟在設警署於東蒙之一端。於交涉未了之時實際設置四平街鄭家屯一帶之日本警署多處。而於交付伍總長說明書中。特聲明倘中國政府不表同意之時。日本亦自由實行之。蓋明告無論中國承認與否。日本惟實際設置而已。而伍總長答覆書中。謂毋庸再提。仍不能作爲中國政府承認云云。蓋實知日本已經設置之警署。中國無可如何。但表示絕對不承認之耳。而日使以南滿設置日警之經驗。以爲無苦求中國承認之必要。故但請將協議妥善之五項。互換公文了事。而對於設置警官一節。作爲不解決之解決耳。而伍總

比二十一條要求更進一步

長以表面上未大傷國家之面目。遂糊塗了案。於是東部內蒙之日本警署。居然與南滿媲美。迴憶民國四年日本二十一條之要求。爲我國人之所最痛心。然彼時關於警察問題。日本尚必於要求案內。明提條件。（第五號第三款）與我磋商。磋商不成。日本旋自撤消之。迄於茲日本對中國之態度。更進一步。不管中國政府之承認不承認。惟自由實行之而已。余編第一章時有曰。自二十一條日本可以無故向中國提出之。並可強迫其承認之。則自後日本凡欲要求於我者。可無故強迫之矣。蓋絲毫不謬也。至日兵無端駐紮鄭家屯。實爲此次衝突之原因。我國自應要求日軍完全撤退。乃僅允許日本撤退因鄭家屯事件所增派之日兵而止。則不啻以條約承認原派日軍有駐紮鄭家屯之權矣。時多稱伍博士解決時局之功。吁可歎也。

朝陽坡事

再應追述者。自鄭家屯事件發生後。華兵不能追剿蒙匪。蒙匪乃得安然退避於南滿鐵路附近之郭家店。而爲日本之所保護。然日本當局、不肯以苦心孤詣招致之蒙匪。一經失敗。便終止其最初之目的。遂出一絕大陰謀。表面上正式與奉天督軍張作霖。交涉請求中國不加討伐。令蒙匪安全退回蒙境。及得張督承認之後。於大連宗社黨勤王軍內。調選八百名精兵。由南滿鐵路運至郭家店與蒙匪混合。且給予多數大砲機關槍及充分之彈藥。又附以日兵。一路退却。將欲乘中國之不備。一舉而破奉軍。事爲奉軍所探知。當由張督軍通知日本當局。謂事變叵測。不得已從事討伐。請爲原諒。日本當局、當時無法制止。亦不便直接與奉軍開戰。又不忍坐視蒙匪與勤王軍之被攻。不得已急懸日本國旗。以爲救濟。遂致砲穿國旗。當時日本當局。急令四圍日軍集中朝陽坡。將與奉軍直接開戰。一舉而衝奉天。然以奉軍退避之故。亦未積極進行。（後藤時在滿洲。亦主張直衝奉天。以不實行。故反對大隈內閣。而著日支）

衝突之眞像。

適蒙匪與勤王軍大肆刼掠。滿洲秩敘大亂。日本亦不便以砲穿國旗事與中國大起交涉。惟要求由日本勒繳勤王軍之武器而解散之。仍令蒙匪安全退去了事。是爲朝陽坡事件。

第四章　日俄同盟與中國之關係

中日新約後日本之外交方針

日本乘歐戰初起。假英日同盟之名義。驅逐德國勢力於山東。而代領之。又威迫中國訂四年五月之中日協約。事實上完全破壞中國之獨立與東亞均勢之局。而獨佔對於中國之優越地位。知爲列強所不願。而對中國提出最後通牒時。美國曾向日本宣言。謂如有侵害美國與中國條約上之權利。或侵害中國之獨立及領土。及列國工商業均等主義者。美國斷不承認云云。日本恐歐戰結局之後。美國與列強聯合對付。則日本孤立無援。甚屬危險。故自訂結中日協約之後。其外交方針。急欲乘歐戰未了之先。使英俄法美、承認日本在中國之優越地位。如得此種保障。則以後對於中國。何等自由行動。皆副產品耳。然此種政策。非美英法三國所能承認。惟俄國政府。爲天然的侵畧性質。與日本完全相同。又兩國在東亞之地位。亦頗相同。而俄國自與德奧宣戰後。無東顧之暇。日本外交方針。遂決定向俄國表極端之好意。以達日俄同盟之政策。迭向俄國政府聲明。凡俄國

日本結歡俄國之陰謀

日本强袁俄國爲俄日同盟

俄國不得已之贊承

在東亞之軍力。可盡調赴歐西戰場備敵之用。日本對於俄屬之海參崴、樺大島及北滿等處。不但不稍事侵略。且代勝防護之任。并竭全國之力。接濟俄國之兵器及軍需品。使俄國於歐西戰爭時期。無軍實缺乏之虞。俄政府以西方大敵當前。東方得此良友之幫助。感謝之情。自不能已。日本遂乘機倡日俄同盟之說。及袁世凱稱帝。中國抗袁運動。將起全局之擾亂。日本大隈內閣欲乘機解决中國問題。日俄同盟之進行愈猛。適一千九百十六年。即民國五年一月。俄國克魯義大公、賀日皇登極到東京。日政府爲隆重之歡迎。而拒絕袁世凱之特使。特與俄國大公交換兩國同盟之意見。然俄國政府對此同盟。不甚熱心。而日本朝野則爲狂熱之運動。且表示凡有益於俄國者。日本賭國命帮助之而不惜。俄政府明知是計。而不便拒絕。蓋以爲承認日本之意旨。則俄國對於中國雖有進取之地步。然日本所獲於中國者。遠甚於俄。若不承認日本之意旨。則日本可一時翻臉。北滿洲海參威樺大島等處。或不久落於日人之手。故比較以承認爲佳。縱日本獲於中國之權利。遠甚於俄。然慷他人之慨。於俄國無損。此俄政府終贊成日俄

日俄協約

中國之天地變色

同盟之所以也。同年七月三日。兩國政府發表日俄之新協約如左。

日本政府、及俄國政府、爲協力維持極東永久之和平。協定於左。

一　日本不爲敵對俄國之何等政治協定。亦不與他國聯合以當俄國。俄國不爲敵對日本之何等政治協定。亦不與他國聯合以當日本。

二　兩締約國之一方。在極東之領土權、及特殊利益。爲他一方所承認者。如被侵迫時。日俄兩國。應協商防護此等權利利益應取之手段。

此協約之性質。謂爲同盟。尙有未當。因未規定協同戰鬭之明文。與出兵之義務也。然其關係與影響。則東亞之天地。忽然變色。蓋自民國四年五月、二十一條之結果。所謂中日協約。雖已破壞中國之獨立、與領土保全。又破壞均勢均等之局。然不過爲日本一國之單獨行動。其與中國有關係諸國。尙未共同一致承認之也。茲則歐亞之俄日兩陸軍國、結爲一體。明白破壞東亞之現狀。幷明白宣布中國之權利利益。爲日俄兩國之所壟斷。則民國四年之中日協約。日本於中國所得之權利。爲俄國之所承認。無疑也。且此協約第二條。甲方承認乙方在極東之

非同一千九百十年日俄協約之比

非同民國元年日俄密約之比

協約危害中國之程度

領土及特殊利益一語爲毫無限制非同一千九百十年、日俄協約規定以滿洲及日俄二國之條約又日俄二國與中國之條約爲範圍者比也又該約規定被侵迫時兩國協議應取之手段則非同民國元年日俄第二次密約僅規定互相援助不相牽制者比也按民國元年日俄第二次密約劃南蒙東蒙爲日本所有劃北滿外蒙爲俄國所有互約不相牽制其結果不旋踵而俄蒙協約成立外蒙變爲俄國之保護地而日本亦旋向中國要求滿蒙五鐵路權其中三線完全屬於東蒙及民國四年二十一條之交涉日本要求東蒙與南滿並論事實上東蒙變成南滿此僅由日俄二國不互相牽制其結果中國之損害已至如斯今此協約兩國之互相承認既無範圍又有協商對付被侵迫之手段則勢之所及中國寗有完膚故曰此協約成立中國之天地變色也

世傳之日俄密約

本協約之外另有密約據當時日本各新聞所載則謂日本接濟俄國之軍實俄國以北滿鐵道及松花江之航行權讓與日本爲報酬之規定者有謂上述協約第二條兩締約國在極東之領土權、殊未指明另以密約劃淸兩國在中國之新

俄國共和政府發表之日俄密約

領土者。當時吾人以為前者無秘密之必要。後者近是。及一千九百十七年（民國六年）十二月。俄國革命後。共和新政府。反對專制帝政時之侵略政策。所有舊政府與各國訂結之條約。帶侵略性質者。一概宣告無效。當時宣布一千九百十六年七月三日俄日密約之全文如左。

俄國政府、與日本政府。為加厚兩國之眞實友誼起見。除經過一千九百零七年七月三十日。參觀拙著近時外交史二版四三四頁。一千九百十年七月四日。參觀拙著近時外交史四八三頁。一千九百十二年七月八日。參觀拙著。近時外交史二版五三三頁。各密約外。特以下列各款再締補充上述各密約之新條約。吾人僅知一千九百十年與一千九百十二年之兩種密約。據此則一千九百零七年已有密約矣。

一 俄日兩國相互承認在中國之權利利益。苟第三國對於日本或俄國懷敵意而欲於中國得政治上之優越權時。日俄兩國應坦懷協議。執行共同必要之手段。

二 依前款俄日兩國取必要手段之結果。如第三國對於日本或俄國竟至於宣戰之時。則他一方締盟國應即實行援助。並約定非得兩締盟國相互之承認。不得與敵國媾和。

三　俄日兩國關於武力相互援助之條件。及援助之方法。由兩國當事者決定之。

四　兩締盟國之甲方。於乙方與第三國開戰之時。非由乙方提請援助之保證。又程度上無以武力援助之必要時。則甲方不盡第二條武力援助之義務。

五　本條約自調印之日起。五年間有効力。若期滿之前十二個月。兩締盟國皆不照會廢約。則本約以締盟國一方表示廢約之日起。仍繼續一年有効。

六　本條約除兩締盟國外。相互嚴守秘密。

本約由締盟國全權代表。於一千九百十六年。俄歷六月二十日（卽西歷七月三日）日本大正五年七月三日。在俄京彼德格勒簽字。俄國外務大臣沙佐諾夫。日本全權公使。本野一郎。

此密約第一語兩國相互承認在中國之權利利益。即上述協約第二條。雙方承

密約即日俄防禦同盟

密約制中國死命之情形

認在極東之領土權及特殊利益之換文耳而毫無限制則一也協約僅規定被侵迫時兩國可取共同防敵之手段尙說不到他一方實行助戰密約則規定取共同必要之手段與一方與第三國宣戰時他一方卽實行援助蓋卽實際之防禦同盟耳按日本於民國四年中日協約之後其於中國已取得優越地位恐他國因此有敵對日本之事故誘俄國爲此防禦同盟以爲抵制按其時英法二國以歐戰之疲無敵對日本之力日本亦毫無畏懼英法之意此同盟對抗之目的實美國也美國於日本向中國提最後通牒時曾有嚴重之宣言日本防患未然與俄國爲此結合卽效一千九百十年因美國提議滿洲鐵道中立卽爲日俄協約以抵禦美國之故智也假使其時美國不知日俄有此密約而對日本爲實際之干涉則日本勢必要求俄國執行密約之義務以歐亞兩大陸軍國與美國對抗美國自不易於東亞得如何之勝利其結果中國之天地惟日俄二國壟斷吞噬而已矣假使美國有抵禦日俄二國之力則中國化爲列強戰鬭之場其結果開瓜分中國之局而已矣又假使竟無第三國敢出而干涉則日本於此密約之

前。尚向中國爲二十一條之要求。今既有此防禦同盟。則恃其無限制相互承認在中國權利利益之約束。更向中國肆行侵害無疑也。則其結果。中國亦惟日俄二國壟斷吞噬而已矣。故此密約之結果。無論如何。皆足以制中國之死命而有餘。則直認爲覆滅中國之秘密同盟可耳。其狠毒誠可怖也。

俄國革命與密約無効

幸而日俄同盟之次年二月。俄國忽起掀天動地之大革命。專制帝冑滅亡。民主共和代興。烈寧新政府。舉帝制時代對內專制對外侵畧之政策。一概排斥。所有俄皇舊政府與各國締結之條約。凡帶侵畧性質者。皆在翻案之中。於是震動一時之日俄同盟。在俄國一方。已葬於有無之間。棄之俄自革命之後。外敗於德。內不能組織統一有力之政府。日本欲俄國將來共和政府仍履行協約與密約之責任。殆猶夢想。

日本意外之打擊

中國意外邀倖

此誠日本意外之打擊。而中國意外之邀倖也。惟日俄密約雖僅限五年有效。（民國十年七月三日爲止）然日俄協約則無年限之規定。苟不經雙方正式取消。則該約非無死灰復燃之兆。日本將來之如何應付。尚不可知。

關於此次日俄同盟。尚有一重要關係。爲吾人應加研究者。則日俄同盟之時。日

日英同盟之被破壞

本亦商之英國否乎。英國亦承認之否乎。此關係東亞外交變化之重要問題也。蓋此次日俄同盟之性質。與日英同盟之精神。大相違戾。按一千九百十一年第三次之日英同盟。其同盟目的之第二項。爲「保全中國之獨立及領土、又確保列國對於中國之商工業機會均等主義、以維持列國之共通利益。」今此同盟由日俄兩國壟斷中國之領土及其權利利益。則日英同盟之第二項目的。已不復存在。既第二項目的不存在。則其第一項目的、所謂確保東亞全局和平之一語。亦爲廢文。故此種協約密約。實大違戾日英同盟之精神也。又始初英國以防俄之目的。而結日英同盟。今日俄兩國結爲一體。第一條規定日本不爲對敵俄國之政治協定、亦不聯合他國以當俄國。然則日本必向英國聲明此後日英同盟之効力。不適用於俄國無疑也。且日英同盟第三條、規定兩締盟國、非與他一方協議、不得與第三國結妨害本協約之別約。今日本既與俄國結妨害日英同盟之約。其不得不事先與英國協議又無疑也。如不得英國之承認。則日俄協約自不能發表。如得英國之承認。則是英國自認日英同盟無効。並承認中國之領土與主權爲日俄兩國所壟斷而無異辭也。此殊費研究之問題。亦東亞外交變化之重大關鍵也。以著者所揣度。日本當日僅以日俄協約與英國商議。其密約則絕未告知英國。該密約第六條規定本條約除兩締盟國外、相互嚴守秘密。正爲此也。

密約之瞞過英國

至日俄協約得經英國承認者。則自有故。蓋其時德國之威勢方張。英國在太平洋印度洋之一切關係。皆有藉日本維持之必要。而日德同盟之事實。隱隱進行。英國以此特別情勢。實有不得不承認日俄協約之苦衷。然此間日英二國。必有一種秘密約束。爲英國承認日俄協約之條件。或者日本對於英國、指明日本在中國之領土權。而英國得擴張西藏之境界於中國內部。未可知也。

英國承認日俄協約之原因

蓋日英同盟之精神。英國最注意於印度方面之領土權、及其特殊利益。若使西藏獨立。並擴張其境界。則甚適合於英國之夙志。而日英同盟之精神。尚得存留一部份。因此日本可以一方爲日俄協約。一方仍保全日英同盟之存在。此爲日英二國所願意者也。觀於民國八年英人爲西藏劃界。必欲包四川西部雲南西北部及靑海等處皆在內。日本輿論贊助之。非無蛛絲馬跡之可尋。總之此次日俄協

與西藏問題之關係

中國保全主義之消滅

約勢必事先取得英國之承認。英國既經承認，則保全中國領土與獨立之主義實已消滅。蓋與中國有重要關係者，為日英俄三國，法次之，美更次之。自日俄戰爭後，英俄法美皆與日本有保全中國領土與獨立之約。今日俄二國既訂此等協約，又經英國之承認，其餘關係較輕之法美二國，尚能堅持保全中國領土與獨立之主義乎？故此協約成立之後，列強二十年來、對於中國作成均勢均等之局，完全破壞。為東亞外交變化之重要關係，亦即中國不復能保全之紀念日也。

中國危迫之程度

假使當時改訂日英同盟，則未必不將從前日英同盟第二項目的所謂保全中國獨立及領土之文句，加以刪除或修改，而效第二次日英同盟、取消韓國獨立之先例也。當時中國危迫之程度，實至於斯。日本圖覆中國之手段，誠辣而毒。列強共同保護之不可靠，於此益見矣。幸而俄國革命，日俄同盟失其效力；又幸而德國終敗，日德同盟、卒不成立；更幸而美國參加歐戰，公理如日之初昇。及至巴黎世界和平會議，雖由數強國壟斷一切，然卒依威爾遜之主張，組織國際聯盟約章，確立國際間行為之正規，以維持弱小國之存在。自是以後，國際聯盟如有實際之力量日本或不能不變更狠吞中國之方針矣。

日本欲緩和美國之原因

日本派石井大使赴美

第五章 日美共同宣言與中國之關係

日俄協約與日俄秘密同盟。原爲日本恐美國反對日本侵害中國之領土主權。而與俄國合縱以當美國之策。已如上節所述。然以俄國革命之故。其計劃殆全成水泡。設美國因中國問題而與日本開戰。日本欲依日俄同盟要求俄國共和政府。與日本協同對美國開戰。爲事實所不可能。日政府急欲別開生面以緩和美國之感情。值美國以潛艇無限制使用。對德國宣戰。爲擴張本國海陸軍軍實。又接濟俄法巨大金融之故。特禁止美國金鐵出口。其影響與日本甚不利益。日本遂假日美二國。既同對德宣戰。應商議協同作戰各事宜之名義。派子爵石井菊次郎爲全權特使。赴美協議。石井至美之後。美國咸認爲如英法所派特使。專爲致謝美國參戰而來。毫不疑其於東亞外交上有重大之作用。各處表示歡迎。石井於歡迎席上充分發表日本對於中國毫無侵略之野心。亦毫無違反機會均等與門戶開放之意思。所有英美人民不滿意日本之處。皆由德人之所播弄

石井專欲美國承認日本在中國之特別關係

蘭辛受石井之騙

云云。竟爲美國各界所深信不疑。及石井與國務卿蘭辛氏會見。其所討論。關於協同戰鬥各案。不過爲石井之附帶事務。而其鄭重主要者。則欲美國正式承認日本在中國之特別關係耳。惟立詞巧妙。謂日本對中國之政策。并非侵略。並非壟斷。不過以地理上之連接。生出特殊關係。得利用商工等業耳。且主張於開放門戶之下。謀改善其協同競爭。而以保全中國領土與主權爲原則。又謂日本從前照此主義進行。屢遭美國人民之誤解。蓋全出於德政府造謠離間之陰謀。嗣後關於此等疑惑。務須由兩國共同宣言。以爲根本疏濬。免再中敵人離間之計云云。此一段巧砂之詞。其精神全在以地理上之連接生出特殊關係數語。蓋欲將此等字句。明載兩國宣言中。爲異日吞滅中國時。斷章取義。曲解條文之地步計耳。蘭辛氏以書生而爲國務卿。全無外交上之經驗。爲其所騙。并稱贊石井爲爽直坦白人物。竟照石井之意。許由美日兩國政府共同宣言。一千九百十七年即民國六年十一月二日。蘭辛氏與石井交換左記之照會。即十一月七日美國國務省與日本外務省同時發表之美日共同宣言是也。

啓者貴我兩國政府關於中國共同利害諸問題。本官與閣下會談中。意見已一致。特向閣下爲左之照會。

爲掃除近來一切謠言。閣下及本官以爲、貴我兩國政府。對於中華民國同抱之希望及意向。更爲公然之宣言爲得策。

美國及日本國兩政府承認領土相接近國家之間。生特殊之關係。因之美國政府。承認日本國在中國有特殊之利益。接壤日本所領之地方。殊然也。特中國之領土主權。完全存在。美國政府信賴日本國屢次之保障。日本雖以地理位置之關係。有上述之特殊利益。然對於他國通商。不至與以不利之偏頗待遇。又不至漠視條約上中國從來許與他國商業上之權利也。

美國及日本國兩國政府。聲明毫無侵害中國之獨立、與領土保全之目的。又聲明主持對於中國歷來之門戶開放、與商工業機會均等之主義。

將來凡以特殊權利、與特典、侵害中國之獨立、與領土保全。或妨碍列國人民完全享有商工業上均等之機會者。兩國政府。相互聲明、不問何國政府獲得。

皆反對之。

當日本向中國提出二十一條時。美國朝野。對於日本之侵畧行爲。甚懷忿懣。並向日本提出嚴重之警告。及日俄協約發表。美國輿論大爲驚駭。亦知日俄合縱抵禦美國之策。則日本對中國之實際侵畧。美國政府與國民。無不知之甚詳。乃以石井氏一時之飾辭曲論。美國政府與國民皆深信不疑。竟與日本交換此等

（美人之易騙）

不謹慎之宣言。則美人之富於善忘性。與易受人欺騙。誠有不可思議者矣。在蘭辛之意。或以爲此等宣言。既可解除日美兩國之誤解。更使日本再爲尊重中國之獨立、與領土保全、及機會均等之確證。不爲無益。然聲明美國政府承認日本

（美國政府之不謹慎）

國於中國有特殊利益。幷加接壤日本所領地方殊然之一語。則殊不謹慎之極。試問。特殊利益之字樣之範圍。究以何項解釋爲標準。該宣言發表之後。日本國論狂喜。咸認日本外交大成功。認中國從此非完全獨立之國家。而爲日本之保

（日本曲解）

護國。蓋其解釋特殊利益四字。係包括中國全體之內政外交各政權而言。云且稱日本爲此宣言之精神。專在美國承認日本在中國有特殊利益之一語。此外

條承認中國為保護國

石井適用極東們維主義之演說

本野外相濫解條文之宣言

皆為其文云云。蓋日本對中國之狂暴野慾。專以吞滅為幟志。幾如逐鹿獵夫見鹿不見山。石井要求美國為此宣言。實懷莫大之詭謀。蓋欲以日本於中國有特殊利益字樣。騙入宣言中。為異日曲解條文。硬認為美國已經承認中國為日本之保護國計耳。在美國既無交換之利益。又無承認之必要。何故輕率而出此。如此不謹愼不機敏之外交官。誠與吾人以莫大之紀念也。當時石井在美國各處演說。特聲明日本適用極東之門羅主義。並聲稱日本不但無侵害中國領土及主權之意思。如有第三國侵害中國之時。日本必干涉防護之。因對於中國行侵略。即對於日本國境行威嚇之故云云。此等論調。蓋明示中國已成日本之保護國。他人不能過問者也。又同時日本首相寺內氏於議會說明日美共同宣言之關係。則僅有關於中國問題。日美兩國已經成立公正協商之一語。本野外相則曰。美國政府諒解日本政府關於維持中國獨立及領土保全之誠意。虛心坦懷。承認日本對於中國之特殊地位云云。此等有責任之發言。竟變更宣言中接壤地方有特殊利益之字句。為承認日本對於中國之特殊地位。其包藏禍心。將利用特殊利益四字使中國國家變爲日本之保護國。蓋明白道出也。美國政府見石井氏與日本當局有曲解條文之意思。乃於次年二月（一千九百十八年民國七年）由國務省發表兩國交涉之顚末。其中說明美日宣言之一段文曰。

美國國務省之佈告

石井大使一行來美。聲明日本對於中國之政策。非侵畧主義。亦非欺瞞主義。一掃我國人從前之疑惑。兩國政府。對於中國之態度。已交換公文。得相互之了解。無重說之必要。惟兩國政府。重聲明遵守門戶開放主義。更進而宣明無論何國。不得侵犯中國主權與領土保全主義。實與大總統威爾遜所倡世界永久和平之主義一致者也。日本大使一行來訪。不僅和解美國疑憤之情。且從新宣言中國主權不可侵犯。又願與美國協力繼續討德。此美國所當永遠記憶者也。

觀美國政府發表此一段文意。對於特殊利益四字。曾未嘗一言提及。而惟尊重美國歷來對於中國之主張。所謂門戶開放、及保全中國之領土、與主權、之三大主義而止。又同時駐北京美國公使芮因修氏將美日宣言、通知中國政府時、之

美公使之說明書

說明書曰。自日本大使赴美。於美日兩國在極東之利益。得開誠布公討論之機會。日使聲明日本於中國之政策。決非侵略。不過由地理的位置。所生特種關係得利用商工業耳。茲美日政府宣言。當守門戶開放政策。其因國境地位接近。在中國經營商工業。較之他國人民。自有種種便利。照會詞意甚明。無庸解說。該照會不僅再行保證門戶開放政策。且加入不得干犯中國主權及領土保全之主義。此主義適用最廣。爲國際永久和平之基礎。威爾遜大總統所曾經宣言者也。

日美解釋之懸殊

芮公使之說明。大致與國務省公布之文意相同。而芮公使更宣明領土接近所生特殊利益之意義。全限於工商業之經營而止。則可知美國政府對於宣言之意義。其精神全注重於開放門戶。不侵犯中國之領土與主權而止。至承認日本接壤地方之特殊利益。實指商工業之便利而言。其與日本朝野解釋美國政府承認日本於中國之特殊地位之意義。相距懸絕。吾人立於第三者之地位。將該

根據宣言之正當解釋

美國將來之任務

宣言之全文坦懷研究之不得不斥日本朝野狂暴之解釋實無一噱之價值蓋該宣言中一則曰特中國之領土主權完全存在再則曰兩國政府聲明毫無侵害中國獨立與領土保全之目的三則曰將來凡以特殊權利與特典侵害中國之獨立與領土保全者兩國政府皆反對之似此對於中國之主權與領土重疊聲明不得侵害而謂特殊利益四字係包中國之內政外交各政權而言寧有如是矛盾之理且該宣言中明有特殊權利與特典字樣如謂特殊利益即指普通工商業以外之利益而言則該宣言中特殊權利與特典者更指何物此根據本照會可以斷特殊利益四字僅限於普通工商業而止無疑也惟日本之解釋既不如此則將來如有機可乘必利用特殊利益四字實際侵害中國之獨立與領土據該宣言之末段特聲明如有侵害中國之獨立與領土及機會均等者皆反對之假使日本異日竟出此等積極行動美國政府果能執行此次宣言之義務舉實力以反對之乎此最可注意之問題也

日美兩國政府將此宣言發表後駐北京日美公使各將原文通知我國外交部

夫以關係中國之事。日美兩國。互相協定。並承認其在中國之利益。而不使中國參加會議。及會議結果後。以一紙公文通告中國政府而止。則中國在國際上之地位。其尙有獨立國家之資格乎。時我國政府無可如何。乃向日美二國、發左記之通牒。

中國政府之宣言

日前日美兩國政府。爲息止謠言。在華盛頓交換關於中國之文書。由兩國公使以原文通告中國政府。中國政府。爲免除誤解起見。特爲左之宣言。

中國政府。對於各友邦。皆取公平平等之主義。凡各友邦條約上之利益。一律尊重。之領土相接近之地方。雖發生特殊關係。然亦以中國條約上所規定者爲限。嗣後他國以文書交換互相承認之事。中國政府絲毫不受其拘束。特此聲明。

中國政府除以此宣言送致日美二國外。幷通知其他關係諸國。蓋表示不承認日美之共同宣言也。日美及關係諸國。接此通牒。亦皆不致覆。而日本從此對中國之野望。更加狂熱。其藐視美國易與、益甚。其後巴黎和會。日本特使發表關於

蘭辛事後之悔悟

德國在山東權利利益讓歸日本之五國密約。威爾遜大總統所主張正義人道與外交公開之主義。殆完全被其打消。蘭辛氏始悟石井氏之狡詐。並悔不該與日本爲一千九百十七年之共同宣言。然悔之晚也。夫中國保全之局。爲美國二十年來之所主張。至今日而主張益力。是爲日本之所深恨。而爲我中華民國四萬萬國民所深感謝。惟美國政府之外交式往往失之直率坦白。動則爲日本所制。且失敗無餘。觀於羅克斯滿州鐵路中立之提議。不但無益於中國。反使日俄合縱。貽中國無窮之害。美國政府對於中國善意之扶助。我國人實深拜嘉。惟美國政府外交手腕之不可恃。我國人所宜大注意者也。

美國外交不可恃

第六章　中國參戰及南北戰爭之日禍

第一節　日本操縱中國參戰與山東密約

日本不准中國加入協約國

袁氏與英使籌商之失敗

當歐洲大戰勃發。日本視爲奇貨。將利用之以奪德國在山東及南洋之勢力。並乘機向中國爲特殊之侵害。無論英國請其防護東亞之商務與否。日本勢必加入戰爭。其詳情已述第一章。時日本大隈內閣定對外方針、二案。一爲日本速加入協約國。一爲不准中國加入協約國。以便展其侵害中國之策。當日本對德宣戰時。袁世凱亦知青島爲日本攻陷。將與中國極不利益。當即與駐京英公使朱爾典。告以中國政府、願對德宣戰。或以獨力或與英日共同出兵攻青島、皆可。朱爾典知日本必不願中國加入。不敢逕許、與日使商議後。果被拒絕。而袁世凱亦不敢逕行加入。自是日本除佔領青島外。所有山東要處沿鐵道至於濟南、皆佔領之。並鼓惑歐洲之視聽。謂中國將效土耳其加入德奧之側。在中國之白人將遭第二次拳匪之禍。以重日本監視中國之責任。旋即向中國提出二十一條要求。又於山東重要地方設日本民政署。視同本國領土辦理。因此英國政府。亦悟中國不加入戰爭之不利。而中國以中立之故。對德國之庚子賠款。照常給付。德人在中國者。得以此款為防害協約國之活動。實亦有之。尤為英法俄人所不快。

英法俄三公使誘中國參戰

三國駐華公使。曾秘密會議。決定誘中國加入戰爭。為得策。民國四年十月。由朱爾典私探袁世凱之意旨。時袁氏壹意經營帝制。無心及此。當向朱爾典答稱。從前中國政府。自請加入。已被拒絕。嗣後不便再提議。英使聞此。旋與法俄兩公使會商。擬請由協約國邀請中國加入。兩使皆贊成之。朱爾典以告袁氏。袁氏因提

袁氏提出之條件

出三項條件。(一)協約國須墊款三百萬磅。為中國整頓兵工廠之費。並聘請英法專家。監督中國所產之軍火。以供協約國之用。(二)列強間未得中國同意。或不請中國參與。不得再訂關於中國之條約。(三)上海租界不得藏匿中國罪犯。或謀推倒政府之政治黨人。袁氏此等條件。其第三項意在成就帝業。其第一第

條件之作用

二兩項。係具外交上之作用。蓋日本所提二十一條第五號第四款之文。原為或在中國設立中日合辦之軍械廠。聘用日本技師。袁氏欲乘機引協約國。並英法

三國大使向日本外務省之提議

日本拒絕三大使之提議

技師以抵制之。此第一項之作用也。日俄協約、日米宣言、其時雖尚未實現。然日本主張日俄同盟之說甚盛。袁氏知其必係對中國協定。此第二項之用意也。三國公使對此三項條件。全承認之。並決定邀請日本一同與中國正式交涉。然逆知日本不易承商。三國公使、因不逕向駐京日使提議。而各致電駐日本之本國大使。請其逕向日本外務省交涉。駐東京英俄法三大使。於同年十一月中旬。以袁氏所提三條。逕向日本外相加籐氏提議。加籐當稱將以此項提議。報告政府。暫不能確實答覆。旋示意於全國報界。令其極力反抗。並嚴責英公使密與中國為危害日本利益之謀。加籐旋正式答覆三國大使。表示不能贊成。並謂如中國加入戰爭。四百兆人民。一旦發揚對外精神。於日本大不利益云云。同時日本政府更進一步。向英國政府聲明。自後凡與中國之交涉。必先通知日本。表示監視中國者之態度。英政府不敢有異詞。法俄亦不敢特持異議。中國加入戰爭之議又中止。

至一千九百十七年（民國六年）一月德國政府、向世界宣布自二月一日起、無

德國無限制使用潛航艇

美國請中立國一同對德絕交

中國對德抗議

日本之干涉

限制使用潛航艇美國大總統威爾遜之政府。以二月三日對德絕交。並向世界各中立國通牒。聲明德國無限制使用潛航艇。無論中立國與交戰國之正當通商及中立國與中立國之通商。苟經過其封鎖區域。一概擊沉。爲蔑視公法。蹂躪人道之極。邀請各中立國一同對德絕交。其時世界諸國。除墨西哥以排美親德之故。不向德國提抗議外。其餘南美各國、及東亞之暹羅。與接近德奧之荷蘭丁抹瑞士瑞典諸威西班牙諸國。無不先後向德國提出抗議。中國早欲加入協約國。爲日本所制。至此遂以保持中立國權利、與維護國際法威權之旨。於二月九日、向德國政府提出抗議書。並聲明如事出望外。此抗議竟歸無效。則中國政府。不得不斷絕兩國現存之外交關係云云。同時咨覆美國政府。告以中國與美國取一致行動。大惹起日本政府之注意。當時日公使至外交部。告以日本贊成中國對德抗議。惟此等大事。中國不告知日本。甚爲遺憾。此後應請中國政府注意云云。蓋斯時中國加入協約國之聲浪甚高。英法俄亦贊助之。日政府知勢之所趨。不能再爲制止。故特表示贊成之意。惟所稱中國不先告知日本甚爲遺憾則

日政府關於山東密約之進行

明白表示日本應干涉中國外交行動之意。且恐中國於對德問題。銳意進行。故特爲此言以防阻之耳。夫中國非日本之保護國。對外行動有自由主權。何須告知日本。何須經其贊成。日公使至。外交部。表示此意者。卽不承認中國爲完全獨立國之表示也。此等表示本應拒絕。然非段內閣所能爲。而日本本野外相。於此時期。竭力與英俄法意四國駐日大使秘密交涉。以日本承認中國加入協約國之條件。要求各國保證日本接收德國在山東省之一切權利。與已經日本佔領南洋赤道以北諸島嶼。次第得各國之承認。此等約束。異常秘密。除當事國政府外。殆無知者。及俄國革命之後。共和新政府反對侵略主義。對於舊政府帶侵略性質之秘密外交文件。一概發表。駐日俄使庫斯奇與日本本野外相關於山東大平洋島之秘密文件。亦遂披露。茲錄當時披露一千九百十七年二月八日與三月一日俄使送交本國政府之文件二通於左。足徵明當時日本政府對於此事秘密進行之情形。

一九一七年二月八日俄使致本國政府之函

俄使第一次寄本國政府之函

余屢訪本野氏。欲知日本對於中國加入歐戰之意思如何。本野謂中德兩國決裂。彼甚歡迎。允探明中國態度。如中國有加入希望。卽當勸告日本政府一力爲成功上之進行。又本野氏聲明。日本爲保護己國地位起見。不能不望協約國援助。俾日本得達在山東及太平洋諸島權利之希望。此種希望卽德國在山東省各種權利之繼承。及太平洋赤道以北、日本現佔領各島之確定也。

俄使第二次寄本國政府之函

一九一七年三月一日俄使致本國政府之函。

本野外相。今日復詢余。關於日本在山東及太平洋諸島之要求。俄政府已否有回信。本野氏並告余謂日本政府非常希望俄國於此問題能以最早時機交換意見。

按一千九百十七年。俄國大革命。俄皇尼哥拉斯二世。以同年三月二日退位。右記三月一日之文件。係俄皇退位前一日所發。共和新政府。接受此等文件。其無回答可知。後據紐約大晤士報載、巴黎通訊、有俄法二國政府。旋於二月二十日、三月三十日、先後承諾之語。則可知俄國舊政府、接到俄使二月八日之文件。卽

日本允許中國參戰之條件

於二月二十日承認之矣。此承認文件。大約駐日俄使於月底尚未接到。故於三月一日再發次函也。觀俄使第一函述本野之言有允探明中國態度。如中國有加入之希望。即當勸告日本政府一力爲成功上之進行等語。可知日本歷向英法俄諸國。誣中國不肯加入協約國。今縱有加入之希望。當賴日本之許可。欲日本許可。各國應先承認日本於山東及太平洋諸島之權利。夫歐戰四年以來。日本前後內閣。爲防止中國加入協約國。幾無所不用其極。今中國以德國橫暴之宣言。並美國邀請之故。始爲對德抗議。日本政府遂一轉方針。以承認中國加入協約國爲條件。要求各國先承認其在山東之特權。此等險毒之外交方略。我國政府與國民。其能夢想到此乎。

駐俄公使之尸位

中國外交官。原等於虛設。此等密約。雖非中國所容易探知。然俄國共和政府發表上述之文件。係民國六年十二月中旬事也。當時爲國內南北戰爭最激烈之時。值岳州重慶歸南軍奪得 國民固不曾注意及此。然我國駐俄公使。關於俄國新政府發表此等於我國有重要關係之外交文件。亦並不聞知。以致中國南北政府與國民。於

中國派議和代表之春夢

五國密約之說明

紐約大晤士報之登載

本野與英使磋商山東問題

一千九百十九年歐戰終止之後。皆興高彩烈。派議和大使赴巴黎。參列世界大戰之平和會議。意在收回青島。取消二十一條之中日協約。並撤除各國在中國之勢力範圍。且修改列強對中國一切不平等之約束。一場春夢。直至巴黎和會開始。威爾遜總統提議德屬太平洋諸島。應照委託管理制度辦理。英相喬治答稱早已另有辦法。顧日本代表牧野氏說明。於是兩年以前。關於山東及太平洋諸島、日英俄法意五國密約。始由牧野氏說出。然該密約之內容。究未正式披露。當時日英法意各國報紙。以包庇本國政府之故。皆不道出眞像。惟美國各報。於同年（民國八年）四月間之論戰。較爲詳實。茲錄紐約大晤士報所載一節。於左。以資考證。

美國對德宣戰後。日本知中國參戰終不可免。本野外相與駐日英使葛林氏磋商處分山東及太平洋德領問題。一千九百十七年二月十六日。卒經英國正式承認。當時英外相致本野外相公函如左。

英國政府對於日本將來在和會要求德國在山東之權利及佔領赤道以北

英國附條件承認之答覆

之德領希望英國同意一節英國政府希望日本政府亦本同一之精神對於英國佔領赤道以南之德領亦予援助果能彼此諒解則英國政府對於日本之提議樂予同意。

本野與法使之照會

本野接此公函卽於同年二月二十一日回覆英使感謝英國政府之好意並聲明英國對於赤道以南德領之要求日本政府樂予援助云云。本野對英交涉既告成功乃於二月十九日秘密照會法國大使徵其同意原函如左。

日本政府對德一般媾和條件與聯合國間尙未正式交換意見蓋以本問題俟和會開幕時彼此協定不遲。惟關於媾和問題中之特殊條件如勃斯勃拉斯、君士坦丁堡及達達尼斯海峽各問題聯合國間彼此業經交換意見日本政府對於媾和特殊條件之希望此際亦應陳述於協約各國之前以期共同諒解。查現在歐戰日本帝國政府努力之貢獻就中如保障東亞和平一節當在法國政府洞鑒之中。顧欲完成此種目的必須斷絕德國在東亞政治經濟之根源。日本政府有鑒於此俟將來和會成立之時當要求德國將戰前在山東所有特權。以及大平洋赤道以北各島。悉行讓與日本。日本政府、希望法國政府對此要求。認爲正當。並希予以好意充分之援助。至日本人民生命財產。因敵國不法攻擊、所受損害之賠償。以及聯合國媾和一般之條件。自與本問題無關。容他日再爲商議。

法政府附條件承認之答覆

駐日法國大使接此公函。約兩星期。卽以左之公函照覆本野。

法國政府。對於日本將來在和會要求德國在山東之特權。及佔領大平洋赤道以北各島。表示承諾。並願竭力援助。法國政府同時要求日本政府設法使中國迅速與德國斷交。務照下列條件。使中國照辦。(一)在華德國外交官領事官。卽交旅券令其回國。(二)所有德僑。一律遣送歸國。(三)中國港灣所有德艦。一律扣留。倣照意衞辦法。歸聯合國自由處分。(四)中國內地之德國商店。及德國租界。一律沒收。

本野接此公函。當卽回覆法國大使。表示謝意。並聲明願依照法國條件。使中國迅速對德絕交。同時俄國駐日大使。亦有公函與本野。承認日本之要求。至

俄意兩國

承認日本之要求

與意大利交涉。則由日本駐羅馬公使、與意國外相孫理樂氏直接談判。亦得圓滿之結果。

紐約大晤士報。此種登載本於巴黎通訊。當時威爾遜總統以戰勝之勢。與正義人道之主張。臨巴黎平和會議。其氣勢如紅日初昇。忽發現此等密約。與美國參戰之精神、及正義人道之主張。全相背反。威總統忽如冷水澆背。而又無可如何。美國新聞界、深懷怨憤。遂力探明此種密約之眞相。故得和盤托出也。

山東密約成立之原因

按此等秘密協商。英國附增加己國領土之條件。始承認日本之要求。以英國本身之外交論。自爲成功。法國所附條件。純爲請求日本設法使中國對付德國之事。表面似覺可笑。然法人志在困德。久欲中國參戰。而爲日本所反對。故不得已出此耳。總之英法俄意四國政府。其時惟望日本不反對中國參戰。是其最大目的。至於以山東權利讓與日本。在英法俄意皆慷他人之慨。於己國無所損害。而得附他項條件之利益。有何不可。此日本所以交涉成功也。此等密約。以民國六年二三月間。完全成立。而中國果於同年三月十四日對德絕交。嗣後段祺瑞與督軍團、以

中國人自殺

別項目的要求國會從速議決宣戰案。國會中反對參戰之一派議員。亦以別項。目的主張緩議。遂演成解散國會之劇。而開南北戰爭之局。早知日本與各國對於山東之密約已成。兩派或不至於積極宣戰。日本之陰毒可恨。中國之自殺可憐。英法俄意亦惡作劇矣。

日本八面包圍之策

尤可注意者。日本於五國密約成立之後。以爲美國尙未入其彀中。山東特權雖不能與美國相商。然不可。不使美國。別有約束。遂假協同作戰之名。派石井赴美。而使美國政府承認日本於中國有特殊之利益。即美日共同宣言是也。（詳第五章）蓋日本銳意侵害中國。定八面包圍之策。不使中國有一線生機。其下網之密。宜令我國人有所警懼也。乃我國親日派。必引狼入室。爲虎作倀。兩年之間。與日本訂無數喪失國權之協約密約。如下節所述。誠不知具何心理。無以名之。名之曰中國人自殺而已。

第二節　中國對德宣戰與內亂

自一千九百十七年（民國六年）二月一日。德國政府無限制使用潛航艇後。

德國對於中國抗議之答覆

美國政府於二月三日、與德國斷絕國交。同時要求世界各中立國、與美國取一致行動。中國政府旋於二月九日、對德國提出抗議書。已如上節所述。至三月十日。駐北京德國公使赴外交部。送交德國政府之正式答覆書。其大意如左。

中國政府反對德國封鎖計劃。抗議中用恐嚇之言。德國政府不勝詫異。查他國僅抗議而止。惟與德國交誼最親之中國。獨加用恐嚇言詞。中國在封鎖海內。並無航業。不受何等損害。故此項恐嚇。更屬奇異。中國政府。曾向德國政府提及中國人民生命被損害之事。據德國政府所得報告。中國人民被傷害者。皆係在戰線掘壕。或從事其他軍事上行爲。此等行爲。即冒交戰者之危險。德國政府。屢抗議用中國人爲戰事上之用。即戰時曾聲明德國與中國有良好之交誼。故德國信以爲用不着此等恐嚇之言詞。茲德國政府。據理希望中國政府、修正此問題之意旨。德國之敵人。已先實行封鎖政策。故德國之封鎖戰略。礙難取消。然願依照中國政府之特願。關於中國人民之生命財產。得商議其保護之辦法。德國向中國出此通融態度者。因中國一旦與德國絕交。則中國不但失其眞實之良友且確知中國將冒不堪設想之紛擾也。

中國對德絕交

我國政府。接此答覆。國務總理段祺瑞。旋於國務院開特別會議。爲保持國家之尊嚴。與國際上之威信。決議對德斷絕國交。三月十四日。由黎大總統向中外發表對德絕交之布告如左。

對德絕交之布告

此次歐戰發生。我國嚴守中立。不意本年二月一日。接德國政府照會。謂德國新定封鎖計劃。凡中立國商船。自是日起。如行駛封鎖線內。則多危險等語。德國以前所行攻擊商船方法。損害我國人民之生命財產。已屬不少。今行潛艇作戰計劃。其危害必更劇烈。我國爲尊重公法。保護人民之生命財產起見。遂向德國提出嚴重之抗議。並聲明德國如不撤消其政策。則我國不得不斷絕與德國現有之外交關係。在我深望德國不至堅持其政策。仍保持其向來之睦誼。不幸抗議已逾一月。德國之潛艇攻擊政策。並未撤消。各國商船多被擊沉。我國人民因此致死者。已有數起。昨十一日接德國正式答覆。仍稱礙難取消其封鎖政策。實出我國願望之外。茲爲尊崇公法。保護人民之生命財產計自今日始斷絕與德國現有之外交關係。特此布告。

德公使歸國

我國政府旋電駐德公使顏惠慶。令其捲國旗歸國。并送出境護照與駐京德國公使。德公使於三月二十五日退出北京。

國人對於絕交之懷疑

先是我國對德抗議。國民痲木不仁。殊無積極贊成或反對之意志。及絕交之議興。懷疑者漸衆。除段總理及國務員一部份、與國會議員一大部份贊成者外。其餘如黎馮二總統、及各省督軍、在野名流、與各省議會、及國會議員一部份。殆皆反對之。而協約諸國則甚慫慂中國速行對德宣戰。日本以山東密約已成。亦贊助之。

黎段之衝突

段氏方與協約諸國議中國參戰之條件。三月三日。段氏與各總長謁黎總統。出一由駐日公使章宗祥轉致日本政府之電稿。大致告中國政府已決定對德絕交。所有中國之希望條件如(一)庚子賠欵。德奧方面。永遠撤消。協約方面。緩還十年。(二)現行進口稅實抽百分之五。改正貨價後。實抽七分五。裁厘後抽十二分五。(三)解除辛亥條約中國於天津周圍二十里不得駐軍。并解除各國駐軍使館及京津鐵路之約束。凡此三端。以深信日本政府對於中國友好之誠意。請求援助云云。以事實論之。斯時日

希望條件失敗之原因

希望條件與交換之要求

本攫奪山東權利之五國密約。已經成立。凡可以制中國死命者。無所不爲。而段內閣信日人之騙。請求援助。蓋癡人說夢耳。時黎總統爲反對絕交最力之人。當謂絕交問題。尚未經國會同意。不得遽向外國表示。反對發此電文。段氏遽稱旣總統負責。無須有總理。怫然退府棄職。逕赴天津。此爲黎段衝突之始。後經馮副總統赴天津挽留。幷附總統不干涉對德問題之條件。段氏始返京就職。旋將上記之電。發寄駐日公使章宗祥。轉致日本政府。八日、章宗祥覆電。稱日本政府之意。謂不如絕交後向各國提商。段氏遂於三月十日、赴參衆兩院。說明外交方針。經兩院投票表决。皆多數贊成之。旋於十四日。發表對德絕交之布告。而所謂中國應得權利之希望條件。竟依日本政府之意旨。絕交前不向各國爲正式之商定。因之此種權利。事先不得各國之承認。迄至同年八月十四日。我國正式對德與宣戰之後。協約各國對於吾國之希望條件甚多。一、爲中國多招募工人赴歐、以補給協約國之勞工。二、爲中國多運出原料物品。以供給協約國之物資。三、爲中國人與德奧敵人之商務交涉。一律禁絕。四、爲德奧人旅居中國者。多企圖陰謀、中國應嚴行取締。五、爲德奧租界、移交協約國管理。六、爲德奧船艦之在中國海內者、借歸協約國應用。七、爲避妨礙通商、速行南北調和。（時西南已宣告護法。組織軍政府於廣州。）八、爲所有中國海關及各官署聘用之德奧人、一律解職。協約各國因爲希望吾國履行上記之八項要求。乃對於吾國希望之三項條欵公使團亦開會數次。加以審量。至同年九月八日。各國公使訪外交部長汪大燮。（時復辟派滅亡後。段祺瑞組織之新內閣。）一面提出上述之八款。要求中國履行。一面對於中國之希望條件。准照左記之三項辦法辦理。

一　海關稅率實抽百分之五。

二　庚子賠欵無利息五年延期。但俄國應受之賠欵。年額內僅三分之一延期。

三　辛亥條約。規定中國於天津二十華里內不得入兵。如中國政府爲取締德奧人之必要時期。及或種事情發生。而經協約國之同意。可不受該條約限制。

希望條件之大失敗

當時北京政府。對於公使團提出之八欵要求。及中國希望條件之辦法。除對於八款要求中、第五款德奧租界之件。回答由中國管理萬國公用外。其餘一概承認之。而段總理參戰目的之希望條件。除得海關稅實現百分之五外。其天津入兵之約束。實等於零。而庚子賠欵。惟俄國特多。年額亦俄國特大。斯時俄國羅馬諾夫皇室。以同年三月、俄國大革命、滅亡。共和政府成立。即宣告舊政府以侵略行爲。與他國所訂不公平之條約一概無效。准國際慣例。我國未承認俄國新政府以前。國交可以暫時斷絕。而猶承認年付三分二之賠欵。與不能代表俄國新政府之公使。其卑屈殊甚矣。當協約國各公使力勸我國對德奧絕交之時。皆異口同聲。稱中國一經參戰。本國政府當力助中國以後享受國際上大國之地位。及中國既經參戰。區區毫不過分之三欵。希望竟至於此失敗。其原因究何故哉。則以我國未參戰之前。各公使希望吾國協助。爲此不負責任之引誘。實毫無信義之可言。假使我國於尚未絕交之先。實際提出我國參戰應負之責任。與各國必承認我國之希望條件。與協約國開正式之談判。則固無不成功之理。然斯時

外交聽日本之指揮

段總理之參戰。既不能聲明本國參戰實際上之出兵責任。又外交聽日本之指揮、日本謂此等希望條件。不如絕交後向各國提商。我國視爲金科玉律之珍言。殊不知事先不得正式之約束。事後殊無希望矣。此希望條件大失敗之原因也。此間我國國際關係最可注意之點。則對德抗議時。與美國取一致行動。惹起日本之干涉者。茲則不。知。不。覺。就。日。本。之。範。圍。矣

各省之反對

發表對德絕交布告後。一時各省督軍省長。如張勳倪嗣沖、在野要人如孫文唐紹儀、及各省議會商會等。皆致電中央。力陳加入協約國不得策。而孫文且致電英國首相。聲明中國不能加入協約國之理由。段氏以國內反對者衆。遂以開軍事會議之名。召集各省督軍入京。於是直督曹錕、晉督閻錫山、魯督張懷芝、贛督李純、鄂督王占元、吉督孟恩遠、閩督李厚基、豫督趙倜、及皖省長倪嗣沖、直省長朱家寶、皆親赴北京。其餘各省督軍。亦皆派代表與會。此會議之目的。雖云協議軍事諸問題。其實欲疏通各省督軍。贊成對德宣戰耳。果然四月二十五日之會議。督軍代表等三十餘人。全體一致贊成宣戰案。段氏遂分別招集兩院議員。說

段總理召集督軍會議

督軍團贊成宣戰

明中國參戰之利益。(一)從前中德條約可以廢除。(二)協約諸國庚子賠款可
以緩納。(三)關稅可改爲值百抽五。(四)辛丑條約之必要部分可望改正。於是
兩院議員暗示贊成之意者實居多數。段氏於五月七日將宣戰案咨送衆議院。

公民團圍國會

衆議院於十日開會討論。忽有公民請願團、五族請願團、北京市民主戰請願團、
軍政商界請願團各名稱。約三千人、蝟集衆議院門首。凡不贊成該案之議員皆
被毆辱。並聲稱通過宣戰案始得解圍。其主要者多是陸軍部人員。蓋明出於段
氏左右之所爲也。雖經段氏到院喝散、然兩院對於段氏之行爲。遂根本懷疑。不

閣員辭職

便再行開會。而國務員谷鍾秀、張耀曾、程璧光、以政府出此不法行爲。相繼辞職。
十二日之閣議。僅剩總理一人出席。而京外聞公民團圍議院毆議員之事。輿論
譁然。岑春煊孫文唐紹儀等、皆巡電黎總統。要求明令懲辦。以維法治。段氏至此
本應引咎辭職。而督軍之滯留京師者。以段氏辭職於己派不利。決議竭力擁護
段氏。并招宴議員。辯明請願團與政府無關係。以謀疏通。段氏雖孤立於國務院。
仍再三咨催國會從速議決宣戰案。十九日衆議院開會討論該案。議員褚輔成

衆議院擱置宣戰案之議決

督軍團呈請解散國會

黎總統免段祺瑞總理職

提議、現內閣僅餘段總理一人。不能舉責任內閣之實。本院對於此等案件現時不能議決。應俟內閣改組後再議。得多數贊成。宣戰案從此擱置。此等議決蓋明示不信任段祺瑞也。平心論之。宣戰案爲一事。不信任案爲一事。外交內政。不可混爲一談。議決宣戰案再提不信任案可也。必假外交問題。以爲推倒內閣之武器。實非賢明之措置也。自衆院爲此議決。督軍團大憤。假憲法會議二度會通過之條文、不利於國家爲口實。即於十九日晚。以督軍及代表二十人連署。呈請大總統即日解散參衆兩院。另行組織。幷以呈請解散國會情形。通電各省。連署者爲孟恩遠王占元張懷芝曹錕李厚基趙倜倪嗣冲李純閻錫山田中玉蔣雁行。以外皆代表也。二十一日。黎總統招孟王二督入府。告以民國約法。總統無解散國會之權。解決時局之法。惟有請總理辭職耳。督軍團得此消息。決誓擁護段氏。皆不辭總統。逕赴徐州開會。密爲圖謀。段氏以督軍團之後援。決行改組閣員。黎總統亦不顧督軍團之動靜。逕於二十三日。令免段祺瑞總理職。以外交總長伍廷芳代理國務總理。段氏逕赴天津。向各省發通電。述己已免職。並有若發生何

八省宣布獨立

叛督進兵逼北京

黎總統召張勳入京調處

國會解散

等事變、祺瑞不負責任之語。蓋不啻促督軍團反耳。五月二十九日。倪嗣沖果首先宣布獨立。與中央脫離關係。山東河南奉天浙江陝西福建直隸各督軍及長岳鎮守使吳光新。相繼附和之。此等獨立之口實。皆稱大總統聽從羣小。排斥正士。暴民盤據議會。勾通府中。以奪政權。務驅逐之。以救大局云。而安徽山東奉天河南數省。并各派重兵。進逼北京。黎總統孤立無援。馮氏忽向兩院辭副總統職。表示不負責任之意。黎總統迫不得已。用王士珍李盛鐸等之謀。召張勳入京調處。張勳到天津後。以所帶五千餘兵。分紮京城附近一帶。電請黎總統先解散國會。然後入京。並稱如十三日不公布解散令。則卸調處責任。將返徐州。黎總統遂決下解散令。因代理總理伍廷芳不肯副署。乃忽准伍氏辭職。任步軍統領江朝宗爲代理總理。由江氏副署。頒布左記之解散國會令。此六月十三日事也。

上年六月。本大總統申令。憲法之成。專待國會。開國五年。憲法未定。大本未立。亟應召集國會。速定憲法等因。是本屆國會之召集。專以制憲爲要務。前據吉林督軍孟恩遠等呈稱。日前憲法會議及審議會通過之憲法數條。內有衆議院爲國務員不信任之決議時。大總統免國務員之職。或解散衆議院。惟解散時須經參議院同意。又大總統任免國務總理不必經國務員之副署。又兩院議決案與法律有同等效力。等語、實屬震悚異常。考各國制憲成例。皆不由國會議定。故我國欲得良妥之憲法。非從根本改正。實無以善其後。以常事與國會較。固國會爲重。以國家與國會較。則國家爲重。今日之國會。既不爲國家計。特仰懇大總統權衡輕重。毅然獨斷。將參衆兩院。即日解散。另行組織議憲機關。庶共和政體。永得保障。等語。近日全國軍政商學各界。函電絡繹。情詞亦復相同。查參衆兩院。組織憲法會議。將及一載。迄今尙未告成。現在時局艱難。千鈞一髮。而兩院議員紛紛辭職。迭次開會。均不足法定人數。欲修正憲法審議之案。而無由。非別籌辦法。無以慰國人期成憲法之渴望。本大總統俯順輿情。深維國本。應即准該督軍等之所請。將參衆兩院即日解散。尅期別行選舉。以維法治。此次改組國會。原以符促定憲法之成議。決非取消民國之立法機關。邦人君子。咸喻此意。

十三日發布此令後。張勳即於十四日進京。致電各獨立省份。報告國會已經明令解散。請各撤回軍隊。取消獨立。各獨立省區。果依張勳之言。相繼宣言以後仍服從中央。取消獨立。然一波始平。一波又起。當督軍團迭次徐州會議。實有復辟之謀。及各省獨立於天津設總參謀處。復辟派特佔勢力。張勳入京。令各省取消

張勳復辟

獨立後。自以爲有指揮各省督軍之能力。忽於七月一日。實行復辟。一面先派梁鼎芬王士珍江朝宗晤黎總統。說明復辟之事實。請其退職奉還大政。雖經黎總統嚴詞拒絕。然張勳等假黎元洪之名。奏請奉還大政。以兵力擁宣統爲皇帝。同日迭頒上諭。收回大政。定政體爲君主立憲。改七月一日爲宣統九年五月十三日。封黎元洪爲一等公爵。任命馮國璋爲兩江總督、南洋大臣。張勳爲直隸總督、北洋大臣。陸榮廷爲兩廣總督。各省督軍皆改爲巡撫。凡清室勳舊之在野者。皆辟用之。如徐世昌康有爲王士珍梁敦彥等。或爲弼德院長。或爲議政大臣。或爲尚書侍郎。惟段祺瑞不見登庸。蓋張勳有意排斥之也。

黎總統奔日本公使館

二日。黎總統乘監視之隙。巡奔日本公使館避難。於將逃之先。彙封任命段祺瑞爲國務總理之命令、并致

段祺瑞起討逆軍

馮副總統代行大總統職權、之電報。遣使至天津、送交段祺瑞。段氏自聞張勳復辟。決舉兵討伐。得旅長馮玉祥之勁旅。曹錕李長泰之贊助。即於馬廠誓師。通電討逆。自爲討逆總司令。以第八師爲第一軍、段芝貴爲司令。第三師爲第二軍、曹錕爲司令。進攻北京。及接黎總統密令。更通電依法以馮副總統代行大總統職權。并告在天津就國務總理職。馮副總統即於七日在南京就大總統職務。其時張勳以五千餘兵。當段氏數萬之衆。勢如拉朽。各國公使勸張勳解除武裝。不聽。

復辟派之逃亡

十二日討逆軍行總攻擊。陷天壇。進襲南池子。焚張勳宅第。張勳遁入荷蘭使館。兵皆降服繳械遣散。所有復辟主要人物。盡皆逃匿。段氏以十四日入京。訪日公使。

黎氏辭職馮國璋代理大總統

并勸黎總統歸邸。黎歸邸後。通電以後不干與政治。推戴馮國璋爲大總統。并聲明引咎去職。付託有人。按法無復位之義。揆情無還轅之理。以示堅決。馮氏遂於八月一日進京。實行代理大總統。此間段氏組織段系與研究系之聯合內閣。

民國新政

段祺瑞以總理兼長陸軍。汪大燮長外交。湯化龍長內務。梁啓超長財政。林長民長司法。張國淦長農商。曹汝霖長交通。范源濂長教育。劉冠雄長海軍。民國新政

府之成立

府。以是成立。斯時之大問題有三。一爲恢復國會。二爲處分清室。三爲對德宣戰。後二者皆應依國會議決。故國會問題。尤關重要。據民國約法。大總統無解散國會之權。大總統之解散令。既由張勳威逼。又係非法。總理副署。依法理論。當然無效。

新政府政策之錯誤

且自八省獨立後。西南各省認爲叛逆。早有擁護約法之勢。苟新政府乘勘定復辟之亂。恢復國會。則一切問題。本可平流而進。宣戰案固可通過。憲法亦不至持極端之主張。意中事也。然斯時新內閣則絕對反對恢復國會。一則段系憤國會擱置宣戰案。且不信任段祺瑞。二則研究系以國會中本系人數甚少。不能伸其主張。早具消滅國會之決心。當督軍團請解散國會時。湯化龍即携本系議員數十人辭職。至此研系要人。皆入內閣。

召集臨時參議院之禍國

竟全憑意氣。主張中華民國已爲張勳復辟滅亡。今國家新造。應倣照第一次革命先例。召集臨時參議院之說。段氏竟從其謀。遂開南北大戰之局。

西南護法之決心

先是督軍團要求解散國會。南方首領孫文岑春煊唐紹儀等。卽電請黎總統維持約法。以固民國基礎。雲南督軍唐繼堯、亦有繼堯庸愚。惟知擁護共和。効忠民國如有破壞國會。危及元首者。義不共戴之語。黎總統亦以不違法、不怕死自誓。及七省獨立。李烈鈞卽赴廣州。謀與護法之師。及解散令下。兩廣卽通電自主。聲明國會未恢復以前。不受非法內閣之干涉。時孫文欲於廣東組織軍政府。召集國會。迎黎元洪爲大總統。以與北京非法政府相抗。七月三日。海軍總長程璧光、與第一艦隊司令林葆懌通電反對國會解散後之非法政府。率第一艦隊歸廣東。西南勢力頓增大。而國會議員自行召集於廣州。八月二十五日。開非常國會。組織軍政府。舉孫文爲海陸軍大元帥。唐繼堯陸榮廷爲元帥。段內閣以西南各省、既反對北方。視湖南爲必爭之地。任命己系傅良佐爲湖南督軍。爲湖南軍民所反抗。九月十八日湖南零陵鎮守使劉建藩宣布獨立。旅長林修梅應之。程潛爲總司令。桂督譚浩明提兵赴援。衡寶長岳間。開南北未曾有之激戰。同時重慶歸滇黔軍佔領。四川全入民軍範圍。廣東巨寇龍濟光、爲李根源等所剿除。福建民軍、約佔全省之半。陝西亦舉義旗。西南護法勢力綿亘八省。段內閣爲征服西南計。兩年之間。兩次內閣任內。犧牲種種國權。共借日本債至四億以上。其中約

兩廣自主

廣州政府成立

護法勢力綿亘八省

南北對等之局

半數爲攻伐西南軍費之用。卒不能搖撼護法軍之根本勢力。而所謂北洋勁旅。大半摧折。反之西南護法軍則不借分文外債。亦不買些微外國軍械。全憑正義民氣。與之相搏。卒成南北對等之局。蓋正義民氣之無形勢力。終非橫暴武力所能制勝也。

北京召集局部的新國會

徐世昌就總統職

軍政府攝行大總統職務

先是段內閣於六年十一月。竟召集法理上毫無根據之臨時參議院。由其修改國會組織法後。旋召集局部的新國會。（護法各省不與焉）而南方軍政府以陸唐與孫文不能一致。殊缺統一。及長岳失敗。國會與陸唐皆感西南各省聯合統一之必要。遂改組軍政府爲中華民國聯合軍政府。舉岑春煊爲主席總裁。伍廷芳陸榮廷唐繼堯孫文唐紹儀林葆懌爲總裁。護法各省、皆派代表一人。參與政務會議。西南護法各省。始得實際統一。及七年十月十日。徐世昌以北方新國會舉爲大總統。正式就任。南方國會乃一方宣言不承認非法總統。一方委託軍政府代行國務院職權、攝行大總統職務。以示正統之所在。此間國內平和運動甚熾。日本原田新內閣亦以歐戰已終局。有變更前內閣援助北方軍閥政策之必要。因此北方

南北停戰與上海和會

主戰派、失日本經濟上之援助。事實上不能再戰。北政府乃於十月十六日。發停戰令。軍政府亦於十一月二十四日。宣布停戰。和議漸熟。八年二月六日。南北政府、各派代表十人。開對等和議於上海。然其時段系軍閥、以中日軍事協定之故。由徐樹錚新練參戰軍至三師四混成旅之多。已養成強厚實力。雖不能逕以此等參戰軍與西南宣戰。然必欲貫澈其武斷之主張而後已。口唱和平之徐總統。退處於無權。殆全爲段系安福派所挾制。

上海和會停頓

遂致和議再三停頓。不能進行。卒至無形消滅。時局陷於不可收拾。

原此次內亂。始爲督軍團造反。繼爲張勳復辟。繼爲南北戰爭。迄今亘四五年之久。尚無收拾之法。推厥原因。起於衆議院將宣戰案議決擱置成於黎總統解散國會。擴大於日本援助段系軍閥之餉械。遂演成中國分裂不可收拾之局。假使無參戰問題之發端。或不至演此惡劇。亦未可知。

德美兩國政府之先知

迴思六年三月。德國政府覆中國政府抗議書曰。中國一旦與德國絕交。將冒不堪設想之紛擾。何不幸而言中也。又民國六年。督軍團兵逼北京之時。美國威爾遜政府。於同年六月七日向黎總統發一勸告文曰美國政府聞中國有分裂之虞不堪憂慮現在中國之情形參戰不參戰爲第二問題急謀政治的統一爲第一要務蓋現在時局重大中國必有唯一有責任之中央政府庶足以維持國際之現狀云云美政府特爲此勸告者蓋以列強方從事歐戰而中國內部分裂必增重日本在東亞之地位是予中國前途之憂也然斯時頑闇無識之督軍團不足語此大計孤立無援之黎總統無法支持卒造成引狼入室之刼運如下節所述慶父之肉其足食哉

第三節　日本乘中國內亂之侵害

南北戰爭慘酷及延

南北戰爭情形雖如上節所述然南北兩方皆軍費奇絀苟無外國借款則雙方皆不能戰勢必及早言和觀於中國第一次革命戰爭外交團議決對於南北軍皆不借款實爲促成南北和議民國成立之最大原因此已往之事實也此次南北戰爭期內列強以歐戰之故不能干涉日本之侵害行爲民國六七兩年日本政府間接直接借與北方政府段祺瑞內閣時代之款幾達五萬萬元之多其所借之大半殆皆爲對西南軍費之用南北戰爭之慘酷與戰爭期間之延長實原

長之原因

日本延長中國內亂之原因

組織特殊銀行之投資計劃

於此。故此次中國國內慘酷之戰爭。日本爲之也。戰爭延長。亦日本爲之也。換言之。北方主戰派、不啻奉日本之命。攻伐西南。而西南殆間接與日本宣戰也。按日本必延長中國之內亂。有三大原因。一則使中國於歐戰期內。充分內爭。不能盡參戰之職務。免增高國際上之資格。二則中國內爭延長。日本得以借欵之餌。利用段系軍閥。攫取中國種種權利。三則可以消磨中國國家之元氣。阻害進化之精神。使其無發展圖強之希望。此日本利用中國南北分裂之際。援助北方軍閥。以達其對中國之陰謀也。其時寺內內閣。以爲援助北方軍閥之方法。以助資爲惟一之手段。而此等投資。須秘密敏捷。庶能爲應機之處置。首先於國內組織特殊銀行團。擴張其機能。使聽政府之指揮。協力從事。除將台灣朝鮮興業三銀行及其他投資機關。均擴張改良外。另設一中華匯業銀行。以中日合辦之名義。其總裁用中國人爲之。使其爲傀儡。協助各借欵之成立。設備既完。進行殊猛。兩年之間。對北京政府所投之資。幾達五萬萬元之多。茲將民國六七兩年日本寺內內閣與北京段祺瑞內閣所訂之借欵契約。分別述之於左。

善後借款內第一次墊欵契約

一爲民國六年八月二十八日。財政總長梁啓超、與橫濱正金銀行代表小田切萬壽之助、締結屬於第二次善後借欵之墊款契約。由日本墊一千萬元。是爲第一次墊欵契約。其要點如左。

一　日本銀行團、以日本貨幣金一千萬元。先墊與中國政府。但中國政府。承認銀行團於日本國內發行中國政府財政部証券一千萬元。以此證券所得之金爲墊欵。該證券稱爲中國政府民國六年財政部證券。其發行手續料爲百分之一。

二　中國鹽稅餘欵之全部。爲該證券優先擔保品。

三　限一年償還。如到期不能償還時。銀行承認發行第二次證券。以爲借換。但仍以一年爲限。又中國政府自第二次證券發行之日起。應將鹽稅餘欵按月以一百萬元交付在上海之日本銀行。以爲償還該證券之基金。但銀行按年納五釐利息。（民國七年七月十九日。財政總長曹汝霖。與銀行代表武內金平所訂借換契約。全根據此條。）

四　本項借欵第二次善後借款成立時。由該借欵優先償還。

交通銀行借欵契約

一為民國六年九月二十九日。交通銀行總裁曹汝霖、股東代表陸宗輿、與日本臺灣朝鮮興業三銀行代表山城喬六、池田常吉、締結交通銀行二千萬元借欵契約。其要點如左。

一　借欵額日金二千萬元。

二　用途專充整理交通銀行之用。

三　以交通銀行所存中國國庫券二千五百萬元、為擔保品。

四　為整理交通銀行起見。聘用臺灣朝鮮興業三銀行所推薦之人。為交通銀行顧問。

五　以後交通銀行借外欵。三銀行有優先權。

吉長鐵路借欵契約

一為民國六年十月十三日。交通總長曹汝霖、財政總長梁啓超、與南滿鐵路理事龍居賴三、締結吉長鐵路六百五十萬元借款契約。其要點如左。

一　借欵額日金六百五十萬元。每百元交九十一元半。償還期限為三十年。

二　以本鐵道之財產及收入為擔保。如不能償還時。卽將本鐵道一切財產交付南滿鐵道會社。

三　本鐵道之管理權雖屬於中國政府。但借款期限內委託南滿鐵道會社代爲管理經營並得分受二成純利。

四　中國政府得任命局長一名監督本鐵路全部之業務。但工務運輸會計三主任皆由南滿鐵道會社選任之。並指定其中一人爲南滿鐵道會社之代表。使執行契約範圍內之權利義務。若重要事項該代表與其他之主任。須與局長協議。

按此約三四欵之規定。直以吉長鐵路拱手奉獻於日本。當民國四年日本二十一條第二號第七項要求原文曰。中國政府允將吉長鐵路管理經營事宜。委任日本國政府云云。然二十一條結果之中日條約。關於吉長鐵路之規定曰。中國政府允諾以向來中國與各外國所締鐵路借欵合同規定事項、爲標准。從根本上改締吉長鐵路借欵合同云云。此袁世凱政府於日本最後通牒自由行動之時。尙明明未肯承認將該鐵路管理經營權、付與日本也。夫二十一條之要求。原爲我國民所最痛心。袁世凱當日本自由行動所不肯承認者。段內閣公然於毫無外交問題之時。僅以六百五十萬元之借欵而履行二十一條原案之要求。何其將國家權利以如此廉價出售也。

第一次軍械借欵

一爲民國六年十一月十五日。北京陸軍部、與日本泰平公司、爲第一次軍械借欵契約。雙方皆極守秘密。不將契約發表。當時中外報紙。多稱是中日兵器同盟。爲完成日本二十一條第五項之目的云。國論譁然。長江三督。且明電質問國務院段祺瑞總理。覆電稱自對德宣戰後。有出兵歐洲之計劃、因自國軍器不足。故向日本購買。並不受何等拘束云云。然究竟購買若干。除陸軍部當局數人外。皆不得知。當時梁財政總長、則稱不過借數百萬元。曹交通總長、則稱借一千萬元。而日本半官報、則稱中國陸軍部與泰平公司訂結一千六百萬元之借欵契約。泰平公司。交付軍械。以代現欵。蓋屬實也。斯時正西南護法軍攻陷長岳。北政府將派大軍南下。此等軍械。果欲用於對外。抑或對內。不待智者知也。當時日本輿論。亦有攻擊本國政府於中國內爭激烈之時。供給北方大宗軍械爲不正義不人道之極。然日本政府毅然爲之。其有意糜爛中國使其自相殘殺昭然若揭也。

運河借款契約

一爲民國六年十一月二十日。中國政府代表熊希齡、與美國廣益公司締結運河借款契約。其中由日本分擔五百萬元。要點如左。

一　借款額爲美貨幣六百弗。卽一千二百萬元。內由日本分擔五百萬元。以運河收入、及印花稅爲擔保。

二　自借款第六年起。分十五年、按額償還。

三　運河工事之材料。由日本供給。

水災借款契約

一爲民國六年十一月二十二日。直隸水災督辦熊希齡、與日本銀行團代表李士偉、締結水災借款契約要點如左。

一　借欵額日金五百萬元。期限一年。爲救濟直隸水災使用。

二　以多倫諾爾。殺虎口、臨清三常關收入爲擔保。

印刷局借欵契約

一爲民國七年一月五日。財政部與日本三井洋行締結印刷局借款契約。要點如左。

一　借款額日金二百萬元。期限三年。以印刷局財產爲擔保。

二　印刷局所需之材料與技師。由日本供給。

善後借款內第二三次墊款契約

一爲民國七年一月六日。財政總長王克敏、與橫濱正金銀行代表武內金平。締結屬於第二次善後借款內之墊款契約。由日本墊一千萬元。稱爲第二次墊款契約。同日又訂第三次墊一千萬元之契約。該二契約之條件。悉與民國六年八月二十八日之墊款契約相同。惟第二次墊款發行之證券。稱爲中國政府民國七年財政部證券。第三次墊款發行之證券。稱爲中國政府民國七年甲號財政部證券。

無線電信借款契約

一爲民國七年二月二十一日。海軍部劉傳綬、與三井物產株式會社大倉得大郎、締結無線電信借款契約。大要如左。

一　三井株式會社。爲中國政府建設一大無線電信局。以與日本亞美利加歐洲各處。爲直接無線聯絡。其購地、建築、機械、各項。共須五十三萬六千二百六十七磅。由會社擔任籌助之年息八厘。

二　該欵自無線電信局構成之後。分三十年還淸。每年還三十分之一。此項還款與利息。概由該局收入中純益項下支付。如不足時。會社負其責任。但中國政府。須將該局附與會社經營三十年。會社仍以每年總收入之一分送納政府。若三十年期間內政府欲收回經營。則須將未還之資金並利息一概還淸。

有線電信借欵契約

一爲民國七年四月三十日。交通總長曹汝霖、與中華滙業銀行總理陸宗輿、理事柿內常次郞、締結有線電信借欵契約。大要如左。

一　借欵額日金二千萬元。利八厘。期限五年。但至期得商議續借。

二　中國全國有線電信之一切財產。並其收入。爲擔保品。

三　本借欵有效期限內。如中國政府欲將光緒二十六年七月二十一日、中丹英會訂煙沽副水線合同、宣統三年三月十二日、大東大北電報兩公司預付報費合同。變更約欵。或換借外債時。須先與本銀行商議。

吉會鐵路墊欵契約

本借欵有效期限內。中國全國有線電信欲聘用外國技師須聘用日本人購買外國材料須購日本品。又全國有線電信換借外債時先與本銀行商議。

一爲民國七年六月十八日。交通兼財政總長曹汝霖、與日本興業銀行代表直川孝彥締結吉會鐵路預備借欵契約。按此預備借欵契約實具賣國性質。吉會鐵道者。由吉林經延吉道過圖們江至會寧。以與日本之朝鮮鐵路相接。此鐵路一成。則擧吉林奉天兩省。盡包擁於日本鐵軌之中。無論平時戰時。日本之利益。不可勝言。光緒三十四年。日本要求修築該路。許修路資金由中日二國分擔。清政府知日本包藏禍心。拒不承認。後日本乘安奉鐵路自由行動之威嚇。要求該路照日本之原議辦理。（參觀拙著。中國近時外交史二版。四七六頁。）然當時規定之條文如左。

中國政府。將來將吉長鐵路、延長至延吉南邊界。與韓國會寧鐵路相接。其一切辦法。與吉長鐵路一律辦理。至應何時開辦。由中國政府酌量情形再與日本政府商議。

所謂至應何時開辦。由中國政府酌量情形者。卽欲無期延期之意也。以清末之弱。當自由行動之下。尙必爭用此等文語者。蓋以該路關係國家之利害甚鉅耳。茲段內閣以國內戰爭軍費孔亟之故。竟向日政府請求墊欵一千萬元。而許其卽築此路。國人目爲賣國政府亦宜矣。該契約之要點如左。

一　銀行於本預備約成立之日。卽墊十足日欵一千萬元。與中國政府。年息七厘半。以中國發行國庫券之折扣方法。交付侯吉會鐵路借欵正約成立。卽將此欵儘先償還。

二　本預備約成立六個月內。卽以本預備約爲基礎。締結借欵正約。正約成立時。卽起工築路。

三　由中國政府、速擬定全路之建造費。及其他一切費用。與銀行商議。照議定之額數。由銀行發行中華民國政府五厘公債

四　公債期限爲四十年。自第十一年起。用分年攤還法償還。

五　以屬於本鐵路現在及將來之一切財產爲擔保。非得銀行之承認。不得將此項担保提供於他人。

六　本預備約未規定之條項將來準照光緒三十三年十二月十日所訂津浦鐵路借款合同辦理。

第二次軍械借款

一爲民國七年七月三十一日。陸軍總長段芝貴、與日本泰平公司代表高木潔。締結二千三百六十四萬三千七百六十二圓之第二次軍械借款契約。亦交付軍械。以作現款。大致如第一次軍械借款。謂係出兵歐洲之故云。

金礦森林借款契約

一爲民國七年八月二日。農商總長田文烈、交通總長曹汝霖、與中華滙業銀行總理陸宗輿、理事柿內常次郎、締結金礦森林三千萬元之借款契約。此借款始由日人西原龜三、與曹汝霖商辦。繼由陸宗輿協力而成。當時吉黑兩省人民。以該兩省之金礦森林國有民有之區域。殊不分明。茲概由政府押抵與日人。並約定中日合辦。則民有之森林地帶與民營之礦業。必大受侵害。反對甚烈。段祺瑞總理以該契約並不損傷權利爲理由。卒經國務院通過。該約之要點如左。

一　借欵額日金三千萬元年息七厘半期限十年但期滿得商議續借

二　以黑龍江吉林兩省之金礦並國有森林又此等金礦森林所生之政府收入爲担保品。

三　契約有効期間是等金礦森林欲借外欵時須先與銀行商議。

附件如左。

一　爲統一兩省金礦行政與森林行政由中央政府設置採金局與森林局以發展其事業。

二　將來採金局森林局爲發展事業借巨額資金時須借日本資金或逕爲中日合辦事業

三　採金局森林局皆聘日本技師翼贊業務。

四　採金森林二局由中國政府自由設置銀行不得拘束亦無侵害人民自由及其利益之意思現經中央政府或地方廳認可在黑吉兩省經營採金

採伐森林業者之既得權利。及其利益。亦決不侵害。

滿蒙四鐵路墊欵契約

一為民國七年九月二十八日。駐日公使章宗祥、與日本興業銀行副總裁小野英二郎、締結滿蒙四鐵路預備借欵契約。時北京政府以軍政費支絀。命章宗祥逕向日本政府提議。請求其承認滿蒙四鐵路之借欵。章宗祥於同年九月二十四日。致日本外務省公函云。本國政府決定向日本資本家借款。建築下記各鐵路。(一)開原海龍至吉林。(二)長春至洮南。(三)洮南至熱河。(四)洮南熱河間一地點至某海港。(本線俟將來調查後決定)如貴國政府無異議時。請速令貴國資本家。承允該項借欵之商議。日本政府當即承諾。滿蒙四鐵路預備借欵契約遂成。其要點如左。

一　銀行於本預備約成立時。即墊日金二千萬元與中國政府。年息八厘。照中國發行國庫券之折扣交付。俟滿蒙四鐵路借欵正約成立。即將此欵首先還清。

二　由中國政府速擬定四鐵路之建築費。及其他一切必要費。與銀行商議。

照議定之額數。由銀行發行中華民國政府滿蒙四鐵路金貨公債。

三　公債期限爲四十年。自四十一年起。用分年攤還法償還

四　以屬於滿蒙四鐵路現在及將來之一切財產並其收入爲担保。無銀行之同意。不得將此等担保提供於他人。

五　本預備約成立。四個月內。即以本預備約爲基礎。締結借款正約。正約成立之時。即起工築路。

一爲民國七年九月二十八日。駐日公使章宗祥、與日本興業銀行副總裁小野英二郎、締結濟順高徐二鐵路預備借欵契約。先是民國三年。日本攻青島時。以大軍進逼濟南。佔領膠濟鐵路全線。將中國之鐵路從業員。與鐵路警兵。及鐵路附近各礦業之中國人員。悉驅逐之。全換用日本人。及民國六年即日本大正六年十月一日。以日本天皇第一七五號諭旨。於青島設立日本行政總署。於坊子張店李村濰縣濟南各處。設立日本行政分署。受理山東人民之一切民刑訴訟。抽收捐稅。並於署內設立鐵路科。管理膠濟鐵路。及附近之礦產。

日本解決山東問題之搉議

段內閣斷送山東之罪惡

蓋完全視同本國領土辦理。雖經中國政府先後抗議。皆不理會。及中國對德宣戰。爲協約國之一員。因此日本政府對於山東。不便久視同征服地辦理。又逆知中國將來於世界和會上。必訴日本邇年對於中國之侵害情形。雖英法俄意均與日本訂有保障山東權利之密約。然欲滅中國將來於和會控訴日本之口實。必預籌遏止之法。適值北京政府所謂段內閣者。逞一時黨見之私忿。不顧國家前途之大局。苟可以借欵供國內戰費之用。卽飲鴆止渴。亦所不顧。日政府遂乘機密與駐日公使章宗祥提議。以膠州至濟南之鐵路。歸中日合辦。又濟南至順德。高密至徐州二鐵路。借日本欵建築。爲條件。允將日本在山東之軍隊。除留一部於濟南外。其餘全部撤至青島。又將日本所設之警察及民政署。一槪撤退。并允先墊十足欵二千萬元。以濟北京政府之窮。段內閣視爲日本政府對中國之莫大恩惠。歡然承諾之。於是膠濟鐵路中日合辦之約。及濟順高徐二鐵路借日款建築之約。分別成立。此卽巴黎和會山東問題失敗之毒根。亦卽段內閣實際斷送山東與日本之罪惡也。蓋日本自強佔山

日本滅中國口實之陰謀

章宗祥欣然同意之照會

東之後。惟恐將來世界和平會議。日本有所失敗。必預先爲萬重之保障。民國四年、以二十一條迫中國承認山東權利移歸日本。此第一重保障也。民國六年、以日本允許中國參戰之條件。迫英法俄意承認山東權利移歸日本。此第二重保障也。然第一重保障。出於日本之威迫。即爲中國攻擊日本之口實。第二重保障。雖較完秘。然美國尙未入彀。（民國六年之日美共同宣言。與山東問題無關係。）迄於茲歐戰將終。欲使美國政府承認日本於山東之權利。爲勢所不能。惟北京政府惟利是視。欲滅二十一條之中日條約出於日本威迫之口實。惟有以金錢買北京政府另訂一欣然同意之約束。庶足以塞其口。并抵制美國之援助也。此日本寺內內閣萬全之陰謀。非北京段內閣所能窺破。且爲金錢計。雖明知之。亦故昧之。山東問題之鑄成大錯。實由於此。茲錄當時駐日公使章宗祥、覆日本外務大臣後藤新平之照會於左。即日本所稱山東善後協定是也。

敬啟者、接奉貴翰內稱。貴國政府。顧念貴我兩國間所存善鄰之誼。本和衷協調之意旨起見。提議關於山東省諸問題。照左記各項處理等因。業已閱悉。

一　膠濟鐵路沿線之日本國軍隊。除濟南留一部隊外。全部均調集於青島。

二　膠濟鐵路之警備。由中國政府組織巡警隊任之

三　右列巡警隊之經費。由膠濟鐵路提供相當之金額充之。

四　右列巡警隊本部及各要驛、並巡警養成所內。應聘用日本人。

五　膠濟鐵路從業員。應採用中國人。

六　膠濟鐵路所屬確定後。歸中日兩國合辦經營。

七　現在施行之民政、撤廢之。

中國政府。對於日本政府右列之提議。欣然同意。特此奉覆。此致日本外務大臣後藤新平閣下。

中華民國七年九月二十四日駐日公使章宗祥

按此覆函特具欣然同意四字者。蓋出於日本政府之要求。而段內閣以山東各項問題。依此解決。又能得二千萬元十足墊欵。以爲可喜之事。故依日本之要求照書之。而豈知異日巴黎和會。山東問題根本失敗。卽以此四字之故哉

斷送權利超過於二十一條之外

非僅此也。據二十一條之中日條約。日本所得於山東者。不過德國之遺產而止。茲依此照會。中國正式承認日本於山東之權利。遠超過於德國所獲之外。蓋中德條約。德國之軍事權。不能出膠州灣租借地範圍之外。光緒二十六年二月二十一日。中德膠濟鐵路章程第十六條云。爲保護鐵路。不得使用外國軍隊。由山東巡撫施行極有効力之處置。又山東華德礦務公司章程第十條云。倘在百里界限外。有須兵保護礦業之必要。由山東巡撫派兵前往。不得使用外國軍隊。茲則承認日本軍留一部隊於山東省城之濟南。而無撤退之期。又德國之警察權。亦不能出膠州灣租借地範圍之外。一千九百零五年十一月二十八日。中德膠高撤兵善後條款。規定德國承認中國有施行山東省警察章程於環界以內之權。故中國得於膠州設立警察署。以接管環界內鐵路警察事務。茲則承認自膠州至濟南之鐵路巡警隊。無論本部或要驛。並巡警養成所。均聘用日本人。又中德鐵路章程第二十八條規定中國將來有收買該鐵路之權。茲則承認該鐵路歸中日兩國合辦經營。凡此三端。皆爲二十一

章宗祥請求濟高鐵路借款之照會

條之中日條約所不有而為此次日本二千萬元墊款買得之也段內閣與外交當局之章宗祥氏對於日本此等新要求不惟不嚴加拒絕而反表示欣然同意誠不知具何心理此照會送交日本外務大臣後章宗祥於同日為濟順高徐二鐵路借款事又致後藤新平左記之照會。

敬啟者、中國政府決定向日本國資本家借款速行建築左列各地點間之鐵路。茲本使受本國政府之委任特將此旨向貴政府聲明。

一 濟南順德間。

二 高密徐州間。

但右列兩線路如於鐵路經營上不利益時另以適當線路協議決定之。以上所述貴國政府無異議時應請迅執必要之處置令貴國資本家承允該項借款之商議相應函達敬希見覆為荷。

右照會原出於日本政府之所起稿。章宗祥既遵照執行。日政府覆文中亦用欣然承認四字至此日政府以所謀悉成旋命興業銀行與章宗祥於九月二十八日締結濟順高徐二鐵路借欵之預備契約。其要點如左。

一　銀行於預備約成立之時。即墊十足日金二千萬元與中國政府。年息八厘。照中國政府發行國庫券貼現方法交付。俟濟順高徐二鐵路借欵正約成立。即將此欵首先還淸。

二　由中國政府速擬定該二鐵路之建設費及其他一切必要用費。與銀行商議。照議定之額數由銀行發行中華民國政府濟順鐵路金幣公債。高徐鐵路金幣公債。

三　公債期限爲四十年。自第十年起。用分年攤還法償還。

四　以屬於濟順高徐二鐵路現在及將來一切之財產。並其收入爲担保。無銀行之承諾。不得提供爲他項担保。

五　此預備約成立之四個月內。即以本預備約爲基礎。締結借欵正約。正約成立時。即着手建築鐵路。

濟順高徐鐵路墊欵契約

一爲民國七年九月二十八日駐日公使章宗祥、與朝鮮銀行總裁美濃部吉、締

日本助長中國內亂最毒之參戰借欵

參戰軍用日本軍官訓練之密約

結參戰借欵二千萬元之契約。此借款根據於中日軍事協定。蓋以由中央編練三師四混旅。以便出兵歐洲爲名義者也。段祺瑞自對德宣戰。始終抱宣而不戰之策。至此歐戰將終。內爭正激之時。（其時北方新國會成立。選舉總統。護法各省極端反抗之。）忽爲此鉅額之借欵。並編練鉅額之軍隊。其目的非對外而爲對內之用。盡人皆知也。日本助長中國之內亂。增厚北方主戰派之實力。以擴大中國自相殘殺之計劃。以此借欵爲最毒。蓋即取法英人滅印度之策也。然非僅擴大中國自相殘殺之局已也。當時日政府於此借欵。其最重要之附帶條件。爲此種新編之參戰軍。必用日本軍官爲訓練。蓋欲乘此機會取得於中國軍事上之特殊地位也。據當時西南軍政府總裁岑春煊論段祺瑞禍國書。關於參戰軍一段、論文曰。最足異者。該軍隊用日本軍官教練。僅以日本軍官教練之下士論。聞達數百名之多。夫國軍而用多數外國軍官訓練。獨立國家罕此先例。惟保護國殖民地爲然。此不僅貽國家將來不測之憂。且使獨立主權生重大之危險云云。十餘年來日本欲握中國軍隊教練權。迄不可得。今竟以此二千萬元之借欵收得之日政府劃策雖巧。然亦幸中國當局有力有胆。雖負禍國賣國之罪而不辭。爲難得也。此借欵契約成立後。雙方秘不發表。外間不明眞像。迄民國九年二月、上海和會開幕。經南北代表要求發表。北政府不得已與日本交涉。得其同意。始將該借欵正約及附約二件公佈之。至用日本軍官訓練之附約。卒不公佈。茲將該借款契約已經發表者照錄於左。

參戰借欵契約

中華民國、及日本帝國、依據兩國陸軍共同防敵軍事協定之宗旨。中華民國政府。（以下稱甲）爲編練完全協同動作之國防軍及參戰所需各經費。特與日本國朝鮮興業台灣三銀行。（以下稱乙）訂立左之借欵契約

一　借欵額日幣二千萬元。以中華民國政府國庫劵交乙承受。

二　國庫劵期限爲一年。年息七厘。以貼現方法發行之外。加用費一厘。由該國庫劵之金額內扣除。期滿後得由雙方協定照上列之條件換給發行

三　甲受領本借欵金額時。應存於乙。乙付甲年息七厘。

四　前條存欵。甲有提用必要時。乙應依另行協定之手續。交付於指定之受

取人。

五　本借欵所需國庫劵製造費、印花稅、及其他雜費、均乙負担。

六　甲將來如有與本借欵同一目的。更欲借欵時。須先向乙協議。

參戰借欵附約

附約二件如左。

一　參戰借欵金額。應交付於直接主管國防軍隊機關所屬之經理主任。

二　本日調印之參戰借欵。中華民國政府。以將來整理新稅之收入。爲償還財源。

滿蒙四鐵路正式借欵

製鐵借欵

以上所述各借欵。有經南北和會之要求。爲北政府所發表者、有卒未發表者。而合計各借欵之總額。已達二億三千萬元以外。然據日本寺內氏下野時大藏省之報告。尚有滿蒙四鐵路正式借欵一億五千萬元。又有製鐵借欵一億元。其條約、兩國當局皆不發表。內容不可得而知。然觀寺內氏將製鐵借欵草約、交付外交調查會審議時、之言曰。此借欵含有根本的改革中日兩國製鐵事業之重大意義。非可視爲單純經濟借欵云云。則可知製鐵借欵於中日兩國之利害矣。或即二十一條第五號第四項在中國設立中日合辦軍械廠之變相歟。

借欵之總額

茲僅以上述各項借欵、及日本大藏省報告之借欵、而論民國六七兩年之間日本借與中國之欵。實達四億六千萬元。以外寺内氏自謂在任期間借與中國之欵三倍於從前之數。其實蓋四倍也。

日本助長中國內爭攫取利權之鐵證

此爲日本助長中國之内爭。使其自相殘殺。而藉以攫取中國利權之鐵證。反面而觀中國自前清至民國六年八月以前所借日本之欵。通共不過一億二千萬元。段内閣兩年之間增高四倍。而此等巨額借欵。除以小部分供水災及行政費外。其三分二以上殆皆爲攻伐西南軍費。與供安福俱樂部黨費之用。殘民以逞。爲虎作倀。以完成日人危害中國之策。自負禍國賣國之罪而不辭。誠令人索解不得也。

段內閣之罪惡

所謂中日軍事協定

上述之參戰借欵。根據中日軍事協定所發生。而所謂中日軍事協定者。始於民國七年三月二十五日。駐日公使章宗祥與日本外務大臣本野一郎在東京交換兩國共同防敵之公文。繼於同年五月十六日。陸軍委員長靳雲鵬、與日本陸軍委員齋藤季次郎、在北京締結中日兩國陸軍共同防敵協約。又於同年五月

日本對於西伯利亞之陰謀

十九日。海軍委員長沈壽堃、與日本海軍委員吉田增次郎、在北京締結中日兩國海軍共同防敵協約。依此三種協約。而中日軍事協定之本身成立。蓋自俄國革命之後。國內騷然。全無抵禦敵人之力。一千九百十八年二月。俄國烈甯新政府。無條件降服於德軍之下。德人勢力、漸漫於全俄。西伯利亞反對新俄之捷克軍隊。亦爲德奧之武裝俘虜所制。有不能維持勢力之勢。協約各國政府、不願俄國過激派之勢力東漸。有共同出兵西北利亞援助捷克軍之議。而日本政府、實際侵略中俄兩國之政策。遂應運而起。先是日本政府、與俄皇舊政府、共同處分中國之陰謀。即一千九百十六年之日俄協約、與日俄秘密同盟。皆被烈寧新政府宣告無效。其侵害中國之覺。來一重大挫折。日本至此。隨機應變。欲藉援俄爲名。實行佔領貝加爾湖以東之廣大地域。以爲將來要挾俄國割地、幷讓渡中東鐵路與日本之具。遂決計出大兵於西伯利亞。且主張中國爲參戰之一員。亦應出兵。即以中國應出兵之故。誘參戰督辦段祺瑞締結中日陸海軍共同防敵之約。此中日軍事協定所由來也。在日本政府之用意。以爲此約成立。日本一則可

共同防敵與日本之利益

段系腐心參戰借欵之內幕

以出兵北滿建造軍用鐵路電信之一切軍事設備。將來縱不佔領中國之土地。所有俄國在北滿洲之鐵路、及其他權利。日本可以設法攫奪之。二則可藉此出兵外蒙。實際測量外蒙之軍事地理。並鼓動外蒙古獨立。三則假共同防敵之故。使段系軍閥借日本重資。以練成中國之日本軍隊。爲異日雄飛中國之預備。四則實行佔領貝加爾、阿穆爾、沿海三省。以俟俄國之變動。並爲將來實際要挾俄國之武器。此日本一舉而百利也。而其時段祺瑞自長沙陷落。即辭總理職。爲參戰督辦。及岳州陷落。長江三督李純王占元陳光遠皆唱和平論。段系軍閥、如徐樹錚倪嗣冲等。恨長江三督刺骨。幾欲養成絕大實力。並直系軍閥一同征服之。因腐心於參戰借欵。謀以參戰名義與日本借巨額之欵。由段系軍人編練新軍三師四混成旅。以應國內之變動。殆不惜犧牲重大權利。以求達其目的。民國六年十月靳雲鵬以參觀日本大演習之名。赴東京。日本天皇特爲召見。其秘密使命。即爲此也。然日本政府之惡辣手腕。則以中日軍事協定爲前提。區區爲參戰借欵。不得應此要求。時段氏在參戰督辦任內。一一承認之。及七年三月二十二日。段氏復爲總理。即命駐日公使章宗祥於同月二十五日。與日本外務省交換共同防敵公文。中日軍事協定。遂正式成立。蓋段氏二次登臺。認此舉爲開張第一要政也。此後與該協定有關係之各契約。次第成立。雙方嚴守秘密、不發表。國論沸騰。留日本學生數千人。以反對密約全體歸國。段內閣以各方要求宣布密約情形緊迫。不得已與日本政府輾轉磋商。日政府卒不肯將全約宣布。僅將三月二十五日日本外務大臣本野一郎、與駐日公使章宗祥交換共同防敵之公文。及日本政府向中國政府關於有効期間之聲明。公布之。茲將該二公文照錄於左。

國論沸騰與留日學生歸國

共同防敵之公文

關於共同防敵、日本外務大臣覆中國公使之公文。

敬啟者、本日接准尊函。內開貴國政府。鑒於目下時局。依左列綱領。與帝國政府協同處置。信爲貴我兩國之必要。特向帝國政府提議等語。業已閱悉。

一　日本國政府。及中國政府。因敵國勢力日蔓延於俄國境內。其結果將危及於極東全局之和平。爲適應此情勢。且實行兩國參戰之義務。速宜協同考量應行之處置。

二　前項經兩國政府合意決定後。關於兩國陸海軍此次共同防敵之範圍。協力進行之方法及條件。由兩國當局官憲協定之。該當局官憲就相互之利害問題。應慎重誠實隨時協議。並由兩國政府協定。俟時機實行。

帝國政府對於貴國政府之提議。全然同感。依前列綱領與貴國政府協同處置。是帝國政府之所欣快也。特此奉覆。

日本政府撤回日本軍隊之聲明

關於期間及日軍撤回日本政府向中國政府之聲明。

敬啟者。本日貴我兩國共同防敵之公文業已交換。帝國政府之意。右公文有效期間。由兩國軍事當局議定之。又因共同防敵日本軍隊進入中國境內者。待戰事終了後。統由中國境內一律撤退。

南北代表

北京東京兩政府雖將右列二件公文同時公布。然關於兩國陸海軍委員協定其他正附各約。皆不發表。我國民全體懷疑反對密約之運動仍甚力。然以北京政府全然不理。亦無可如何。及民國八年二月。南北和會開於上海。南總代表唐

要求北政府交付密約

紹儀提議。由雙方代表聯名電請北京政府。將中日軍交付和會查閱。得北總代表朱啟鈐之贊成。二月二十於中日軍事協定文書四種於和會。其全文於左。

中日陸軍軍事協定

中日陸軍共同防敵軍事協定第一種

一 中日兩國陸軍。以敵軍勢力日蔓延於俄國境內。其結果將危及於極東全局之和平。爲適應此情勢。且實行兩國參戰之義務。應取共同防敵之行動。

二 關於共同軍事行動。兩國之地位與利害。相互尊重其平等之見地。

三 兩國當局本此協定。於開始行動時。各自對於本國軍隊及官民之軍事行動區域內。發布相互誠意親善同心協力之命令。或訓告以達共同防敵之目的。

凡軍事行動區域內中國地方官吏。對於在該區域內之日本軍隊。盡力協助。使軍事上不生故障。又日本軍隊須尊重中國之主權。與地方習慣使人民不感不便。

四　爲共同防敵日本軍隊在中國境內者俟戰時終了後自中國境內一律撤退。

五　派遣軍隊赴中國國境以外時若有必要兩國協同派遣之。

六　作戰區域及作戰上之任務爲適應共同防敵之目的兩國軍事當局各自量本國之兵力另行協定。

七　兩國軍事當局於協同作戰期間圖協同動作之便利應行左記各事項

一、關於直接作戰各軍事機關彼此相互派遣職員充往來聯絡之用。

二、爲謀軍事行動及運輸之敏活且確實陸海軍運輸通信諸業務彼此共圖便利。

三、作戰上必要之建議如軍用鐵路電信電話等應如何設置由兩國總司令官臨時協定之俟戰時終了一概撤廢。

四、關於共同防敵所要之兵器及軍需品並原料兩國相互供給之其數量以不害各自本國須用之範圍爲限。

五、關於作戰區域軍事衛生事項。相互無遺憾補助之。

六、關於直接作戰軍事技術人員。有必要輔助時。依一方之請求。他方即派遣服務。

七、軍事行動區域內。設置諜報機關。并相互交換其軍事所要之地圖及情報。

八、協定共用之軍事暗號。

八　爲軍事輸送。使用北滿鐵路時。該鐵路之指揮保護管理。等尊重本來之條約。其輸送方法。臨時協定之。

九　本協定實行之詳細事項。由兩國軍事當局指定之各當事者、協定之。

十　本協定及附屬之詳細事項。兩國皆不公布。取軍事秘密。

十一　本協定由兩國陸軍代表記名調印。經各本國政府之承認。乃生効力。其作戰行動。俟適當時機。兩國最高統帥部商定開始。

本協約、及基於本協約發生之各種細則、俟中日兩國對德奧敵國戰爭狀態終了時、即失其效力。

中華民國七年（日本大正七年）五月十六日中國委員長靳雲鵬、日本委員長齋藤季次郎、約於北京。

中日陸軍共同防敵軍事協定實施之詳細協定第二種

陸軍軍事協定之細目

本中日軍事協定第九條由兩國軍事當局指定之各當事者協定關於第六條第七條各事項於左。

一　中日兩國各派一部軍隊。對於後貝加爾、及阿木爾、取軍事行動。其任務在救援捷克斯拉夫軍。並排除德奧及援助德奧者。期指揮統一。及協同圓滿起見。行動於該方面之中國軍隊。入於日本司令官指揮之下。

爲與自滿洲里、進後貝加爾之軍隊相援應。中國軍隊之一部。應由庫倫進至貝加爾湖方面。如有中國軍之希望。日本軍亦可派遣兵力一部入於中國軍司令官指揮之下。

此外中蒙古以西之邊防由中國自行鞏固防備。

一　兵器及軍需品之供給緊急不得已者由前方司令官相互協定之其他之物品及原料之供給由東京及北京之最高補給機關交涉行之。

二　衛生業務中國如有所希望日本可於力所能及之範圍內提供便利將來情況進展關於設置病院及休養所日本軍亦須受中國之助力。

四　由南滿鐵路輸送之中國軍隊及軍需品由中國自行運至大連營口或奉天。此後至長春之運輸由日本担任之日本軍一部由庫倫進貝加爾方面時該軍隊及軍需品由日本運至大沽秦皇島或奉天此後之運輸由中國担任之。

由北滿鐵路之輸送使該鐵路當局任之爲謀中日兩軍及捷克軍之輸送調度有方起見中日應設協同機關便與該局交涉但將來聯合各國之軍隊行動於此方面時亦可參加人員於該機關內。

五　關於派遣聯絡職員。除交涉已定、或正在交涉中者外。前方司令、或將來更有必須互遣情事。由東京及北京最高補給機關辦理。

六　兵器及其他軍需品原料之供給。又一方軍擔任之輸送諸費用。均須給價。應隨時或軍事終了後、核算給清。

民國七年（日本大正七年）九月六日。中國當事者徐樹錚、日本當事者齋藤季次郎、約於北京。

中日海軍軍事協定

中日海軍共同防敵軍事協定（第三種）

全文惟無陸軍共同防敵軍事協定之第四第五第八、三條。其餘與陸軍共同防敵軍事協定、大致悉同。不贅述。

海軍軍事協定之細目

中日海軍共同防敵軍事協定說明書（第四種）

一　兩國海軍爲謀共同作戰之圓滿。以副軍事協定第一條之宗旨起見。務須和衷協同。相互輔助。以期用兵計劃。周妥無遺。

二　海軍軍事協定第五條各項。說明如左。（海軍軍事協定第五條。即陸軍軍事協定第七條也。）

軍事協定與中日之利害

第一項所定職員。目下以公使館海軍武官、及駐在各處海軍武官充之。其他於必要時、協定派遣之。

第三項之材料。卽金屬物件之類。軍需品、卽燃料糧食、以及軍事上必要之子彈火藥等類。兩國均應量力輔助之。

第五項交換水路圖誌一事。俟一方請求時行之。軍事行動區域內。如有應行補測之海灣。經雙方認爲必要時。應由該地方所屬之本國海軍當局、自行補測之。

民國七年五月十九日。中國海軍委員長沈壽堃、日本海軍委員長吉田增次郎、約於北京。

以上各約。實爲中日共同防敵之約束。卽所謂中日軍事協定。表面上中日兩國似得維持平等之待遇。然日本除對於西北利亞將來大發展外。而攫奪北滿洲鐵路權利。擾害外蒙區域。並使中國練成強厚之日本軍隊。以伺中國將來之變動。以阻中國現在之和平。皆於此等約束收得之。而中國不但無利益可言。實百害崇生防戰區域。既皆爲中國地面。則惟有日本軍隊進入中國內地。斷無中國軍隊進入日本內地之事。且規定交換軍事地圖。則惟中國之軍用地圖提交日本查閱。絕無日本之軍用地圖、提交中國查閱。然此猶小事。毋須具論。日本志在侵奪北滿。今以千載一時之機會。得正正堂堂進大軍於吉黑兩省之內地。欲其事後履行條約。將在中國境內之日本軍隊一律撤退。殆猶夢想。北滿洲從此變爲日本之勢力圈矣。且無端准日本軍隊通過庫倫。外蒙古從此爲日本所蠱惑。外蒙之日禍。自此始矣。故以中國之利害言之。與其謂爲中日軍事協定。無寧謂爲中國將北滿洲外蒙古斷送爲日本勢力範圍之協約。爲得要領也。

北滿外蒙之斷送

且上述諸約之外。尚有參戰軍全用日本軍官訓練之密約。北政府於南北代表要求將中日軍事協定正附文書一概交付和會查閱之時。竟僅交付上述四種文書而止。其關於參戰軍用日本軍官訓練之約。卒付秘密。則此外有無其他喪失國權之密約。實不可知。

唐紹儀之宣言

當時唐紹儀在和會宣言曰。據北京政府稱四種文書以外。並無其他附屬文書。若關於中日軍事協定。除此四種外。再有何密約或協定。國民不

依中日各約日本侵害中國之程度

能承認。不發生何等効果云云。蓋明知尚有其他密約在也。

綜觀上述民國六七兩年日本與北政府所訂各契約。除軍事協定爲日本軍閥利用參戰名義、實行其侵害中國之政策外。其餘各借欵契約皆爲寺內內閣以促進兩國財政金融提携之名詞。實行其助長中國內亂。攫取種種權利之陰謀也。除屬於善後借款、係完全政治借款不論外。其餘皆稱實業借款。其中交通銀行借欵則獲該行顧問權及借款優先權。夫交行爲國庫有密切關係之金融機關。日本與該行生如此密切關係。是取得中國財政上之重要位置也。吉長借欵僅以數百萬元之日幣。奪得該鐵路之管理經營權。以成全二十一條第二號第七項之要求。有線電信借欵。舉全國之電信事業。凡技師材料與以後借欵爲日本所壟斷。夫中國電線擴張。尚無已時。如此重要事業。竟落於日本一國之手。吉會借欵。使韓國鐵路。逕通於吉林。不僅包吉奉兩省於日本鐵軌之中。且資開發北滿之助。礦森借欵。既壟斷技師。又奪借欵優先權。且規定中日合辦滿蒙四路借欵。即斷送東部內蒙古之約束。濟高借款。則伸勢力於直隸江蘇之腹地。而山

二十一條第五號之完成

中國成日本保護國之趨勢

東之軍事權警察權膠濟鐵路合辦權從此確定製鐵參戰借款既成全日本鋼鐵之供給又獲於中國軍事上之重要位置以完成二十一條第五號第四項之要求凡此種種不用要求之形勢不假最後通牒之威迫而皆如願以相償且二十一條第五號顧問問題亦於此時期不動聲色由北京政府先後聘青木為軍事顧問聘坂谷為財政顧問續聘有賀為政治顧問蓋滅人之國必先於其國之政治財政軍事上皆佔重要之地位乃可以達最後之目的自民國四年以來依中日協約日俄協約五國密約日美宣言諸關係日本已取得中國政治上之重要地位依兩年之借款又取得中國財政上之重要地位依參戰製鐵借款又取得中國軍事上之重要地位實質上中國漸變成日本之保護國而段內閣及段系軍閥方挾其日本之勢力以稱國內之雄自為韓國一進會而無慚設非國會解散南北戰爭之內亂日本豈能達此目的蚌鷸相持漁人得利可勝浩歎迴思此次內亂之原因起於參戰結果中國不參歐洲之戰而日本參加中國南北之戰以印度人殺印度人固為日本對中國之策然中國人必鬩牆揖盜至死不悟

南北當局皆禍國之英傑也。

第四節　南北和議停頓與日本之關係

威爾遜勸徐總統速謀統一之祝電

當民國七年十月十日。徐世昌就大總統任時。美國總統威爾遜寄一祝電曰。當此文明變化最緊要之時。貴國以內亂自行分拆。若不早息爭端。難與諸友邦協同一致。以達維持正義之目的。今貴大總統就職之日。正貴國各派首領以愛國爲懷。犧牲一切。圖息爭端之時。宜和衷協濟。力謀國民幸福。統一南北。庶國際公會中。可佔應有之地位云云。自美國參加歐戰以來。於世界佔非常勢力之威爾遜氏與徐總統以此等勸告。其使徐氏發平和之感念無疑也。然威氏不僅對於徐總統發此電文而止。並命駐京美公使芮因休氏有所盡力。十月十八日。芮公使特謁徐總統。力言南北宜速統一。庶可維持國際地位。而其時國內和平運動

國內之和平運動

甚熾。所謂和平期成會、和平促進會。殆漫於全國各要區。重以十月三十日。協約各國政府。以中國名雖參戰。實不履行參戰義務。由駐京公使團向北京外交部提出嚴重之覺書。其中責備重要之點。(一)爲北京政府對於綏交義和團賠款。

協約國之嚴重覺書

徒供黨派之私爭(二)爲參戰軍成立後。不以之參戰。而供國內戰爭之用。殆全責北政府利用參戰所得之利益供國內戰爭之用。其時主戰派國務總理段祺瑞卸職。綏和派錢能訓組閣。內外之情勢如斯。平和之曙光漸開。徐氏於十一月

南北政府下停戰令

十六日。發布停戰命令。同時駐廣州美國領事。奉北京芮公使之旨。訪軍政府岑春煊伍秩庸諸總裁。勸告息戰。軍政府亦於十一月二十三日下停戰令。日本政府見南北實際停戰。而停戰之動機。多由於美國人之盡力。因命駐華公使小幡氏。向英法伊美四國公使提議。用五國政府名義。共同對中國南北政府。爲速謀平和統一之勸告。爲四國公使所贊成。十二月二日。五國公使赴總統府。同日駐廣州五國領事赴軍政府。提出同一之勸告書如左。

公使團勸告和平書

中國南北糾紛。已亘兩年。實爲英美法伊日五國政府所深憂。此不祥之紛爭。不但敗壞中國自身之康寧。及各國之利益。並與德奧敵人以可乘之機會。且阻害中國對於聯合側之協力。今危機漸過。列國方謀國際和平正義之實現。爲世界的組織。而中國內訌不息。是爲成此大業之阻害。

五國政府對於中國大總統有妥協內訌之措置。南方諸首領。亦有解決紛糾之决心。深爲欣幸。惟願雙方當局排除個人之感情與法規枝節之見解。而顧念理法之大則。與國民之福祉。以成就國內和平之實。舉則不勝同情期待者也。

關於中國解決內訌之辦法。五國政府無何等干涉之企圖。亦不指示何等妥協之特殊條件。或左右之意志。全由中國人士自己協定之。五國政府。不過對於中國南北兩方熱望和平統一。與以聲援。又希望中國國民、參與列國企圖改革世界之偉業。而發揚傳來之國威耳。

日本政府、於中國南北已發停戰令後。約四國共同向中國爲此勸告者。一則表示日本有希望中國和平之好意。二則以此次停戰之動機由於美國政府之盡力。特出此。以維持日本對於中國發言權之地位也。先是日本寺內內閣援助北方欵械。助長中國內爭。爲西南各省、及全國國民所憤恨。及民國七年十月。日本寺內內閣瓦解。原田內閣成立。南方軍政府派代表章士釗赴日本要求原內閣改變寺內內閣援助北方軍閥之政策。以促中國之和平。原氏雖面許、而不爲正式表示。及見南北政府各下停戰令。日本外務省於五國公使向中國提出勸告之同日。忽爲中日借款事。發布左記之宣言。並由駐京公使駐粵領事知照中國南北政府。

日本政府停止南北借款之宣言

近來關於日本對中國之借款問題。有種種流說。誣帝國政府之意思不少。原來中日兩國。以鄰接友好之特殊關係。我國民於中國財政經濟上之企劃。其有正當之成果者。政府自不得阻止。若關於中國一般之康寧幸福。爲財政上之援助。政府以不抵觸屢次宣言與諸外國協定之條項爲限。亦無所躊躇。然現當中國南北內訌之際。無論對於何方借款。動招一方之誤解。且於中國和平統一之回復。不無阻害。因此帝國政府。恐中國國內政局更加紛糾、凡借款及其他財政上之援助。一概決定停止。此方針信爲於中國有利害關係諸列強之所贊同。

蓋歐亂期間。日本援助北方。以延長中國內亂。不但招中國國民之反感。英美諸

主戰派根本之打擊

段祺瑞贊成和平

上海開對等和會

陝西停戰問題

國。亦多訾議。至此歐戰將終局。各國皆關心中國恢復和平。原田內閣於外交關係上。認爲有變更對華方針之必要。故爲此宣言。而此宣言。實爲北方主戰派根本之打擊。翌日總統府會議。徐氏將五國勸告、與日本外務省之聲明、詳爲宣述。當時參戰督辦段祺瑞首發言曰。歐戰已終。行開世界和平會議。我國若不急謀統一。將來派出代表。不能代表全國。甚爲危險云云。原北方欲以武力征服南方。而不贊成平和解決者。惟段系一派之軍閥爲然耳。今段氏如此表示。北政府平和解決之方針始歸一致。而南方軍政府。對於五國勸告、深表感謝。對於日本停止借款之宣言。尤極歡迎。自此南北和議漸熟。雙方各派代表十人。開對等和會於上海。斯時南北最難解決之問題。一爲北方不認陝西爲民軍區域。欲置陝西於停戰範圍之外。而爲南方所不承認。一爲南方以取消參戰軍、停支參戰借款、爲和議先決問題。而爲北方所反對。因此和會不能開議。蓋其時北政府雖下停戰令。認陝西爲土匪區域。以剿匪之名。用北洋全力攻陝西。陝西于右任之護法軍、陷於非常危境。南方軍政府、與議和代表唐紹儀等力爭陝西爲護法區域。必

李純之調處

唐紹儀之抗議

和議停頓與陝西問題之關係

陝西停戰。乃允開始議和。經江蘇督軍李純、提出劃防淸匪之調處法。北政府卒承認之。於民國八年二月十三日、下陝西停戰令。上海和會乃於同年二月二十日開議。北方議和代表朱啓鈐等。同日在和會宣言。自十三日後負陝西停戰之完全責任。乃二十六七等日。南代表迭接陝西護法軍、自十四至二十一等日、所發郵電。皆稱北軍連日大舉來襲。東西各路失地有差。三原本部危極等語。唐紹儀等、於二十八日和會席上。明問北代表之責任。並提出實行停戰。及撤換陝西督軍陳樹藩兩條件。限北政府於四十八小時內答覆。如至時不答覆。則認北政府無誠意言和。不能繼續和議云。北代表當即電詰北政府。並提出總辭職以明責任。然北政府至期竟無答覆。和議從此停頓。此因陝西問題停止和議情形也。然和議停頓。殊非僅一陝西不停戰之故也。當民國七年九月。段內閣與日本政府訂參戰借款契約。當規定中國政府領受該借款。仍存於日本銀行。有提用必要時。銀行交付於國防軍機關經理主任。此等規定之原因。一爲日本恐段內閣將該欵濫用。不能編成用日本軍官教練之參戰軍。一爲段祺瑞恐卸總理職。該借款交付於下任內閣。而不交於參戰督辦。故爲此互相担保之約束也。及十月十日。徐世昌就大總統任。和平聲浪。瀰漫內外。段祺瑞辭總理職。專任參戰督辦。

徐樹錚新招參戰軍

此種參戰借款。仍按期交付於段氏一人之手。段氏命徐樹錚編練三師四混成旅之參戰軍。七年十二月間。徐樹錚遂積極於北方招募軍隊。其時協約國與德奧停戰條約。已經協定。巴黎和平會議。定於次年一月開會。無論中國對德宣戰。原抱宣而不戰之策。即使實行參戰。至此已無從參起。則段系招募此等參戰軍。其目的非在對外。而爲對內無疑也。上海和會未開以前。軍政府迭根據軍事協定第十一條第二項。認中日兩國對德奧戰爭已經終了。嚴電北政府。要請廢約。

唐紹儀提議解散參戰軍

及和會既開以後。南代表唐紹儀。一方函請日本內田外相停止交付參戰借欵。一方向和會提議。廢止軍事協定。解散參戰軍。取消參戰借欵。並關於軍事協定。及附屬文書、一概交和會查閱。北代表朱啓鈐等承認之。遂聯名電請北政府照辦。然北政府除將中日軍事協定文書四種交付和會（參觀上節）外。其對於解散參戰軍。取消參戰借欵。廢止軍事協定諸端。不但拒絕不理。忽將民國八年二月五

軍事協定延長之協定

日參戰督辦段祺瑞、命徐樹錚與日本陸軍代表乙東彥、訂結陸軍軍事協定延長之約、發表如左。

經中日兩國最高統率部協議。本中日陸軍共同防敵軍事協定第九條。關於第十一條第二項戰爭狀態終了之時期照左之協定。

對於德奧戰爭狀態終了之時期云者。係以歐洲戰爭之平和會議締結之平和條約。經中日兩國批准。中日兩國及協約各國之軍隊。均由中國境外撤退時而言。

按海軍軍事協定延長之約。由海軍代表謝葆璋、與日本海軍代表伊集院俊、於同年三月一日訂結。約文與上約大致相同。

和議停頓與軍事協定延長之關係

此約之結果。使中日軍事協定。無期延長。以戰爭終了四字。作此等廣漠無垠之解釋。殊屬不可思議。蓋段系軍閥、無非欲該約延長歲月。俾得長保參戰軍之實力耳。而必於此時發表者。蓋表示絕對不能容納南方之要求也。同時北政府改參戰軍為國防軍。並利用國防名義。愈實行增兵。以示永不取消此種軍隊之意。

北政府不能取消參戰之聲明

西南軍政府及南北代表無可如何。三月二日、南代表唐紹儀等通電停止和議。北代表向北政府爲總辭職。雖以陝西問題爲一原因。而尤以此舉爲一重大關鍵也。然當時北政府關於參戰軍一節。爲左之通電聲明。（八年三月六日）

開戰以來。唐總代表所兢兢爭持者。約有數端。曰取消參戰借款。曰解散參戰軍。曰取消軍事協定。在中央認歐戰未終。取消暫非其時。既不能取消。則參戰借欵。當然支付。俟歐洲和約簽字。軍隊撤退後。所謂軍事協定、及參戰軍者。皆應同時消滅。彼時參戰軍應裁與否。宜由陸軍部併入裁兵案內統籌辦理。此中重要爭點。在目前認歐戰是否終了。政府認爲尙未終了者。遠則和平條件。德國未盡履行。近則俄邊激黨尙在鼙擾。且在華敵僑尙須驅遣。然默揣歐戰情形。和約簽字之期不遠。彼時自有正當之解决云云。

蓋斯時北京政府。全爲參戰派之所挾制。國務院不得已發出此電。以混飾國人耳目。因此南北言和之機。相距愈遠。

原段氏必與日本延長軍事協定之原因。則以國內政爭。欲維持已派之勢力。不

段氏延長軍事協定之原因

日本延長軍事協定之原因

延長軍事協定之罪惡

得不維持參戰軍。欲維持參戰軍。不得不延長軍事協定。故於西南主張廢約之時。偏與日本訂無期延長之約。而日本必速與段氏訂延長軍事協定之原因則日政府逆知歐洲和會關於日英法俄意五國所定山東密約。勢必發表。該密約發表後。山東問題。勢必照日本之意旨解決。中國能否批准此種和約。殊爲疑問。日本不得不先謀制服之策。而查中日軍事協定。除段系軍閥外。殆爲中國國民全體所反對。故與參戰當局急訂此約。以爲他日要挾中國批准巴黎和約之代價。日政府此等陰謀。當時段祺瑞在夢寐中。自蹈陷阱而不知。惟喜參戰軍從此可以延長耳。而豈知此約之結果。南北和議因此破裂。其事猶小。山東問題從此不可收拾。其罪大也。其後巴黎和約發表。德國在山東之權利。全行讓與日本。全國鼎沸。皆主張拒絕簽約。而段祺瑞陷於不得不主張簽約之窮境。又全國主張提交國際聯合會公判。而段系皆主張與日本直接交涉。豈眞非禍國不可哉。或亦以延長軍事協定約中有中日兩國批准巴黎和約之規定故耳。

當歐戰告終。北方招募參戰軍時。不但南方反對。外交團亦懷疑。及和議將開。南方要求取消軍事協定停支參戰借欵。不僅爲全國國民所歡迎。並爲外交團所贊許。頗與日本以難堪。日政府爲維持本國面目並表示促成中國和局之意。於八年二月二日。向北政府爲左記之提議。

日本不用參戰軍供內爭之提議

近頃參戰軍之編成。關聯於時局問題。中外人士抱疑惑者不少。該軍不得利用爲南北和會之障碍。固不待言。且請保障將來決不運用爲政權之爭奪。或誘致內亂之原因。

北政府既接此提議。乃於二月二十日。即上海和會開幕之日。向日公使爲左之答覆。

北政府保障參戰軍不供內爭

參戰軍原爲對德奧敵國而設。現歐洲雖停戰。和議尚未決定。兵備斷不可緩。且俄國國境變亂紛糾。迫近中國國境。爲鞏固俄國邊境之防備。本軍之編成訓練。實不可緩。既爲參戰軍隊。斷無對於國內爲何等政治作用之意。

日本政府得此答覆。其混飾中外之目的已達。別無他求。而事實上北政府此等答覆。毫無價值。蓋雖不直接用參戰軍以事內爭。然間接運用之有餘。即如另增兵械以攻陝西。爲明白之事實也。

又和會開幕之後。唐紹儀電請日本內田外相、履行變更寺內內閣方針之約束。兼請對於北政府之款械。一律停止交付。而美國政府、於五國勸告息爭之時。亦向各國提議、於中國南北未統一以前。停止供給武器。此提議與中日軍械借款不相容。當爲日本所反對。至此美公使又提前議。日政府乃乘上海和會破裂之

日本停止交付款械之提議

次日。（三月一日）又向北政府爲左記之提議。

中國政府。前與日本購買之軍械。約定陸續交付。日本政府、恐防害目下進行之南北和平會議。決定於中國和平未妥協以前停止交付。又參戰借款契約成立時。日本已將借款全數交付中國政府。而轉存於日本銀行。在法律上日本政府無停止交付該款之力。然爲促成南北統一計。希望中國政府不取用該款。以解內外疑惑。實爲得策。

北政府不能停支借款之回答

北政府於三月二十二日。向日本政府爲左記之回答。

南北和平會議未妥協以前。軍械停止交付一節。業已閱悉。

關於參戰借欵支付問題中國政府當愼重考量。此回答、蓋明白表示參戰借欵不能停支也其時南北和會已經破裂。日本政府、爲敷衍中外耳目計。爲一虛禮人情而止。至稱日本無停止支付該欵之力。則不啻促參戰軍按期支欵也。

和會復活之困難

故自和會破裂之後。雖經各方面運動和會復活。然於陝西問題尙有辦法。而於參戰軍及參戰借欵問題。則絕對無轉旋之餘地。又唐紹儀向和會提出四十八小時之通牒。事先未徵軍政府及西南各省軍之同意。四十八時期滿後。北方旣無回答。南方絕對不能有軍事上之行動。事實上徒陷於和議破裂而止。

續開和會之運動

此間北政府一方照例向日本銀行提用參戰借欵。以維持參戰軍。一方再令陝西停戰。以謀續開和議。而長江三督李純王占元陳光遠、及駐衡州師長吳佩孚等、居中調處。聯名致電南北和議代表。請以陝西實行停戰。爲繼續和議之條件。絕不涉及參戰軍參戰借欵一語。

和議續開

適陝西劃界員張瑞璣、迭由西安來電報告陝西已實行停戰。雙方代表乃開談話會。商議和會繼續進行。唐紹儀當質問參戰軍及參戰借欵事。朱啟鈐答稱俟正式會議議處。遂將該問題

雙方提出之條件

彼此朦混過去。決定於四月九日續開和會。從此雙方所有議題均一度提出。南代表提出者。爲取消軍事密約裁撤國防機關及所屬軍隊。停支參戰借欵。國會自由行使職權。善後借欵南北共同分用。廣東軍政府法令有效及陝西湖南善後諸問題。北代表提出者。爲裁減全國軍隊辦法。軍民分治。地方自治。發展國民經濟。善後借欵諸問題。雙方提案中。南北代表絕對不能共同主張者。惟南代表提出之國會問題而止。自開會起至五月初十。會議二十餘次。各提案有議有端倪者。有交付審查者。惟國會問題。雙方代表不能讓步。且不敢讓步。

國會問題之困難

蓋自開和會以來。廣州國會議員蟻集上海。監視南代表對於國會之主張。北代表完全爲新國會安福議員所挾制。尤不敢容納南方之意見。雙方代表負解決時局之重大責任。對於此等糾紛問題。皆爲他方所牽制。不敢爲適於時勢合宜之主張。遂表現和會無解決國會問題之能力。

和會無解決時局之能力

其他取消密約裁撤參戰軍更換湖南督軍張敬堯諸問題。北代表惟徇段系軍閥之意旨。而無全權代表之資格。實際上和會不能圖解決時局之責任。無法進行。及五月初旬。忽接歐洲和會對於山東問題。

歐洲和案與上海和會之影響

唐紹儀提出八條

依日本之意旨解決中國完全失敗。而失敗之原因。則由於民國七年九月二十四日、北政府與日本締結解決山東善後約內有中國政府欣然同意字樣之所致、而此約自七年九月訂結之後。北政府迄未發表。於是南代表對於中日一切密約。尤爲寒心。五月十三日、唐紹儀於和會席上。突然提出左記八條。

一 上海和會對於歐洲和會決定山東問題之條件。即日本繼承德國在山東之權利。絕對不能承認。

二 取消中日間一切密約。宣言無効。幷處罰締結此等密約之關係人。以謝國民。

三 取消參戰軍國防軍及其他一切類似之軍隊。

四 各省督軍省長之罪情顯著、不洽民情者。一律更迭。

五 由和平會議宣告民國六年六月十三日、黎元洪解散國會之命令無効。

六 由和平會議選出全國聲望顯著之人物。組織政務會議。和平會議決議各案件。由其監督履行。至國會得完全行使職權爲止。

和議破裂

北政府之決絕

公使團第二次勸告

七　和平會議已議定或審查未決之各案。分別整理決定之。

八　執行以上七條。則承認徐世昌爲臨時大總統。

此八條之提出。聞南方分代表事先多不聞知。蓋唐紹儀鑒於和會實無進行方法。故提此嚴絕之條件耳。當提案之日。正值討論國會問題。唐紹儀要求照第五條辦理。朱啓鈐作色曰。南方既如此主張。北方惟有提議請南方五省補選新國會議員耳。唐紹儀佛然退席。和議登時破裂。雙方代表各向政府辭職。當時北京總統府會議。對於唐氏八條。除認第一條有討論餘地外。其他七條。絕對不承認。痛斥其非。不但電准北代表辭職。並令其離開和會地點。即行進京。以示決絕。而南方軍政府則不准代表辭職。并通電聲明不變更和平宗旨。美國芮公使見北代表悉反北京。特向公使團提議。再向南北政府勸告。六月五日。英美日法伊五國公使復向雙方政府提出第二次勸告書。大致勸南北萬不宜再用兵。並謂各本國政府深望中國自爲公平合宜之解決。以謀國家與國民之共同幸福云。然北總代表朱啟鈐、以遇事悉承參戰系軍閥派之意旨。有全權之名。無全權之實。

徐世昌辭職

徐樹錚任西北籌邊使

王揖唐任議和總代表

南方之絕拒

知斷無解決時局之能力。決計辭職。而徐總統以歐洲和約不能簽字。日本要挾取締國民排日貨問題無法解決。又國內和議破裂。忽於六月十日向北京國會提出辭職書。雖被璧還不受。而錢能訓內閣瓦解。龔心湛代理總理。又為安福派所挾制。要求議和總代表一席。必用安福系人而後可。六月二十四日。北政府特命徐樹錚為西北籌邊使。兼西北邊防總司令。所有參戰軍國防軍仍歸徐樹錚所司。配七月二十日、又令改參戰事務處為邊防事務處。特任命段祺瑞為邊防事務督辦。所有參戰實力。一仍其舊。北京殆仍為段派之天下。議和總代表一席。自不能出其範圍。八月十二日、北政府竟任命北京新國會眾議院議長安福俱樂部領袖王揖唐、為議和總代表。南方以外各團體反對者甚眾。駐衡州北方師長吳佩孚、亦嚴責北政府、派此等毀法賣國領袖、為議和總代表。實無議和誠意云。九月五日、軍政府逕電北政府。聲明王氏之地位與護法不相容。王氏所恃之後援與廢約不相容。以為總代表和議必無結果。請遴選適宜之總代表。以促成和議云云。然北政府拒絕不納。南代表在上海亦不與王會面。自此和會葬於有

和會之消滅

南北內訌之新局面

日本擾亂中國政策之成功

無之間此間北政府以上海和會等於虛設有與西南軍政府直接言和及與西南各省、單獨言和之運動然經一年有餘迄不成爲事實且不僅南北和議不能成立而北方皖直兩系之內訌與南方粵桂二派之衝突日益增劇國內重大紛擾至此另開一新局面其結果至民國九年七月直皖兩軍開戰皖軍全體覆滅北政府以議和總代表王揖唐有內亂罪革職逮捕而不另任議和總代表上海和會從此消滅不久、粵桂兩軍、開戰於廣東總裁岑春煊陸榮廷等以時局不可收拾宣布取消軍政府贊成統一然孫文唐繼堯等重行組織軍府以與北方對抗因此南北統一之和平希望無期延長其所以致此者雖由於國內各種複雜之原因及亂徒大多之故有以致之然苟非日本於種種借款之外更訂軍事協定更投二千萬元之參戰借款使段系軍閥練成雄大之參戰軍則上海和會斷不至如此之無結果質言之此爲日本擾亂中國政策之成功耳

第五節　巴黎和會中國之失敗

歐洲戰爭至一九一八年（民國七年）十月初旬協約國完全勝利德奧自請休

歐戰之結局

戰。急待降服。事實上歐戰將結局。日本政府恐中國於和議席上佔地步、嗾使公使團向中國政府提出參戰不力之警告。經公使團再三協議。改警告二字為覺書。於十月三十日向北京政府提出如左。

中國參戰不力之警告

一　中國政府利用對德奧宣戰。取得緩交義和團賠欵與關稅餘欵。不經營生產。增進富力。以助協約國戰時之物資。而徒供國內黨派私爭之用。

二　中國參戰機關訓練之軍士。不以之參戰。而供國內戰爭之用。

三　中國政府任津浦隴海鐵路、為土匪所擾亂。不嚴行取締。使協約國政府與人民之資本。被土匪直接損害。

四　中國政府。不諮詢協約國。逕派使節與羅馬法皇訂約。有受敵國人運動之嫌疑。

五　中國政府、對於德亞銀行敵國人之財產。不切實查封。

六　敵國人在上海天津營業。幷為其他活動。中國政府不阻止。

七　對敵通商禁止條例。雖經宣布。不切實施行。

八　北京順利飯店。純然敵國人之營業機關。中國政府不查封。

九　黑河道尹、資助俄國過激派軍餉。協約國數次提請更換。中國至今不照辦。

十　在中國逞陰謀之敵國人。不能收禁拘束之。

十一　天津庫倫地方官、捕審敵國監牒。拒絕協約國領事觀審。又不嚴重處分。

十一　中國政府、迅速完全履行以上各條。則歐洲議和時。得享協約國同等之權利。

日本中傷中國於和會之資格

此覺書除一二條外。均非重大事件。而故爲此警告者。爲日本政府使協約國表示不滿足中國之參戰。中傷中國於和會之資格耳。中國政府既接此覺書。凡可以遵辦者。皆切實執行。派外交次長陳籙於十一月十日。會首席公使朱爾典。告中國已照覺書各欵、遵辦不怠。蓋其時歐洲戰事。土爾其於十月三十日。奧國於十一月四日。皆與協約國訂降服之休戰條約。德皇維廉二世、於十一月九日遜

中國之狼狽

皇帝位。奔荷蘭。德國。革命政府於十一月十一日。亦與協約國訂降服休戰約。歐戰實際終局。協約各國皆豫備派全權代表赴巴黎開平和會議。而中國忽接公使團此等通告。萬分焦急。故凡可以遵辦者。無不辦理。經陳籙報告各公使皆無異議。

全權代表之派定

後北政府乃命外交總長陸徵祥。於十二月一日、啓程赴歐洲。至八年一月二十一日。特任命陸徵祥顧維鈞王正廷施肇基魏宸組五人、爲全權代表。列席巴黎和會。顧王施魏、皆由任地赴巴黎。（顧爲駐美公使王爲南方軍府派赴美國代表施爲駐英公使魏爲駐白公使）

陸全權任日本失去文書一箱

惟陸徵祥自本國啟程。北政府預備和會應用一切重要文書。皆由陸氏親帶。船經日本。忽被竊去丁字文書一箱。斯時吾國之外字新聞有謂某國人惟恐中國代表在和會有不利於其國之處。凡可以妨害中國代表之活動者。不擇手段云。

日外相對中國外交方針之宣言

然一月二十一日日本內田外相在國會發表對中國外交方針。則爲滿口仁義道德之宣言如左。

帝國對於鄰邦之中國。勿論毫無領土的野心。凡有形無形有碍中國國利民福之何等行動。皆所不爲。惟恪守從前屢次聲明。尊重中國之獨立與領土保全商工業機會均等、門戶開放之主義。使中日兩國。成永遠且眞實之親善關係。此帝國之夙志也。因此歐洲講和會議。帝國以公正友好之精神。處置與中國關係諸問題。實有最深之觀念。彼膠州灣租地。帝國政府一俟由德國取得自由處分權時。卽當遵照大正四年五月二十五日、關於山東省日支條約及換文之規定。將該租借地交還中國。又日本經濟的生存上。直接間接、不得不藉資中國豐富之財源。關於此點。中國朝野、當能諒我國鄰接好友之關係。不吝爲特別懇切之援助。可深信不疑也。同時爲中國謀一般之康寧福祉。財政經濟上必要之援助。及其他大小事件。不問性質如何。苟可以貢獻中國全般之福利。爲中國國民之正當希望者。帝國當率先協力。助其成功。而無所躊躇。此等甘蜜欺詐之宣言。欲一時矇混中國人。使日本平安經過和會一關耳。先是一九一八年民國七年一月八日。美國大總統威爾遜、因俄德媾和問題在議會發表長文之教書。卽震動世界耳目。威總統宣布美國和平條件十四條是也。此十四條。經交戰各國承認爲媾和基本條件後。我國南北政府。與全體國民。咸抱無窮

威爾遜總統之致書

之欣感。以爲此次世界和會。必以正義人道爲前提。中國近年所受日本迫壓之約束。平和會議必能爲公平之解决也。威氏之致書如左。

中歐諸帝國現迫俄國媾和。其所提之條件。對於俄國之主權。與人民之意思。無所保障。惟欲將所佔領之土地併吞之而已。提此等條件之人。非中歐多數民意之代表。而爲少數之軍閥無疑。此等軍閥。動與多數民意相左。惟以侵奪權利爲事。世界和平與否。實關係於此種少數人。凡爲政治家者。若無光明正直之宗旨。不能代表多數人民之意思。則無權利犧牲其國民之生命與財產。俄國代表主張此次會議必須公開。使天下萬國咸與聞知。不得在黑幕中私相授受。此種主張實具平民主義之精神。大公無私。足爲天下法。彼德國者。但知武力可恃。毫無良心發見。國際之間。動守秘密。不肯公開。世界生死關鍵。實係於此種問題。戰至今日。震動世界。咸欲知此次戰爭顯然之宗旨。俄國被敵人長驅直入。全國擾亂。不可收拾。而直道不屈之精神。不爲稍屈。殊堪欽服。無論俄國現在領袖信予與否。予敢宣言曰。助俄民

各國承認威氏和平基礎之十四條

得享自由和平之幸福。吾人之宗旨也。和平會議之際。必自始至終公開於世界。秘密授受之政策。使不再見於今日。吾人之志願也。彼詐取強奪之行爲。已成過去之陳迹。凡秘密盟結。爲謀一二政府之私利者。決不令復見於斯世。蓋此爲擾亂和平之導線也。吾人加入此次戰爭。毫無私意存乎其間。爲保障正義耳。爲求世界永久之安全耳。爲達到此目的。將來講和會議。吾美國應要求左記之條件。

一、和平條約。以公開方法決定之。此後無論何事。不得私結國際盟約。凡外交事件。均須開誠布公。執行之。不得秘密行事。

二、領海以外。無論平時或戰時。須保絕對的航海自由。但於執行國際條約時。得以國際之公意。封鎖一部份、或全部之公海。

三、除却各種經濟之障礙物。使利益普及於愛和平、及保障和平之各國。

四、立最確之保障。縮小武備。至最低額。而以足保護國內治安爲度。

五、對於殖民地之處置。須以絕對的公道爲判斷。殖民地人民之公意。當與政府之正當要求共適權衡。此種主義。各國須絕對尊重。不得假借。

六、凡已被佔領之俄國領土須一律退還。關於俄國種種問題。以協助其自由發達為前提。俾其自定政策。建設相當政府。入於自由國民團體之下。並供給其一切須要。

七、凡已被佔領之比國領土。須一律退還。其一切主權。不得絲毫加以制限。俾與世界自由國享同等之利權。此為世界所公認者。欲使各國信任國際法律。此舉實為首要。苟無此補救之道。則國際公法之勢力。化烏有矣。

八、完全恢復法國領土之自由。凡被侵犯一部份之領土。即須歸還。阿爾薩斯、羅森兩省。本為法屬。一八七一年為普魯士所強佔。因此擾亂世界和平幾五十年。今須歸還。以維公道。并永保安寧。

九、重訂意大利疆界。其版圖之改定。當以居民之種族為根據。

十、予奧匈以確保世界地位之權利。并自田發展之機會。

十一、羅馬尼亞、塞爾維亞、黑山諸國。須一律恢復原狀。已被佔領土地。一律歸還塞爾維亞當予以通海之權利。巴爾幹諸國之關係。當和衷共濟。以歷史上之習慣與種族而定。巴爾幹諸國之政治經濟自由由國際公共保障之。

十二、對於土爾其帝國之土爾其種族。須承認其主權。其在土爾其政權下之他種族。當享受保護生命發達自治之權利。他大尼里海峽由國際保障。永遠公開。俾各國自由通航。

十三、建設波蘭獨立國。凡確為波蘭種族所居之地。均歸其版圖。並予以通海之權利。其自由獨立之統治權。以國際條約保障之。

十四、確定約章組織國際聯合會。其宗旨為各國相互保障。其政治自由及土地統轄權。國無大小。一律享同等之利權。

上述之宗旨及辦法。均以正義為前提。使國無強弱。共享均等之自由。苟非以此種正義為基礎。則國際正義必不能維持。吾美國國民必使上述之宗旨及辦法。得實行後方休。雖犧牲生命拋棄其一切所有以為此主

中國對於平和會議之希望

義之保障而不辭。

威總統發布此教書之前三日。卽一月五日。英首相路易喬治、演說聯合國戰爭之目的。大致與威氏相同。惟威氏教書具體而詳耳。英美之宗旨旣合。協約側其他國家。以侵略爲國是者。雖不贊成威氏之旨。然亦不露聲色。惟其時德軍於俄國方面大佔優勝。反對威氏之主張。及同年八九月。歐西戰場全歸協約國戰勝。德奧內部各起革命軍。奧國政府不得已於十月七日致書威總統。請協約國卽時與奧國休戰。並請以威總統一月八日教書中開陳之十四條爲基礎。速開講和會議。同月二十日。德國革命政府答覆威總統書。亦承認以威總統十四條爲議和原則。至此。威總統正義人道之主張。爲世界所公認。國際間詐取威奪強食弱肉之慣例。將開一新紀元。我中華民國困日本之侵害久矣。四萬萬國民羣欲本參戰之資格。加入主持正義之平和會議。以解決積年被日本壓迫侵害之痛苦。而其時英美各國。亦以日本於歐戰期間。對中國之種種侵害。旣破壞中國之獨立與保全。更破壞列強均等之局。欲設法救出中國於日本單獨併吞之中。而回復列強均勢與利益均沾之局。此種設法。英美方面。遂有主張中國鐵路統一之論。此論之主旨。大致謂維持遠東眞正和平。免除列強在中國之利害衝突起見。列強應協議一致。各取消在中國之勢力範圍。而將各自獲得中國之鐵路權。統交由中國。另借各國共同之新債。還淸各自之舊債。則中國之鐵路統一。各國亦利害共同。而無此疆彼界。互相牽制之虞云。英國公使朱爾典氏。爲主張此論最力之人。亦適與我國人乘歐洲和會、收回權利之心理、十分相合。其時我國政府。爲研究對於歐洲和會應提之議案。特設置外交委員會於總統府。該委員會於民國八年一月擬定中國提出和會之案。由國務院電致歐洲議和代表、令其提出和會。其案如左。

鐵路統一之外論

外交委員會決定之提案

一、凡中國政府。與各國政府或私人、所訂條約或合同。有許一國、或一國以上、或私人之特別利益、特別專享之權利。以及各種勢力範圍。而爲他最惠國所不能享者。提議修改之。

甲、中國土地、雖租借於某一國者。應歸還中國。或改爲各國公共居留地。但租借地內之軍港。應先一律劃還中國。
乙、專管租界。改爲各國公共居留地。德奧租界已收歸中國管理。不在此內。
丙、凡以外資外債建造已成、或未成、或已訂合同、而尙未開工之各鐵路。概統一之。其資本及債務。合爲總債。以各路爲共同抵押品。由中國政府延用外國專門家。輔助中國人員經理之。俟中國還淸該總額之日爲止。各路行政、及 輸事宜。仍須遵守中國法律、概由交通部指揮之。
丁、凡與各國訂立關係鐵路之合同中。有許與鐵路附屬地及類似附屬地之一切權利。概廢止之。
戊、凡礦權、及農工業權。已訂立契約。與某一國政府、或私人、而於某區域內有壟斷性質。并有防中國主權。或門戶開放主義者。一并取消之。
己、各國在中國所設郵電機關。有礙中國主權。及郵電統一者。概撤廢之。

二　領事裁判權。照下列條件撤廢之。
甲、審判制度完全成立。

乙、民刑商及訴訟各法典。完全公布實行。

右二欵詳定按年籌備進行淸單。以若干年爲完成年限。

三　關稅稅則應比照各國商約。互惠主義。由中國自由規定。但未實行以前。先照下列各款辦理。

甲、中國應行撤廢厘金制度。

乙、洋貨進口稅。尋常品物值百抽十二五。奢儉品值百抽二十五、至四十。

丙、設立估價委員會。

丁、土貨出口稅。酌量減免。

四　辛丑條約所規定各國屯駐中國全國境內之軍隊警察。訂明若干年撤去之。此外各國在中國境內之軍隊警察。除租界外。應撤去之。

五　辛丑條約於所定分年應交之各國賠欵。此後概請停止。惟該欵仍由中國海關專欵存儲。以爲振興教育之用。

我國政府。預備全權代表在巴黎和會。提出之議案。僅此而止。關於山東問題。毫

鐵路統一案之取消

中國代表提出之希望條件

取消二十一條之陳述書

未涉及者。大約以爲和會能照此提案。允許。則山東問題。無言解决耳。然此提案。我政府雖於一月八日。致電陸徵祥。令其照辦。其後交通部總長曹汝霖、鐵路協會梁士詒等。忽積極反對鐵路統一案。謂英美兩國主張我國之鐵路統一。將由列強協同管理。沒收我國鐵路。外交委員會之統一案。即墮英美之陰謀云云。竟由國務院再致電陸徵祥。令其勿庸提出該項。自是陸全權等、依國務院前後訓令。作成我國提出和會之希望條件。一爲廢棄勢力範圍。二爲撤退外國軍隊巡警。三爲裁撤外國郵局、及有線無線電報機關。四爲撤消領事裁判權。五爲歸還租借地。六爲歸還租界。七爲關稅自由權。（詳本史附錄二）蓋依外交委員會之擬案。惟刪除鐵路統一一項耳。時我國留歐學生。以歐洲此次和會。於吾國關係甚大。特組織團體。推舉代表。探詢提案之內容。則主張欲收回山東權利。非要求和會取消二十一條之中日協約不可。於是我國代表。又作成請求和會取消一九一五年五月二十五日中日條約及換文之陳述書。（詳本史附錄三）一併送交和會最高會議。詎最高會議。對於我國上述兩項之提案。認爲非和會權限所能裁决之事。允許俟

維塞爾宮和議之黑暗

五大國會議之專橫

萬國聯合會行政部能行使職權時。請其注意而止。(詳本史附錄四)此兩案之結果既如斯。則我國代表惟希望和會許青島問題、由德國直接交還而已。然維塞爾宮和會之組織規模雖甚宏大。而實際異常狹隘。雖以外交公開爲標幟。而實際閉門獨斷。蓋和議實權。全爲英美法日意五大國所壟斷。所謂各國代表大會者。不過開幕閉幕交約簽約時。爲一度儀式上之會合而止。舉凡一切重大問題。悉取決於五大國之最高會議。而此五大國中之英法日意。不肯眞實贊成正義人道之主張。威爾遜主義。因陷於孤掌難鳴。最高會議。不但不公開。並不在正式會場之維塞爾宮。亦不常在最高會議議場之巴黎外交部。大抵多在法首相克勒蒙梭之私邸。與威爾遜路易喬治之私寓中。五頭四頭或三頭閉戶私議取決而已。自一九一九年(民國八年)一月十八日、和會開幕後。二十五日、開第一次講和專使總會議。提出國際聯盟案。二十七日、開英美法日意五強國最高會議。討論德屬殖民地。及東土耳其佔領地之處置辦法。此案關及於我國青島問題。蓋青島雖爲德國向我國租借之地。而日本既爲最高會議之一員。將青島列於德屬殖民地之

德領共同管理案之失敗

一。是日我國專使無列席之權。亦并不知關涉青島問題。威爾遜氏對於此案提議將所有德屬殖民地與東土耳其佔領地。一律歸國際共同管理。四國專使多不贊成。經再三疏通。費一星期之久。乃決定取委任統治制。由國際聯盟機關。按各殖民地文化之程度。定統治權之輕重。又按各殖民之宜。委任適當之國。代爲統治。

德領之分割統治

其實不過對於要求領有該地之國。加一委任而已。以故在太平洋德屬之新基內亞及畢斯麥羣島。委任濠洲統治。腦拉島。委任英國統治。薩摩亞羣島。委任新西蘭統治。馬沙爾、加羅林兩羣島。委任日本統治。（即日英密約大平洋赤道以北德領、日本管轄之約束）在非洲德屬之東非。委任英國統治。西南非委任南非聯邦統治。多蘭谷割歸法有。喀麥隆、由英法分割。埃及確定爲英國保護國。而東土耳其之美索不達米亞及亞剌伯。委任英國管理。（不言統治而云管理者統治權較少也）敘里亞委任法國管理。亞美尼亞、委任美國管理。巴力斯坦、定爲新猶大國。德國屬地處置案。大致以此告竣。然此間尚有一重大問題。即青島是也。以性質論。非德國眞正屬地。而爲主權在中國之租借地。以適用統治制論。自以中國統治爲不二法門。

青島問題之最高會議

二十七日、最高會議、討論青

島問題。由法外部通知中國代表。我專使顧維鈞王正廷出席。當時日本專使牧野氏、提出日政府要求書一件。交付會議。大意如左。

日本專使提出之要求書

日本政府。以爲膠州灣租借地、及鐵路。並德人在山東所有其他一切權利。德國應無條件讓予日本。蓋自歐戰開始。德國以膠州灣爲海軍根據地。大爲國際貿易航行之障害。日本爲極東平和起見。根據一九一一年日英同盟條約。致最後通牒於德國。要求交出膠州灣。以便將來歸還中國。德國不依限答覆。日本乃與英國出軍佔領膠州灣及膠濟鐵路。自是德國在山東之權利。悉爲日本佔有。德國在極東軍事上政治上之根據地。因以破壞。商業交通。乃得恢復無阻。日本爲削除德國此種勢力。犧牲不少。不能任德國勢力復活。故日本對德要求。實正當而且公平云云。

中國專使提出青島直接交還說帖

當時我國專使顧維鈞起言曰。本案關係中國極爲重大。希望列強俟中國提出意見後。再行討論。蓋當日我國專使竟尚未預備說明書也。二十八日續開會議。我專使顧王兩人出席。正式提出關於青島之詳細說帖。即中國要求膠澳租借地、膠濟鐵路、暨其他關於山東省之德國權利、直接歸還中國之提案是也。內分甲乙丙丁四項。甲項述德國租借權、暨其他關於山東省權利之緣起及範圍。乙項述日本在山東軍事佔領之緣起及範圍。丙項說明中國要求歸還膠澳之理由。丁項說明膠澳應直接歸還中國之理由。除甲乙二項述已往事實毋須全錄外。丙丁二項爲本問題之主眼。特記全文於左。

丙　中國要求歸還膠澳之理由

一　膠州租借地素爲中國領土中不可分拆之一部分。其地之屬於何國。從未發生問題。且膠澳租借條約中本有主權仍歸中國之明文。一八九八年之租與德國。實中國迫於威力不得已而允之。德國所有在山東省內之路礦權利。即此條約之一部分。故此項權利、及租借地之歸還中國。實依公認領土完整之原則、爲公道之舉。若仍以畀德或轉給他國。是不予中國正義公道也。

二　膠州租借地。爲山東省之一部分。昔日德人所造。今爲日本所據之鐵路。自青島入該省腹地。綿亘二百五十四英里有餘。該省人口三千七百萬。皆志節高上。熱心愛國之民。爲純粹中華人種。其語言文字。及尊奉孔教。與他省人民同。不特於國籍之原則毫無欠缺。且爲備具此項原則之模範。而其志願殷切。急欲脫離德國或他國之凌逼。尤無疑義。

三　以歷史言之。山東爲中國孔孟兩聖所誕生。實中國文化發源之地。爲人民之聖域。崇奉孔教之文儒。每歲跋涉至此省謁聖蹟於曲阜者。以數千計。全國人民之目光。皆集於此。蓋中國之發展。此省之力爲多。今猶然也。

四　山東人民稠密。故經濟競爭。頗爲劇烈。以三千六百二十四萬七千之人口。聚集於三萬五千九百七十六萬英里之地面。謀生自非易事。蓋人口之多。幾與法國相埒。而面積之廣。不過四分之一。其不能容納他國羨餘人民。亦已明甚。此地而創立他國特殊勢力範圍。或特別利益關係。則除居民橫被朘削外。無他結果也。

五　山東一省。備具中國北部經濟集權之要。則人民之衆。可增外貨之暢銷。礦產之饒。利於實業之發展。而膠州一灣、尤爲中國北部外貨輸入、土貨輸出之第一要路。數百年來。膠州久爲山東省之重要商港。該省貨物。取道於十二世紀所闢之運河而至此處。與商務最盛之濰縣相聯絡。雖膠澳北部。爲積淤所塞。膠州不復臨海。然青島今爲山東省之海口。地位、正與膠州相同。復爲新闢商務孔道。有青膠濰濟鐵路。以通於京津甯滬。且處於膠澳之濱。經年不凍。非天津白河之比。故此新立商場。實足以邀截中國北部全境之商務。此而植立一國勢力範圍。則國際工商。大受其害。如欲維持門戶開放、機會均等主義。則非由中國人保有山東全土不可也。

六　以形勢言之。膠澳爲中國北部門戶之一。蓋膠濟鐵路。接津浦直達北京。實爲自海至京最捷之一途。此外一途。即自旅順大連至奉天而達北京之鐵路是也。中國政府為鞏固國防計。極願杜絕他人之盤踞青島今幸得英日聯軍驅而去之。中國深願留此重地於自己掌握也。

七　就各方面觀察膠州租借地以及附屬權利問題。其解決之法。不能有二。苟和會以此地及鐵路等權。歸還中國則不獨可以矯正德國肆意橫行之罪惡且各國在遠東之公共利益。亦藉以維護。山東人民。對於外人侵入桑梓常懷憤恨雪恥之心。其對於德人之侵害。固其所痛惡。即此次日本暫時佔據租借地與鐵路。觀該省省議會商會及地方士紳之抗議。其憤恨可知也。即他省人民。亦同此感。政府防範人民使其表示反對。止於抗議不進而為更劇烈之行動。頗非易事。可見人民痛心此問題之深矣。設不歸還。則不特中國與將來掌握該租借地之國必生齟齬。而山東人民。與該國人民之衝突。必且尤甚。既與攻擊青島時宣言鞏固東亞永久和平之用意。難以相容。亦與英日同盟所謂保全中國之獨立、及領土完整、與各國商工業機會均等之原則。不相符合矣。

丁　膠州必須直接歸還中國之理由

中國政府陳說膠州租借地、膠濟鐵路及附屬權利、應完全歸還中國。非疑日本向德國索得該種權利之後。將不交還中國也。且深信日本必踐交還中國之約。然必注重於完全歸還一節者。不過欲引人注意於此舉為根本上之公道而已。

一　抑歸還之法有二。一由德國直接歸還。一由日本間接歸還。而中國政府願取直接歸還。蓋取其程序簡單。不致別生枝節。如一步可達到者。自較分作兩步爲易也。此次協約國與共同作戰國榮譽之戰勝。中國亦與其榮。若得德國直接歸還。則中國國家甚增榮威。而協約國與共同作戰國敵愾同仇。以維持正義公道之原則。從此益彰矣。

二　中國請求直接歸還。非不知日本將德人驅逐時所受之犧牲。與其生命財產之損失。中國政府與人民。於日本海陸軍隊英勇慷慨以助鄰國之舉。實深銘感。然感激雖深。中國之領土不能因他國之戰爭而受影響也。且日本固宣言戰爭之目的。在遠東和平。不爲德人所危害。今目的既完全達到。則雖有所犧牲。而食報亦豐已。

三　中國政府、非不知日本四年以來。對於此項租借地及鐵路等權利。處於軍事佔領者之地位。然徒因戰事之佔領。不能遂爲獲得土地及產業之主權也。不過暫時的辦法。須經平和會議綜計各國之普通利益而追認或取消之。中國自對德奧宣戰。同爲參與戰事之國。日本以武力強佔膠州及鐵路。是爲侵害共同參戰國之權利。

四　中國固曾於一九一五年五月二十五日與日本訂立關於山東省之條約。其第一條云。

中國政府允諾日後日本國政府向德國協定所有德國關於山東省依據條約或其他關係、對中國享有一切權利利益讓與等項處分。概行承認。

然聽憶此約、與此外關於滿洲東內蒙之約、暨多數之換文。皆發生於一九一五年一月十八日、日本無故向中國提出二十一欵要求。中國政府本所不願。經日本送最後通牒。限四十八小時以內。全國爲滿意之答復。始勉強允之。

然在中國政府之意。以爲此不過暫時辦法。最後修正之權。當在和會。因日本要求之重要條欵。實爲戰事所發生之問題。故舍最後之平和會議外。不能爲滿意之解決也。至最近所訂關於膠濟鐵路、暨其他二鐵路之合同。中國對之亦同一看法。

不特此也。就以上條文細審之。可見中國並未嘗以德人在山東租借地與鐵路暨他項權利、授與日本。按照條文意義。中國僅僅對於日本有此保證。倘將來日本向德國提出關於德國之租借地及其他權利之處分。德國同意時、則中國亦與之同意而已。此種保證、自係設想中國對於歐戰始終中立。不能參加戰後和會而言。中國既已參加戰局。則該約所設想之情形。即已根本改變。故依據事變境遷之理法。此約已不復有効。

五

尤有進者。中國對德宣戰布告中、聲明所有中德兩國一切條約合同協約等、一律廢止。則一八九八年三月六日之約。德國因而據有租借地暨鐵路以及他項權利者。當然在廢止之列。而德人所享之租借權利。按諸法律。即業已歸還於領土之主權國。易言之。德人業已喪失其租借權。則斷不能有轉授他國之權。縱謂租借之約。不因戰事廢絕。然該約中本有不准轉租之明文。則德國尤無轉租與第三國之權無疑也。至於鐵路。按一九〇〇年三月二十一日之中德膠濟鐵路章程。有中國國家可以收回之規定。即含有不准轉讓與他國之意。有此種種理由。中國政府深信和會對於膠澳租借地、膠濟鐵路、及德人在山東一切權利、直接歸還中國之要求。必能認爲合法公道之舉。和會苟完全承認之。則中國政府人民。於諸國秉公好義之精神。自必感激於無涯。而對於日本。必且尤甚。則不但諸友邦維持中國政治獨立與領土完整之名實不虛。而遠東之永久和平。亦藉此新保證而益堅矣。

顧維鈞之說明

同時顧維鈞起言曰。中國代表向和會請求將膠州灣、山東鐵路、及從前德國享有山東各權利。交還中國。其理由已詳述說帖中。僅就大綱原則而言。所有德國膠州租借地、膠濟鐵路、及其他權利。即應直接歸還中國。該地爲中國領土完全關係。不可稍有虧損。人民三千七百萬。自有歷史以來。爲中國種族。操中國語言。奉中國宗教。該地租與德國之原委。早爲世界所共知。當時因教案問題。德人用武力要挾。中國不得已。徇其所請。以形勢言。膠州爲中國北部門戶。爲自海至京最捷之徑路。蓋膠濟鐵路與津浦鐵路相接。可以直達首都。僅爲國防計。中國代表斷不能聽任何他國於此重要地點。有所爭持。以文化言。山東爲孔子降生之地。即中國人民所視爲神聖之地。中國進化。該省力量居多。故該省爲中國全國人民目光之所集。以經濟言。該省地狹而民庶。面積不過二萬五千英方里。人口多至三十七兆人。煙稠密。競存不易。設有他國侵入其間。不過魚肉土著而已。亦不能爲殖民地也。故以今日和會所承認之民族、及領土之完全各原則言之。則該地歸還中國。實爲應得之權利。中國代表觀此一舉。爲公正和平中條件之一。若和會另有看法。則中國全權不能不認爲一誤再誤。惟日本軍隊。爲中國驅除德人勢力於山東。中國深爲感荷。英國於歐戰危迫時。仍能出力相助。亦中國所深佩。其他聯盟諸國。與德相持。使不得分兵東擾。亦中國所不能忘。但感荷之忱。雖至殷切。若竟割讓中國人民天賦之權利。以爲酬報。由此再釀後日紛爭之種子。不但中國之不幸。亦世界之不幸也。中國全權、深信和會於德國在山東租地、及他項權利之處置。必能重視我中國之政治獨立。及領土完全之無上權利也。

牧野之辯答

日使牧野即起答曰。關於膠州灣之處置。中日兩國早有成約。即山東鐵路辦法。兩國亦有成議。業經交換公文。(即中國政府欣然同意之換文)此項文件。最高會議應有注意之價値。

威總統之質問

威總統問曰。日本代表、是否有意將所述各文件提出會議。牧野曰。日本政府。

當不反對。但須請示。威氏又問中國代表能否將該文件提示。顧維鈞曰、中國政府極願提出。

牧野之辯論

牧野曰、此案所關係之土地。事實上在日本掌握中。係出於對德戰勝之結果。日本於交與第三者之前。希望由德人方面得自由處分之權也。威爾遜曰、今日所議。乃德人從前占有之租借地。非卽與德人商議也。牧野曰、現在所議之件。卽爲預備對德和約之一事。讓授膠州灣一案。自當於未實行以前。先令德國承認。至日本得膠州灣後。所應出之辦法。則已有中日兩國之成約在。

顧維鈞之辯答

顧維鈞曰、關於交還膠州灣一事、中國代表與日本代表意見不同。蓋中國深信日本必能履踐其對於世界之宣言。將膠州灣交還中國。但交還方法。有直接間接之別。中國寧願直接交還。誠以其事至便也。至日本代表所引中日已有成約之說想係指一九一五年二十一條要求所發生之條約及換文而言。當時訂約情形在座諸君。當能記憶。經日本最後通牒。中國不得已而允之。祇得作爲戰時之臨時辦法。不應有効。蓋此約章爲戰事所發生之問題。應由和會爲最後之審查解决也。且中國既對德宣戰。情形卽大不同。該條約既不能使中國不得加入戰局。

王正廷與新聞記者之談話

又不能使中國不得加入和會。則當然不能阻中國要求德國將中國固有之權利、直接交還中國矣。況中國對德宣戰時。已聲明所有中德條約。全數因戰爭地位消滅。則德國在山東所享租借地、及他項權利。在法律上已早歸中國矣。借曰租借之約。不因宣戰廢止。然原約內既有不准轉交他國之明文。則德國斷無轉交他國之權無疑也。是日無結果散會。日本代表以中國代表持論堅強。心甚惡之。適王正廷向巴黎新聞界宣言曰。關於一九一八年九月間中日密約。中國代表、隨時可以在新聞上發表。日本代表、遂決行迫壓手段。電請本國政府向北京府政提出抗議。二月二日、駐北京小幡日使、造外交部訪代理外長陳籙。爲干涉中國代表發言之提議。

日本干涉中國代表之發言

據在巴黎日本代表來電。在巴黎之中國代表。未與日本代表接洽。竟告新聞記者。謂無論何時、可以將一九一八年關於山東之中日密約文書發表。此舉違反外交慣例。頗予日本政府不快之感。且使日本不能維持相當之國際地位。茲奉本國政府訓令。特請中國政府注意。並電知中國代表注意日本政府

王正廷談話之正當

日本干涉中國代表發言之內幕

非反對發表。但中國代表之行動手續上、甚爲不合云云。

按王代表與新聞記者所言一九一八年九月之中日密約。即本章第三節所述民國七年九月二十四日駐日公使章宗祥覆日本外務大臣後藤新平中國政府欣然同意之照會是也。該照會日本認爲確實山東權利歸於日本之鉄證。蓋日本佔領山東。雖有二十一條之中日協約爲根據。然出於日本之迫壓。惟該照會、規定膠濟鐵路中日合辦。該路警察聘用日本人。濟南青島皆住日兵而出於中國政府欣然同意之所爲。牧野氏謂此項換文最高會議應有註意之價值。即謂此也。夫日本代表既謂此項換文最高會議應有注意之價值。又答威爾遜質問。謂日本政府當不反對發表。則中國代表所謂此項換文隨時可以發表之語。殊無不合外交慣例之處。而日政府必藉此向北政府提出抗議者。蓋其時日本積極反對中國鐵路統一論。而北京交通部、與鐵路協會等。亦積極反對鐵路統一。（鐵路統一案國務院於一月八日致電陸使照辦約隔一月反對論始起）各報紙亦多同聲相應。故日本大佔勢力於北京。而歐洲和會之中國代表。則無一人爲親日派。日本政府見中國專使對於日本之形勢。不可樂觀。欲藉北京當局之勢力。以制中國專使在巴黎之發言。故藉此不相干之事。向北政府提此抗議也。

中國輿論激昂

小幡氏向外交部提出抗議時。仍要求嚴守秘密。外間不明眞像。外字新聞之傳論不一。一時國論沸騰。西南軍政府與上海和會、各省大吏、各團體皆電北京政府。毋受無理之恫嚇。美公使芮因休、英公使朱爾典、亦赴外交部質問日本抗議之內容。

北京外交部之聲明

北政府再三討論之後。一方致電於巴黎本國代表調查事實。一方由外交部將小幡抗議之內容發布。并聲明各國代表在巴黎和議席上。各顧本國之利益。爲正確之主張。自是獨立國家。自存應有之義務。他國絕無干涉之理。世人毋得妄爲揣摩。而亡世界各國公平自由之正義云云。蓋一面解釋誤會。一面表示日本不得干涉中國代表發言之意也。同時日本代表將該照會（即一九一八年九月中國欣然同意之照會）提交最高會議。並向新聞團發布長文陳述書。大致敘述日本根據日英同盟。保持東亞和平之旨。對德宣戰。共費數千萬戰費。失三千人命。始得攻陷青島。又日本艦隊游弋太平洋印度洋及地中海約百二十萬哩之間。保護協約國

日代表發表之陳述書

商船、運送船安全通航。不爲敵國潛航艇所制。此等功績。當爲列強所記憶。至日本對中國。歷無領土之野心。中國爲富原料之國。日本爲求原料之國。日本惟欲與他國同享均等機會。開發中國之富源而止。無論對於山東滿洲。日本絕無不正當之要求云云。蓋以一篇虛誇詐欺之文。動列強之聽聞耳。

日本提人種平等案之手段

此間威爾遜因事返美。克勒蒙梭被刺。和會一時停頓。至三月十三日。威氏復返巴黎。克氏亦愈。再開最高會議。關於國際聯盟案。英法與美國取一致態度。因決定將國際聯盟案。插入和約中。作爲全約之一部。（詳本史附錄一）日本代表、再提出人種平等案。此案爲日本暗渡陳倉之計。以表面觀之。亦本於正義人道起見。然美國及英屬之南斐濠洲等處。排斥黃人入境。歷年已久。若通過此案。美英二國。均無批准和約之希望。日本代表、故知之而故爲之者。不過爲青島問題。作一交換條件耳。

意大利要求阜姆問題

四月一日以後。討論歐洲疆土問題。意大利代表、忽強硬要求亞得利亞海東岸之阜姆港、歸意國領有。先是一九一五年春。英法希望意大利脫離德奧同盟。加入協約國之時。與訂倫敦密約。規定自亞得里亞海東岸、的里雅斯德起。經

意國代表脫離和會

日代表乘機之要求

阜姆西郊。沿維里賓、的拿里二山脈之中部西折經賽班尼科入海。其以北之地。及各島、歸意國領有。然阜姆城實不在內。而匈牙利、羅馬尼、及新獨立國巨哥斯拉夫、皆欲得阜姆爲入海孔道。威爾遜亦以該港應歸巴爾幹諸國爲合宜。於四月二十三日。發一宣言。明斥意國之要求不合正義。英法以倫敦密約。不便反對意國之要求。而默贊成威爾遜之主張。意國代表總理拓聖渥蘭、都外交部長宋義諾、見此情形。於翌日斷然歸國。臨行時發一強硬宣言。有威爾遜氏宜速了解我意大利國民眞精神之所在等語。表示如不容認意國之要求。則意國斷然脫離和會也。於是五大國所組織支配全和會之最高會議。自生破裂。和會頓形黯淡。此間日本代表、乘機向新聞記者非公式宣言。謂最高會議。若不容認日本提出人種平等案。及山東權利繼承案。則日本祇得步意大利後塵。脫離和會。又逕逼英美法三國速承認日本之要求。予三國以重大刺激。蓋其時已由和會通牒德國。囑其於四月二十五日以前。派全權代表至巴黎領受和約。德政府已覆電照辦。是敵國代表、行將來巴黎。領受和約。而和會幹部、忽演此惡劇。當然爲美英法三國所不願。日本代表看破此機。故乘間一擊。而青島問題遂依日本之意志解決矣。

青島交五強處置案之失敗

先是威爾遜以顧維鈞屢次請求。願爲青島問題出力。四月十六日。五國會議。美全權蘭辛、提議膠州灣應由德國交與五強國處置。其處置方法。仍須得關係國之同意。日本代表反對之。英法代表皆不發言。蘭辛以勢孤不能再論。次日蘭辛又提議、凡德國本土以外各地尙未解決者。均交與五強。然後分別處分。日本代表、當卽聲稱膠州灣應當別論。蘭辛云。中國問題甚大。美國不敢專擅解決。亦不願他國出而解決。應候列強會商再定。然英法代表。仍不發聲。

山東密約之提出

蓋此時英法帮助日本之形勢。業已顯明。日本與英法意所結山東密約。已提交會議矣。二十二日、開英美法三國會議。專討論青島問題。午前招日本代表出席。牧野力說日本對山東之眞意。不侵害中國主權。僅取經濟權而止。三國代表殆無異議。牧野收意外之成功。午後三國又招中國代表出席。陸徵祥顧維鈞二氏赴會。威爾遜主席朗誦一九一五年、卽民國四年五月中日條約之大要。及一九一七年、卽民國六

威爾遜不能貫徹主張之宣言

威氏質問何以有欣然同意之換文

年二三月間、日本與英法兩國政府關於山東之秘密換文。謂畢路易喬治云、當時德國潛水艇戰、甚劇烈。英國戰船多在北海地中海方面、須日本帮助。日本為此要挾、英國祇得承諾之。威氏續讀一九一八年、即民國七年九月二十四日、章宗祥與日外相後藤新平所交換之照會。讀至中國政府欣然同意一語。加重朗誦。嗣曰。中國代表須知現在事勢之困難。英法與日本既有成約。喬治與克勒蒙梭二君。均有維持日本要求之義務。中國自身既與日本有一九一五年五月之約。又有一九一八年九月之續件。今日會場中不受拘束者。惟一美國而已。余曾主張膠州灣委託五強國處置。然日本不納。英法又拘於成約。故不能貫徹其主張。顧維鈞曰。一九一五年之約。實出於日本最後通牒所強迫。當時為保全東亞和平。不能不稍忍隱。威氏曰。一九一八年九月。正協約國軍勢甚張。停戰在即。日本決不能再壓中國。何以又有換文。并載明中國政府欣然同意字句。顧曰。是時日本在山東之軍隊。既不撤退。又設民政署。又設警察。又課稅則。地方不勝其擾。非常憤懣。政府恐激生變亂。不得已有此換文。然亦祇有臨時性質。即英日各項

喬治聲明英國無維持中日條約之義務

顧維鈞與喬治之問答

協件。亦均因戰事發生。當然本會有變更之法。喬治問曰。所謂最後通牒何指。威爾遜顧喬氏曰。君豈未聞二十一條要求事耶。喬治曰、未聞。顧維鈞遂述日本佔領青島後之情形。及二十一條要求各欵。喬治曰、彼時曾否訴諸美國。威爾遜曰、美國當時知有其事。顧以事太秘密。不能明白。顧維鈞曰、日本以重罰挾迫中國。不令宣洩。中國向來忠於條約。但此約係出於威迫。又一九一八年山東鐵路換文情形亦復相同。喬治曰、英國對於轉移德國權利於日本一點。受一九一七年英日換文之拘束、對於中日條約。英國無維持日本之義務。究竟照中日條約實行。或照中德條約、將德國所享權利、移轉於日本。二者孰為較利於中國。顧維鈞曰、日本距中國最近。復有南滿鐵路之交通。若再得膠州灣。則北京無異為其囊鎖。是以轉移德人所享權利於日本。已大足危害中國。喬治曰、英國視條約為神聖。一經訂立。務必遵奉。故英國對於日本。實有履行成約之義務。今惟問中日中德兩約。孰為中國所願執行。中國代表應明白答復。因英國在條約範圍以內。願為中國謀利益也。自是中國代表自行商議後。顧維鈞曰、兩種辦法。均不能行。德國所得權利。自較日本所得爲輕。然即此已大足爲中國害。中國要求直接交還。幷非欲以此爲參戰之報酬。實爲將來遠東之平和起見。

專門委員之核議

喬治見中國代表意志堅決。乃倡議將本案交三國專門委員核議。三國代表、遂決議以比較中日條約、中德條約、何者有利於中國、爲題目。交三國專門委員核議。二十三日。我國代表分頭向三國專門委員活動。知所抱目的。已不能完全達到。乃以調解辦法。商之美國委員維廉氏。雖得其完全贊成。然英法委員則皆袒日本。拒絕運動。二十四日、三國委員會議。法國委員提議、僅以審核條約利害之輕重爲限。美國代表聲稱、彼願於委員會報告書之外、另具意見書、陳諸本國之首領會議。結果以依據中德條約。令日本繼承德國權利。爲較有利於中國。依此造報告書於三國會議。

中國代表提出讓步案

同日中國代表致一說帖於三國會議。說明中國所擬讓步辦法四條如左。

一　德國將膠州灣等權利。移讓於五強。以便五強還付中國。

二　膠州灣現爲日本佔領。應限日本於一年後交出。

三　中國賠償日本青島戰爭之軍費。其額由四國會議定之。

四　中國開放青島。并闢外人居留地。

以上四條。卽先與三國專門委員接洽者。故美國委員。於陳遞報告書外。另以節畧陳明威總統。聲明中日中德兩約。均不應適用。主張以中國所擬讓步條件。爲適當之調停辦法。然其時日本代表運動甚力。四月二十八日。四國會議。日本代表取消人種平等案。以買英美之歡。而對於山東問題。另提左記之六欵於最高會議。

日代表另提山東條欵

一　日本不侵害中國主權。將青島還付中國。

二　青島開爲商港。以普通條件之下。於青島設一共同居留地。

三　膠濟鐵路。中日合辦。

四　鐵路警察。以中國人組織之。教官聘用日本人。

五　濟順高徐二鐵路。日本有借欵權。

六　青島及山東鐵路沿線所有日本兵。全部撤退。

日代表說明。此六條之表示。可見日本對於山東毫無政治上之野心。不過代享

日本要求之成功

德國在山東之經濟權而止。要求最高會議將德國所享山東權利、讓與日本之條項。插入對德講和條約中。英法既表贊成。美亦不能反對。威爾遜不過對於六條、詳加質問而已。三十日再開會議、威爾遜請日本代表以書面聲明還付膠州與中國。日代表不允。僅允以口頭聲明而止。卒依日本之意旨將山東案完全決定。是日午後。我國代表聞知。即以公函要求三國會議說明情形。五月一日、英代表巴福氏、以三國會議之委託。召我國代表前往。面告會議結果。以政治權歸中國。經濟權付日本。云云。問其詳、彼亦不知。我國代表、旋卽向三國會議、提出左記之抗議書。

中國代表之抗議

三國會議、解决山東問題方法之口頭報告。業已悉其大要。照此辦法。以前德國所享膠州灣之權利。讓與日本。日本則將山東全主權自動的交還中國。並許日本保留德國所享經濟特權。且許以特殊鐵道警官之聘用中國代表。殊屬失望。查德人在山東權利。原於一八九七年之侵暴行為。今如此決定。是以暴易暴。日本在滿蒙形勢已極重大。若再益以山東半島。則北京咽喉之渤海灣。完全爲日本所扼。而政治中心之首都。悉爲日本勢力所包圍矣。查中國自對德宣戰。凡從前一切中德條約之效力。當然消滅。中國參戰時。曾將此意通電各友邦在案。是德人舊有權利。已經復歸中國。質言之、早非敵國權利。而爲聯合國一員中國之權利。今竟判歸日本。不知何所依據。且山東爲中國聖地。孔孟故鄉。文明發祥之地。亦國粹寄託之區。本全權敢代表四萬萬民族。請和會詳爲考究。若謂依據一九一五年五月二十五日之中日協約。此乃日本以最後通牒用武力迫脅而成。何得視爲有效。若謂依據一九一八年九月二十四日之中日換文。此係當時日本在山東遍地駐軍。遍地設民政署。一種至不得已之交換。均不能爲有力之根據。語人所聞。一九一七年二三月間。關於山東問題。日本與英法先後訂有密約。卽英法承諾將來在和會援助日本繼承德國在山東權利之約束。此等密約。中國既未與聞。列強勸誘中國參戰時。亦並未將該密約有所通告。再讓一步言。此密約成於中國未參戰以前。參戰後其適用之程度。亦大有研究之餘地。三頭會議。欲維持和會不生破裂。竟以中

中國代表之窮境

國爲殉。是中國運命。反因參加聯合國之故。而爲聯合國之利益交換品。此種不信不義之處置。實屬萬難緘默。且三國會議。對於意國要求。卑姆斷然拒絕。則對於三千七百萬人民將來之安危。與東亞和平有極大關係之山東問題。應有拒絕日本要求之理由。用敢陳請再籌。以符講和本旨。

最高會議。雖接此抗議。殊不理會。其時德國全權代表、已於四月末抵巴黎。五月一日。四國代表與德國代表正式接見。定於五月七日。將和約全案、正式交付德國代表。而山東問題演成此等局勢。我國代表。陷於呼天無路之窮境。六日開講和大會。我全權陸徵祥出席聲明對德和約中。關於山東條款。中國政府不能承認。應保留提請再議之權。此聲明雖得記入議事錄。然無絲毫效果。翌日午後。行交付和案式。聯合各國代表與德國代表全體列席。會長克勒蒙梭將和約全案交付德國領袖代表蘭超氏。此和約全案內。關於中國山東權利讓與日本之條款規定如左。

第一百五十六條

德國根據一八九八年三月六日之中德條約。及其他關於山東省一切協約。所獲得一切權利、特權、膠州之領土、鐵路、礦山、海底電線等。一概讓與日本。德國所有膠濟鐵路權。及其他支線權。曁關於此項鐵路一切財產、車站、店鋪、車輛、不動產、又礦山、及開礦材料、與附屬一切權利利益。讓與日本。自青島至上海至芝罘之海底電線。及其附屬一切財產。無報酬讓與日本。

和約內之山東條款

第一百五十七條

膠州灣內、德國國有動產。不動產。及關於該地直接間接之建築。及其他工事。無報酬讓與日本。

第一百五十八條

德國於和約實行後三個月內。將關於膠州之民治軍政財政司法等一切簿籍地券契據公文書。讓渡與日本。同期間內德國將關係前兩條所記權利特權之一切條約協約合同等。讓渡與日本。

山東以外之中德和約條欵

其山東以外中德和約之條欵。尙有左之數條。

一 德國於一九〇一年因拳匪事件所得中國一切特權、與賠欵、及在中國境內、除膠州灣外、所有德國之房屋碼頭兵營砲台軍需品船隻軍艦無線電台公共營造物等。悉對中國放棄之。惟在北京之公使館及各地領事館。（除天津漢口膠州）不在此限。

一 德國將一九〇一年所掠中國之天文儀器。歸還中國。但在北京使館界內之德國財產。不經拳匪事件關係諸國之允許。中國不能自由處分。

一 德國放棄在天津漢口之租界權。闢爲萬國公用。又放棄在廣州英租界內之德國官產。讓與英國。並放棄在上海法租界內之德國醫工學校財產。讓與中法二國。

一 德國不得因在華德人被幽禁、或遣回、及自一九一七年八月十四日以後德僑財產被沒收被清理之故。向中國或聯合各國有所要求。

山東以外中德和約各條。皆無關輕重。惟關於山東三條。全依日本代表作成之

和會令與威爾遜十四條相反

和會保障日本之侵害中國

中國代表請訓與國論

條文插入和案中。所有德國在山東大小權利。全盤移交於日本。五十年前法國割讓羅測林亞爾薩斯二州與德國。依此戰爭而返還法國。二十年前中國租借與德國之膠州灣。則不能因中國參戰而返還中國。英美參戰軍佔領比國與法國北部。皆將原地返還。比法日英聯軍佔領膠州灣。則不能無條件返還中國。其不正義不公道無以過此。與威爾遜十四條講和本旨。全然違反。無論也。且日本繼續德意志軍國主義。實行其亞洲大陸政策。爲各國所共知。滿蒙既入其範圍。山東又被雄據。北方數省。旦夕處於覆巢之境。我國國民。原期世界和平會議本正義公道。救出中國於日本侵害之中。而反被和會保障日本。對於中國之侵害。殊爲始願所不及。姑無論此等和案爲擾亂東亞和平。釀成將來世界大戰之源泉。然中國存亡問題。關係迫切。我國代表當時對於此約之簽字與否。陷於進退維谷。當致電北京政府請訓。國人接此噩耗。羣主張拒絕簽約。駐歐洲各公使對於簽約與否。持論不一。大多數偏於簽字。北京政府再三討論。竟決定簽字。除電令陸專使相機辦理外。於五月二十四日。由國務院通電各省。謂政府若曲徇輿

北政府主張簽字之通電

中國代表保留案失敗之原因

論。固不妨拒絕簽字。然熟權利害。如不簽字。則此後挽救惟艱。簽字後仍須國會議決。元首批准。倘不乏操縱餘地。淺識者以爲一經簽字。即同割讓。羣潮震盪。殆可立見。希將此情相機披露。并詳晰解釋。務期了解。倘有不肖之徒。藉端煽惑。務希悉力制止。用遏亂萌等語。北京政府簽字之決心。日本人探知甚詳。駐華日使及日政府。因此迭電巴黎日本代表。告以中國政府無論如何決心簽字。務必於和會堅持日本之主張。不可稍讓。時我國專使正式向和會提出山東保留案。聲明中國代表可於和約簽字。但關於山東條項保留另提。此案最高會議時。威爾遜謂若不承認中國代表之請。恐致中國不簽字之虞。牧野當即聲言迭接北京密電。中國政府已決定無論如何簽字。萬無不簽字之虞。最高會議遂決定拒絕中國代表保留案。至六月二十四日。法外相畢勳氏、招顧維鈞傳克勤蒙梭之意謂保留無先例。勸中國代表無條件簽字。顧維鈞當謂一八一五年維也納會議有此先例。畢勳不得要領而去。其時和約簽字定於六月二十八日。相距僅數日耳。此間我國專使迭向最高會議要求保留。皆被拒絕。始則要求於和約內、即於

和會欺壓中國之痛狀及原因

山東各條之下聲明保留。不允。次要求於和約文後、聲明保留亦不允。再次要求於和約外另聲明保留意義。亦不允。再要求不用保留字樣。僅聲明而止。亦不允。二十七日、顧維鈞逕致書威爾遜。聲明如不許保留。則中國斷不簽約。威氏僅勸於簽約後送一聲明書而止。我國代表不贊成。二十八日、爲和約簽字之期。我代表仍於午前分函三國專使。謂不因簽字妨害將來提請重議。則中國可以簽字。蓋犧牲保留字樣。僅爲此聲明而止。苟最高會議收受此函。尙欲簽字也。乃英法專使深信日本代表所謂。迭得北京密電。中國政府已决定無論如何簽字之言。卒拒絕之。陸專使等乃不得已不赴會場拒絕簽字。

中國代表拒絕簽字

當致書會長克勒蒙梭聲明。保存中國政府於德約最後决定之權利。是日維賽爾宮和約簽字式。德國代表首先簽字。其餘聯合諸國代表次第簽字完竣。惟中國代表不列席。當時威爾遜、喬治等皆目視日本代表。蓋始知日本代表所言不足信用。此巴黎和會中國大失敗之痛史也。當日陸專使等向北政府報告拒絕簽字之電文如左。

和約保留簽字。我國節節退讓。最初主張注入約內不允。改在約後又不允。改

拒絕簽字之報告

在約外又不允。改爲僅用聲明不用保留字樣又不允。不得已改爲臨時分函聲明。不能因簽字有妨將來提請重議。直至今午完全被拒。此事於我國領土完全。及前途安危關係至鉅。不料大會專橫至此。竟不稍顧我國幾微體面。曷勝憤慨。若再隱忍簽字。我國全途將更無外交之可言。即徵諸外人論調。亦羣謂中國決無可以輕於簽字之理。詳審商榷。不得已當時不往簽字。當備函通知會長。聲明保存我政府對於德約最後決定之權利。以留餘地。自此以往。利害得失。殊難逆睹。要皆徵祥等奉職無狀。貽國家之憂。乞明令開去祥等差缺並附懲戒。一面即另簡大員。籌辦對於德奧和約補救事宜。不勝待罪之至。

北京政府接此報告。驚愕失措。甚不以不簽字爲然。然以事實上無法挽回。亦莫可如何。

學生空前之愛國運動

當時國內人民爲憂憤所迫。激起全國學生空前之愛國運動。自四月二十二日。威爾遜於最高會議。向我國代表聲明美國不能貫澈其主張後。陸全權等向北政府電告情形。有曰、此次和會主張失敗之原因。一由於一九一七年二三月間、日本與英法諸國有青島讓歸日本之密約。二由於一九一八年九月、我國當局與日本政府有欣然同意之山東換文。遂使美國無從爲力云云。此電一到。羣情憤怒日章宗祥曹汝霖陸宗輿爲賣國派。北京各校學生忽於五月四日

曹汝霖焚宅章宗祥被毆

集三千人於天安門。持中國土地可割讓不可賣送各旗幟。要求政府懲辦賣國賊。爲警察所阻。旋焚燒曹汝霖住宅。毆章宗祥幾死。雖拘捕學生多人。然愈迫愈

全國排日貨運動

厲。由各校組織講演團。并查焚日貨。漸傳至各省各埠、商學界一體罷課罷市。迫政府釋放學生。免章曹陸三人之職。北政府乃不得已准三人辭職。（當時章任駐日公使曹任交通總長陸任造幣廠總裁）而排斥日貨之風。遍於全國。乃日本政府不但不退讓。以謀和解。反乘時機。迫由駐京日使照會外交部。要求取締全國排日貨各團體。北政府不敢拒絕。而又取締無効。以內外相迫。無法應付。六月十日、錢能訓內閣遂全體辭職。（內務錢兼陸軍靳雲鵬海軍劉冠雄財政龔心湛農商田文烈司法朱深教育傅增湘交通曹汝霖）同日徐大總統亦向北京國會提出辭職書。

徐總統辭職

文曰、

本大總統曾向國會聲明。對於歐洲條約簽字。對於青島保留。然雖保留日德關係不因此稍有變更。却恐日本因此破壞還附青島之約。若不簽字則中國

北政府之暗於外交情勢

所得德國有利各條件。不可不放棄。權衡利害。以簽字爲是日本既向三國會議宣言還付青島。英國首相亦曾聲明。重以公法學者愼重考究。爲保國際上之地位。我國於和約萬不可不簽字。奈國內輿論。全然反對。國民暗於外交事情。實深遺憾。然共和國不宜大逆民意。進退兩難。此辭職第一原因也云云。第二原因以上海和會復破裂無收拾時局之能力云

辭職書所稱。若保留則恐日本破壞還付青島之約。若不簽字。則中國所得德國有利條件。不可不放棄云云。此等疑惑。實爲政府暗於外交情形所致。如各國承認中國保留。則何恐日本破壞還付青島之約。至所謂中國所得德國有利各條件。當指和約內德國放棄庚子賠欵、歸還天文儀器各欵而言。苟山東問題有辦法。則此等不關輕重之利益。放棄亦無所惜。況中國代表已向各國聲明中國不簽字。和約係對於山東條欵。不能承認。此外其他各欵。與聯合國一致承認之云云。則縱不簽字。其所得德國有利條件。何至放棄。乃斯時北京政府竟以此種疑惑。欲無條件簽字。不可謂非暗於外交情勢也。當時北京國會以民國約法大總

統不負責任之理由。璧還辭職書。代以更換內閣。（龔心湛代理總理）了此一案。

美國上院反對山東條欵

反對山東條欵之正論

山東問題之處分。不但中國人憤慨和會違反正義公道之原則。卽外國人亦多抱不平。而尤以美國爲最。美國憲法。凡講和締約。須經上議院三分二之同意。乃得批准。維塞爾宮議和條約全案。內凡國際聯盟規約與德約中所規定賠欵辦法及通商條欵等項。多爲美國上院共和黨員所認爲不穩妥。而尤反對關於山東各條欵。和約有不能批准之勢。威爾遜因此急由歐洲歸國。一面向上院述明山東問題。因英法與日本早有密約。又日本有退出聯盟之勢。美國不得已承認之理由。一面向全國各處演講。以抑反對派之勢力。然當時上院外交委員長共和黨首領羅基氏。於上院宣言曰。和會恐日本退出國際聯盟。遂以山東半島爲饋贈品。不恤友邦三千七百萬人民。爲東方軍國主義新德意志之奴隸。吾美國不應署名於此等條約之下。諸里士曰。徵諸聯合國與日本交換山東之密約。此等領袖世界之政府。一面勸令中國加入戰團。以取得中國之協助。又佔得在中國口岸之敵船。一面私約將中國權利爲聯合國之交換品。吾不信世界史册中。

可羞恥之契約有過於此者也。吾人苟承認此種文件。即爲受賄賂之裁判員。苟批准此種條約。則他日中國四萬萬人謀推翻山東異族政府之時。准現在國際聯盟。吾美國不得不協助日本。以壓制中國人民。故山東條約若不修正。吾人斷不能投同意票。英法意三國有道德之國民。亦當與吾曹取一致行動也。福開森氏曰。山東條項完全與美國保全中國領土開放門戶政策相反。爲今之計。惟有取消德約中之山東條項。而後可。按諸美國之光榮。決無正式訂約承認割裂中國疆土之餘地也。此外美國各界。無黨派。無朝野。無不一致爲山東問題大抱不平。斯時日本政府。見美國此種情勢。雖表面持鎮靜態度。然甚欲設法緩和美國之感情。於八月二日。由外相內田康哉招東京新聞界說明日本對於山東之政策。其說明如左。

日外相對山東政策之說明

日本政府。於一九一四年八月十五日。向德國政府致最後通牒。中有德國政府將膠州灣租借地全部。以返還中國之目的。於一九一四年九月十五日以前無償無條件交付日本官憲云云。此要求曾未招中國或其他各國何等抗議。日本今本同一之方針。要求膠州灣無償無條件交付日本同時信守一九一五年與中國政府之約束。欣然將該租借地全部還附於中國。日本俟維塞爾宮和約批准之日。即與中國政府商議還附青島之協定。斷無所躊躇。又日本於山東省。非要求與中國領土或主權有關係之何等權利。五月五日牧野專使聲明書中。有日本之政策。將山東半島完全主權一概還附中國。日本所保持者。僅僅許與德國經濟上之特權而止。此意義應爲世人所明瞭也。一旦中日間將膠州灣還附協定之時。則凡在同租借地、及膠濟鐵路之日本軍隊。自應全部撤退。又膠濟鐵路雖中日合辦經營。然無論對於何國人民。斷不與何等差別之待遇。且日本政府。依據一九一五年中日條約。當然在青島設置日本專管居留地。今欲抛棄此權。改設各國共同居留地。正在考慮中云云。

日本抛棄專管居留地之原因

此說明、在日本政府之意。欲藉此緩和中美兩國反對日本之情勢也。內中特言及抛棄日本專管居留地。改設各國共同居留地一點。蓋表示日本對於中國之讓步也。其實一九一五年中日協約。雖有日本在青島設專管居留地之明文。然

威總統對日外相說明之宣言

巴黎和會最高會議之决定。卽四月二十八日。日本代表向四國會議提出山東問題六條之第二款。其原文爲青島開爲商埠。以普通條件之下。於青島區設置共同居留地云云。並無設置專管居留地之文句。當中美兩國積極反對山東條項之時。日本政府如必欲違反最高會議之議决。而强制執行中日協約所規定之專管居留地。其不能得英美各國之承認。固不待言。故不得已爲此聲明。並非對於中國讓步也。當時內田氏命駐美日使、將此說明、轉達美國政府。威爾遜總統見內田氏之說明。全根據一九一五年中日協約立論。與巴黎最高會議議决山東問題之精神不符。并足加重美國上院反對和約之氣焰。特於八月六日。對內田外相之說明。發布一宣言。以表示美國政府對於山東問題之立脚地步。其宣言如左。

內田子爵、將日本對於山東問題之政策。盡意發表。美國政府極爲注意。因其可以掃除因山東問題發生許多之誤會也。然該說明、提及一九一五年之中日協約。此點實與在巴黎討論山東問題之情節不同。若不將日本專使當時在巴黎討論山東問題之眞相。一爲宣布。反足以發生誤會。故予對於內田外相之說明。不得不再加聲明。

本年四月三十日。四國會議。討論山東問題時。日本專使牧野珍田二君。答予之質問曰。日本之政策。在以山東半島之主權。完全歸還中國。日本所欲保留者。惟德人所獲之經濟權利。及普通條件之下。於青島設置共同居留地而已。至鐵路設特別警察。當以保護鐵路之安全爲限。此外不作別用。而此等警察以中國人充之。警官則由鐵路董事選出。加以中國政府之任命云云。日本專使所宣布之政策。絕無根據於中日一九一五年條約之語。有如內田外相所言者也。予對於和約之山東條款。雖同意。然予決非對於一九一五年及一九一八年中日兩國間交換之文書同意也。余信巴黎和會討論山東情形。內田君當已得有報告。余之爲此宣言。非訂正內田君之誤。不過揭明眞相免生誤解耳。

威氏此宣言之精神。在對於山東問題雖同意。然決非對於一九一五年及一九

威爾遜宣言之精神

威爾遜言外之意

美上院之山東修正案

一八年中日交換文書同意之二語。蓋表示美國政府贊同和約中之山東條款。者。係以四月三十日最高會議解決山東問題之六款爲根據。而非以一九一五年。二十一條之中日協約。與一九一八年中國政府欣然同意之中日換文爲根據也。日本若依四月三十日決定之六款。履行和約百五十六、五十七、五十八、三條。美國政府承認之。日本若依一九一五年、及一九一八年中日兩國間之協約與換文。執行山東之權利。美國政府不能承認之也。換言之。美國政府對於一九一五年之中日協約。與一九一八年之中日山東換文。認爲係國際聯盟規約第二十條。所謂抵觸國際聯盟規約之契約。如中國執行該約第二十條。所謂設法解除此項義務時。美國政府當然與相當之助力。此威爾遜言外之意也。然當時美國共和黨上院議員。對於威氏此項宣言。猶不滿足。大聲疾呼。目威氏此宣言卽不啻自己承認日本還付山東保障不充分之口供云。同時羅基氏於上院提出山東修正案。關於德約中山東條項內之日本字樣。一律改爲中國二字。蓋認德國所有在山東權利。一概交還中國也。先經上院外交委員會多數通過。至十月十六。提交大會。以威爾遜與民主黨積極反對該修正案之故討論五日。差二十票否決。羅基氏與共和黨員旋又提出山東保留案。該案原文如左。

美上院之山東保留案

美國對於德約一百五十六一百五十七一百五十八三條。不與同意。且保留美國對於中國與日本因此項條件所起爭端之完全自由行動權。

美上院通過之十大保留案

此外上院對於和約認爲不穩妥之點。共提出其他十三保留案。合山東保留案爲十四。起卒於同年十一月間。上院大會次第通過十大保留案。山東保留案在內。即同月十六日。以五十一票之多數。對於四十票之少數通過也。該十大保留案。於將來美國批准和約與否。與加入國際聯盟與否。有密切之關係。而美國加入國際聯盟與否。又與中國有密切之關係。不得不將十大保留案、記述於左。以備參考。

一　美國得保留自由退出國際聯盟權。不受盟約第一條兩年前豫告之拘束。

二　美國得否認國際聯盟約第十條保護他國之政治獨立、與領土保全、等責任。又干涉他國爭論或內亂等行動。無論該國是否列入聯盟之國。美國概得否認之。

三 盟約二十二條。委任統治權之規定。美國非得國會表決。無論國際聯盟會有何種命令。概得否認之。

四 內政問題。如殖民沿海航業稅則商務。暨其他國內各問題。美國得拒絕他國之調停或聯盟會之代行調查。

五 凡關於們羅主義範圍內之問題。美國得拒絕他國之調停或聯盟會之代行調查。

六 美國對德約一五六。一五七。一五八。三條。不與同意。并保留美國對於中日間因此項條欵所起爭論之完全自由行動權。

七 德約中關於賠欵事項。有德若不履行聯合國得共行經濟抵制之規定。然至期若不得美國國會之可決者。不得干涉美德通商。

八 國際聯盟一切費用分擔。須得美國國會通過。

九　盟約第八條關於限制軍備之規定。美國若遇緊急時得自由增減。不受聯盟之束縛。

十　聯盟國代表會議投票取決權。各國須有限制。務歸一律。不得顯分多寡。

十大保留案之叙文

此十大保留案之前。另有叙文聲明。文曰。

美國上院。對於本年六月二十八日各國在維塞爾宮所簽定之和約。須俟此次所提出之保留案得五大國中之三國承認及保證作爲原和約之附件。與和約有同等之効力。方可批准施行。

各國承認保留案之爲難

此叙文亦經正式議決之手續。多數通過。自是巴黎和約。若英法日意四國中。不有兩國以上保證美國此等保留案與和約有同等効力時。則美國無批准條約之希望。以情勢論之。和案未簽定以前。中國之山東保留案。既被完全拒絕。豈有和約簽定之後。尙承認美國十大保留案之理。當時英法意三國總理會議於倫敦。對於美國保留案議决。暫不答覆。而美國上下兩院。於次年四五月間（民國八年）相繼以多數通過、拒絕維塞爾宮對德和約案。又通過美德單獨媾和案。雖未得三分二以上之人數。然美國萬無批准和約之希望。實已不成問題也。惟美國不批准和約。以比中國不簽字德約。其情形實爲重大。蓋中國雖不簽德約而簽奥約。尙得加入國際聯盟。美國則幷德奥土塞諸國之和約。一概拒絕之。且反對加入國際聯盟。

美國不加國際聯盟與山東之關係

美國既不加入國際聯盟。則山東問題。中國縱提訴於國際聯盟。其勝負未可預知也。然則美國議會之主張。其結果利於中國乎。害於中國乎。亦不可預知。惟維塞爾宮和會。如山東問題。全爲英法日三國所把持。美國已無可如何。國際間有此等大脫拉斯之專制。弱小國有何利益之可言。如美國脫離國際聯盟。藉以監視國際主持公道。則英日法之專横。或不至於前此之甚。可斷言也。然則美國拒絕和案。拒絕國際聯盟。予英法諸國正義人道之刺激。其裨益於弱小國者不少。中國當然沾良好之影響也。

中國取得國際聯盟資格問題

自中國拒絕簽約。於是中國發生二大問題。一爲何以取得加入國際聯盟資格。一爲對德國何以恢復和平態度。前者據國際聯盟規約所規定。凡署名和約之國。即爲國際聯盟之組合員。我國雖於德約未簽字。然簽字奥約。即可加入國際聯盟。先是我國專使向和會提出對奧講和條件五欵如左。

中國對奧講和條件

一　取消義和團事件奧國所得之一切權利與賠欵。

二　奧國租界由中國無條件收回。

三　戰時被遣送之奧僑及被處分之財產。奧國政府不得過問。

四　中奧未訂新約以前。奧國人民在中國者。照無約國人民看待。

五　從前中奧兩國所有一切條約因宣戰俱歸無効。將來亦不生何等効力。

奧國提出之修正案

然奧國政府。對此五條。一概加以修正。其修正案如下。

一　以賠欵之一部。撥交新成立之奧大利共和政府。

二　租界內奧國公共財產由中國備價買收。私人財產不得侵佔。

三　關於奧僑及財產事件。由中奧兩國將來再行協議。

四　中國待遇奧國人民。不得異於待遇他國人民。

五　一九零二年之中奧各約。以後適用。

和會對於奧國此種修正案。不遑拒絕。交付條約整理委員會審查。當時我國專使向大會提出抗議。絕對不承認奥國修正案。經最高會議審定之後。雖畧事修改。大致仍依中國之原案。彙交奥國代表。并限制不得再加修正。奥代表無異議。乃於同年九月十日。各國全權。集於巴黎桑覺曼會場。行奥約簽字式。中國專使陸徵祥赴會簽字。於是我國加入國際聯盟問題。依此解决。關於奥國和約之中國條欵如左。

第一百十三條

義和團事件。一九零一年九月七日北京簽字議定書、及各附件、規定關於奥匈國之特權權利及賠欵全部。向中國放棄之。

第一百十四條

一九零二年八月二十九日關於中國關稅新章之協定。一九零五年九月二十七日關於黃浦江之協定。一九一二年四月四日增加之暫行協定。中國許予奥匈國之特權利益。今後不負給予之義務。

第一百十五條

奧匈國在天津之租界。及在其他中國領內之房屋營房砲台軍械浮橋船隻無線電報等公產。一概讓予中國。惟外交官或領事官所用住房及器具。不在讓予之列。又北京使館內奧匈國之公私財產。不得義和團事件關係各國之同意。不得任意處分。

第一百十六條

中國將天津之奧匈國租界。開爲各國公共居留貿易地。惟不得因取消奧國租界契約。影響於參戰各國人民在此界所有產業之權利。

第一百十七條

戰時在中國之奧國人民。被拘留。或遣送。又奧船捕獲、財產處分等事。屬於戰時處分。奧國新政府。不得提出何等請求。

中國既簽字奧約。中奧兩國間。遂得正式恢復和平態度。惟中國於德約既未簽字。又中德不單獨講和。中德兩國間。殆無恢復和平之正當辦法。然各國既皆與德國恢復和平。中德兩國。豈能獨陷於戰爭狀態。原中國不簽德約。并非不滿意

中國對德恢復和平之佈告

於德國。而德國所有山東權利交付日本。亦非德人所滿意。此間情節。彼此相諒。雖中國不簽約。致不得正式恢復和平。然亦斷不因此中德間或再發生戰事。惟德國已簽和約。獨中國不簽字。而中國不簽字之山東問題。又不知何時始可解決。則中國對於德國。萬不能不另謀恢復和平態度之方法。以免國際間一切困難也。關於此節中國政府於民國八年九月十五日。用大總統布告宣告中華民國與聯合國一致對德國戰爭終了。蓋即以此爲中國表示與德國恢復和平狀態也。布告之原文如左。

我中華民國。於六年八月十四日。對德宣戰。原以維持人道。阻抑戰禍。促進和平爲宗旨。宣戰以來。我國一切與聯合國取同一態度。今歐洲戰爭終了。對德和平條約。經各國全權委員。於本年六月二十二日在巴黎簽字。對德戰爭態度。於同月三十日終止。我國雖關於山東三條。不能贊成。拒絕簽字。然對於其他各條項。與聯合國始終一致承認之。各國對德戰爭態度既終。我國亦聯合國之一。對德地位。當然相同。茲經國務會議議決。中華民國對德國戰爭態度。

一律終止。特此宣言。

德國對中國履行和約

對德恢復和平問題。依此布告解決。而德國共和政府。關於德約中山東三條外之中國各條件皆遵照和約履行。不因中國不簽約而稍有出入。爲徐總統辭職時意料所不及。

山東問題直接交涉運動

當中美兩國積極反抗山東條項之時。日本政府。初以爲美國上院共和黨、不過借和案爲攻擊威爾遜黨畧之具。山東保留案。斷不至於通過也。詎知保留案議決之時。不但共和黨全體贊成。即威爾遜所屬之民主黨議員贊成者亦甚多。日政府始知美國反對山東條項。幷非黨爭。深懷驚懼。乃大施陰謀運動中國北京政府。主張山東問題。由中日兩國直接交涉。當時日本原內閣對此問題之方針。不問中國於講和條約簽字與否。日本惟速設法使北京政府承認直接交涉爲不二法門。適值北京龔內閣瓦解。靳雲鵬爲總理。日政府直接交涉之念愈熾。其時德國政府。見美國上院反對和約情形暗淡。遂命德使返國。有不肯即時履行和約。以圖延託之勢。而巴黎倫敦消息。有英法當局見危機四伏。已決意承認美

日本對美國上院之外交運動

英法日意對於保留案之協商

五百萬元借款與直接交涉之關係

日本直接交涉之通牒

國保留案免生枝節之說。日本聞此驚耗、舉國大感。當時日外務當局對外交調查會之報告曰、吾日本政府對此早有准備、即日英日法日意之間。鑒於美國上院形勢、已另行交換意見云云。此種意見交換、自是一種陰秘外交、內幕實情雖不可知、然不外運動英法意三國不承認美國上院之保留案耳。同時法意二國總理赴倫敦、與英首相喬治會議、竟決定對於美國保留案暫不正式回覆、蓋與日本外務當局之報告針鋒相對也。而北京政府以年關緊急、向銀行團借欵不成、乃向日本單獨借款五百萬元、大致以山東問題直接交涉爲條件。適其時德英法意日諸國相繼於此時批准和約、民國九年一月十一日協約國與德國專使、各將本國政府批准之和約在巴黎正式交換、對德和約自此發生効力。日本政府旋將山東問題正式要求我國直接交涉、一月十九日日公使小幡赴外交部、提出山東問題直接交涉之通牒如左。

對德和約現已發生効力。日本政府擬履行從前屢次宣言、將膠州灣交還中國。關於山東善後各事、擬由貴我兩國組織委員會商議解決。至山東鐵路沿線之日本軍隊亦不必待新約成立卽可撤退希望貴國組織巡警隊保護鐵路惟組織未完備以前日本軍隊仍暫存留以保持貴我兩國之利益希望貴國政府體諒斯旨

通牒文句之惡辣

通牒中由兩國組織委員會商議之語蓋欲效中日軍事協定故事由中國政府派親日派爲全權委員以免受各方之牽制而容易達日本之目的耳又云希望貴國組織保路巡警隊此巡警隊卽指民國七年章宗祥與後藤新平交換膠濟鐵路合辦換文中所規定聘用日本警官訓練之巡警隊也亦卽最高會議四月三十日牧野氏答威總統保護交通之特別警察也苟中國政府承受此牒文而與之直接交涉卽爲承認膠濟鐵路中日合辦之約爲有効並承認四月三十日最高會議之議決爲有効矣果爾則中國專使在巴黎和會提出一九一八年九月中日膠濟鐵路合辦換文不能作爲有効之聲明與拒絕簽約均爲無意識之舉而國際地位與國際人格掃地無餘卽美國通過之山東保留案事實上與日

承受通牒之危害

本毫無影響矣故中國果與日本直接交涉則日本有無窮之利中國有無窮之

害。顯而易見也。然斯時北京政府。接此通牒。態度暗昧。大致贊成日本之主張。然國論誼譁。舉國人士。羣要求北政府退還日本通牒。將山東問題。提交國際聯盟會解決。

日人對北政府之遊說

日政府見此形勢。則迭派人遊說北京政府。日外交次官芳澤氏、視查山東之後。赴北京。聲明日本可許住青島華人參與市政權。謂中國各租借地。無此先例。以示日本優待華人之意。夫日本政府迭宣言不侵害中國主權。則縱開共同居留地華人之參政權。係天然的。何待日本給予。此等謬論。雖北方少數人、被其騙惑。然大多數國民仍拒絕之也。又日本資本家大倉氏、暗與北政府接洽。主張青島由中國自行開爲商埠。以全中國之體面。而附以中國開放山東全省。令日本人有居住經商之自由。且青島民政警政各機關。聘日本人爲顧問及教練官、等條件。此等變本加厲之謬論。尤不足以動我國人之聽聞。

直接交涉第二次通牒

至四月十日。爲德國依據和約。將所有中德兩國從前一切文件檔案。交與日本之期。日政府接收此等文件後。旋向北政府提出第二次通牒。聲明德國所有山東權利之根據。已完全交付日本。迫中國速派委員、與日本協商一切。時北京政府。對此問題之方

全國反對直接交涉之情勢

針。以為提交國際聯盟勝負殊無把握。若承認直接交涉。日本必有讓步之處。遂偏重直接交涉。以民意反對不敢逕行。乃通電各省徵求意見。不期先後接南方軍政府、及各省長官、各界團體、反對直接交涉之電報。至三百數十通之多。而京滬學生。首倡罷課。以為要挾。漸演成全國學生共同罷課之勢。而山東省議會。除迭派代表赴京請願退還日本直接交涉之通牒外。且議決將省議會遷至北京開會。以便監視政府對於山東之行為。總理靳雲鵬被內外所迫。不得已辭總理職。至五月二十二日。代理總理薩鎮冰任內。始由外交部、將拒絕直接交涉之覆牒。送交日本公使。覆牒原文如左。

中國拒絕直接交涉之覆牒

貴國前擬交還青島。及准備撤退膠濟沿線之日本軍隊。本國政府均已閱悉。無如中國對膠澳問題。在巴黎大會之主張。未能貫澈。致未簽約。自未便依據德約與貴國開議。其膠澳沿線軍隊。貴國既願撤退。本國政府自當與地方官籌商抽調他路警備隊接替。以維持全路之安寧。此節與解決交還青島問題。純為兩事。想貴國政府。必不遲延其實行之期。益滋敝國及世界之誤會。又對德戰爭早經終止。所有貴國在膠澳之軍事機關。無繼續之必要。如貴國從事收束。以爲恢復和平之表示。本國政府當訓令地方官、與貴國領事接洽辦理。此覆牒經國民全力反抗。經國務院百般躊躇。卒至薩鎭冰代理總理任內、始送交日使小幡氏。至此日本直接交涉之希望中絕。然日本政府接此覆牒後。旋向我外交部、再提出左記之通牒。

日本第三次之通牒

關於膠州租借地之處置。中日兩國間早有根本之契約存在。日本政府冀將此問題及早解決。故對於中國政府未便直接開議之意。不能諒解。德國在山東所有之權利。依照和約轉移於日本。乃明白確切之事實。中國政府前已對於此項轉移表示同意。則此種權利。自應爲日本所有。決不因中國不簽和約。而受妨礙。日本政府於實行德約之初。即依照屢次宣言。向中國政府、提議開始談判。以期於巴黎和約所得了解之下。交還山東之權利。與解決德國租借地有關之事項。且表明日本對華公平之政策。乃事與願違。中國政府、遲延數月之久。始以未便開議爲答。山東問題解決之延緩。中國應負其責。但日本政府始終顧念中日好友關係特再聲明願於中國政府認爲適當之何時期再接受談判至山東鐵路沿線之守備隊日政府仍照本年一月間牒文所載如中國警隊成立可保衛雙方利益時日政府願立即撤回日本軍隊雖在談判未結束以前亦無不可又膠州境內、與四圍所設之軍事機關亦爲應談判之事項如中國政府能從速開議則各種較小問題皆可同時解决也

日本毫無退讓之表示

此牒文表明日本於山東仍本既定方針爲積極之進行如中國不組織聘用日本警官訓練之巡警隊時則不能撤退山東鐵路之日軍又中國不與日本開談判時則不能撤退膠州灣內外之日本軍事設備至聲明無論何時日本再願接受談判一語蓋欲運動北京政府以後仍爲直接交涉也致此牒文之後日本對於山東之侵害愈加猛烈以陰暗之手段晝夜進行必造成山東變成南滿之地

山東之侵害愈烈

位便異日交列強考慮時彼可提出中國不能應付之要求將來山東之日禍伊於胡底殊不可知

山東問題之前途

惟我國對於此案無論目前受日本如何痛苦不得不暫時忍受除訴諸國際聯盟會外別無辦法至美國是否加入國際聯盟與該聯盟能否

爲公正之解決。皆暫可不問。惟訴諸外交當局之努力。及全國民最大之決心。終當有最後勝利。如羅潣林、亞爾薩斯、無條件歸還故國之一日也。

中國舊式外交變新式外交之趨勢

要之巴黎和會之中日外交事實上日本大成功中國大失敗。固無須具論。然此次失敗之結果中國舊式外交有一變而爲新式外交之趨勢此特別新紀元爲我國失敗中而可慶幸之點也蓋我國數百年來凡外交事件。專由政府當局少數人主持。國民不負責任。如二十一條之絕大事變。竟任政府委託於一二人包辦。此所以澈底失敗。毫無挽救之餘地。今則有一變而爲主權在國民之趨勢也。

國民外交發軔與學生之努力

原我國議和專使五人。意見既不融洽、准備又不完全。對外無圓滿之活動。提案少切實之主張。其藉旅歐學生團、運動外論、扶助督責專使整飭之處。實不少。山東問題失敗後。專使中除二三人堅持不簽字外。其他專使、及駐歐各公使、與北京政府。無一不主張簽字。設非旅歐學生團、竭力反抗。極至圍陸徵祥之住宅。以相迫。或不至有此結果。此和約不簽字、使中國對外精神發揮於世界者。雖由各專使最後之決定。然旅歐學生之力。不可磨滅也。而國內學生除對於和案失敗

山東失敗換得之貸價

時。爲空前之愛國運動外。及直接交涉問題發生。則全國罷課以相抵制。卒使必欲直接交涉之政府。不得不從國民之主張。凡此現象。皆從前舊外交式所不有。而爲此次國民外交之發軔也。全國家之人格。沮親日派之氣燄。博友國贊美之同情。挫敵人橫肆侵害之野性。皆於此收得之。故山東問題雖失敗。然換得一般國民憬然知政府不足恃。知本身對於國家有重大之責任。知國民外交之能力。其價值殊足珍貴。苟從此四億民衆發揮愛國之本能。提起對外之精神。國家其有豸乎。山東問題無論將來能得國際聯盟公正之判決與否。固不患無完璧歸趙之日。可斷言也。我國民以後之努力。宜將傳來之舊式外交。令其根本殄滅。而將此次萌芽之新式外交。令其極量發揮。庶足以言外禦橫暴。而內振昧弱也。

第七章 福州事件

中國學生排日貨情形

民國八年四五月間。歐洲和會。對於山東問題。全依日本主張。使中國完全失敗。中國全國學生。起空前之愛國運動。各省學生組織講演隊。闡明日本侵害中國之情形。并主張排斥日貨。凡本國商人販賣之日本貨物。一概查出焚燬。雖經政府及各省當局設法嚴阻。然以民情憤激之故。卒不能完全遏止。蓋純爲國民愛國熱忱所發動。而由日本侵害中國政策之所激成。非徒用政府之壓力所能遏阻也。

日人之忿恨

且焚燬日貨之舉。其受損害者。限於販賣日貨之華商而止。日本人并無直接受損害之處。然日本人恨之刺骨。除由駐京日使、與駐各省領事、屢要求當局嚴行取締外。必欲爲此事惹起一中日絕大交涉。以爲報復。並藉以遏止排貨之風潮。同年十一月。居留福州之日本人。屢集議於領事署。及臺灣會館。籌商對付之法。卒決定集合日僑、組織敢死隊。實行暴動。以鬧成重大交涉。而以本國政府爲後盾。十一月十六日。集日僑臺民共六七十人。皆暗携鐵尺手鎗。先以十餘人

福州日人行兇與學警被害情形

紮於安樂橋伺青年會學生數人過橋。突一擁近前將各學生鐵打刀刺。仆地者數人。後行者急返青年會。被追及亦如之。市民見狀大譁。多赴前救止而大義道、新橋頭、安樂鋪埋藏之多數日人。蠭擁而至。將市民亂打。警察署聞報急派武裝巡警二十名馳至。意欲平和解散。詎該日人等各出手鎗。四面亂射。巡警史孝亮身中四鎗倒地。其餘學生市民中鎗者多人。而日人一部份打入順記番菜館。將大門關閉。由樓上將洋酒器具等物擲下擊人。李督軍厚基聞驚。當派軍隊二營馳至。將順記大門破開。當場拘獲日人七名。中有日領事署警察長陸軍少將一名。亦爲在場現行犯。同時在中亭街、拘獲兇犯日人三名。皆有兇器在手。除市民被鐵尺打傷各自歸家外。其被手鎗擊傷者、均送醫院診治。此事發生之後。福州各學校及商民。以日本人無故集衆行兇。罷課罷市。要挾長官與日本嚴重交涉。李厚基將情形報告國務院後。外交部當派員至日本使署。僅向小幡告以福州事情重大。俟得詳情再商。殊駐福州日本領事森由氏。於日人行兇當日派員至交涉署。將中國軍警拘獲行兇之日人十名。幷其所攜兇器。一概領還外。一面懲

日本政府派軍艦赴福州

恿日人。於事後數日間。仍持兇器追擊中國學生。一面向本國政府告急。請派軍艦至福州。為示威運動。日本政府、果依其請。當派軍艦嵯峨號、及驅逐艦櫻橋二號。向福州進發。斯時北京政府。視福州學警市民被殺為第二問題。而以阻止日政府派艦為急務。當由外部次長陳籙質問小幡。小幡以海陸軍動員令、向不知會外交官、無從徵實為答。外部旋電駐日公使莊景珂向日本政府阻止。日政府則謂非中國政府有相當辦法。使日僑不陷於危險。難將軍艦撤回。二十六日、李厚基致電國務院。謂日本軍艦已到福州。并率隊登岸。進城遊行。阻止不得等語。

日使之反坐

北政府乃向日本公使提出抗議。要求撤艦。而日使小幡、則謂本案發生原因實由地方官不能約束學生而起。本年五月以來。學生排斥日貨。日本商人受損甚鉅。日領事屢請地方官嚴行阻止。然地方官除發一二告示外。毫無切實辦法。日商憤極。始組織商品保護隊以自衛。本月十六日、天田洋行命苦力搬貨。又有學生多人前來劫奪。保護隊往援。彼此開鎗互擊。以致死傷多人。現李督雖稱可以保護日僑。然二十三日又有學生十餘人毆打一台灣人。（實台人一名至華船行竊被商人辱打與學生無關）

據此情形。日本政府雖欲不派軍艦。不令水兵登岸。而勢有所不能云云。此等答覆。不僅不撤艦。全以日人肇事之責任委諸中國。當時李厚基爲辯明此節。特寄外部左記之電報。

李厚基之詳報

日人傷害學生一案。委係無故行兇。幷無何種原因。此案發生第二日。日領事曾致函交涉署。謂十六日午後有學生強奪天田洋行商品。以致發生此變等語。查天田洋行在南台大橋之南。肇事係在橋北。所稱強奪商品。究在何地。是何貨物。衝突時商品散落何處。均不能一一敘明。其爲事後自知理屈。虛搆抵塞。可以想見。且日人殺傷華人。除輕傷不計外。重傷者十餘名。幷奪去武裝巡警之馬鎗二枝。其人數之多可知。又各持兇器。其爲事前預備蓄意起釁。更無疑義。

日使主張派員調查之用意

至此日使小幡、謂中國地方官與日本領事之報告。既不相同。主張由兩國政府、另派委員、調査實在情形後。再行交涉、蓋自福州事件發生之後。全國各界憤懣萬分。要求政府嚴厲交涉。願作後盾之電報。日數十起。小幡見中國民情憤激。欲

派員調查與日本撤艦

延宕時日。冷却國民之熱潮後。再開談判。故爲此主張也。北政府竟允其請。無論結果如何。其貶損地方官信仰。冷却國民熱潮之二點。已精神上失敗矣。自是外交部派參事汪鴻年。秘書沈覲扆。會同日本外務部秘書松岡洋右。日使館通譯西田耕一。同赴福州調查事實。此間中國方面。羣以日本軍艦駐福州。調查員必不能行使秉公確實之職權。務必撤艦。而後調查開始。日本則以中國當局、確實保護日僑。並嚴行禁止排貨爲撤艦之條件。而其實日政府當初派艦之原因。蓋知殺害學生實係日人無故肇事。恐華人激怒報復日僑。故派艦示威以防護之。至此確知華人斷不暴動。縱將軍艦留駐福州。亦不能任意戕殺手無寸鐵之學生。乃將軍艦撤回。雙方調查員、乃開始共同調查。共費七十餘日。開會三十餘次。得證據案卷百餘件。於民國九年二月調查終了。各以所得、報告本國政府。自是

調查後日本之延宕

日本方面。雖不肯承認肇事之責任。全在日本。然以證據確鑿。無逃責之餘地。一方以自動的形勢。更換福州領事。一方對於該案。仍出延宕之態度。而爲兩種之設詞。其一謂排貨風潮應先爲制止。其二謂應先議魯案。後議閩案。經外部駁覆。

謂閩案爲一事。排貨又爲一事。斷不能作爲交換條件。至於魯案更與閩案無涉。

中國正式要求之條件

於三月十六日用正式公文向日使提出左記三項之要求

一　日本政府向中國政府謝罪。

二　肇事之日本兇徒予以嚴懲。

三　中國人民生命財產之被損害日本予相當之賠償金。

日使要求互辦

日使小幡對於三項要求雖不拒絕。然要求中國互辦。謂福州肇事實原於排斥日貨。故中國亦應向日本謝罪。中國亦有兇徒。日人亦有負傷者。故懲兇賠欵均宜互辦。外部以雙方調查之結果。肇事實係日人尋釁。中國無責任可言。拒絕之。談判中斷。此間中國在尼港黑龍江口之黑松兩江巡江砲艦。以春氷解放。將溯江進行。日本欲破壞之。硬誣民國九年三月十八日尼港俄人殲殺日人之事。華艦有向日人開砲之嫌疑。除禁止華艦進行外。並拆卸武裝。拘禁船員。有大問中國責任之勢。其實華艦毫無向日人開砲之事。以比福州事件日人集衆行兇殺害學警多人。不啻天淵之判。而日人對華艦之行動如彼。恐中國援福州案爲口實。遂

閩案解決與尼港交涉之關係

外部自行取消懲兇一款之大錯誤

有急結福州案之意。四月二十九日。日使訪陳次長。問福州案有無他法可以轉旋。陳以希望日本讓步答之。日使謂本兩國親善之旨。日本可以承認賠償中國人民之損傷。而放棄日人受輕傷應得中國之恤金。但要求中國取消懲兇之條件。而謝罪一層。改爲道歉。仍兩國互辦。斯時北京當局忽妙想天開。謂研究懲兇一層實行時。必須組織法庭。由兩國任命委員共同審判。殊開外人干涉中國法權之先例。故權衡輕重。自行取消懲兇一款。而要求日本獨向中國道歉。（根據民國九年十一月十五日外交部發表該案交涉經過之原文）夫此次肇事之兇徒。全係日本人。中國無兇徒可言。縱共同審判。祇可謂中國干涉日本之法權。何日本干涉中國法權之有。況當場拘獲日人兇徒十名。均有槍械在手。更何審判之有。已往之南京事件。鄭家屯事件。日本皆曾要求中國懲辦兇徒。何嘗有兩國委員共同審判之事。此次交涉案中。惟一之重要條件。即爲懲兇之一項。蓋不如此。無以防日人以後之暴行也。乃我國當局先既提出此款。後忽以上記之理由。自行取消。誠堪驚異。至此日使小幡乘機提出最後讓步二款。

日使之讓步條件

一　日本政府用公文道歉。中國政府覆文應聲明對於排貨深爲惋惜。

二　日本政府給受傷人恤金一千二百元。津賠順記飯店八百元。

此讓步案。道歉仍彼此互辦。而中國多數人生命財產之損害。僅以二千元了局。

閩案解決與琿春事件之關係

雖外部不承認向日本表示惋惜之旨。然日使堅持不讓。外部乃重提懲兇一款不能删除。日使以既經取消不能重提拒絕之。適其時琿春事件又發生。日本自由出兵。佔領延吉道五縣之廣大區域。焚殺捕剿。全取自由行動。日使乃催結閩案。允於換文內加入懲儆善後之文句。北政府承認之。始於民國九年十一月十二日。交換左記各公文結案。

結案之換文

日本公使致中國外交部長函

逕啟者、上年十一月十六日。福州中日兩國人民衝突事件發生時。不幸致貴國方面有十人、日本方面有五人之負傷。茲爲敦睦邦交。速爲和平解決起見。本使承諾對於貴國方面負傷較重者。給予撫慰金一千二百元。順記飯店之損失。亦給予撫恤金八百元。除懲儆及善後事宜應由本國政府及中國政府查明秉公處理外。相應函達。卽希查照爲盼。

日本公使致中國外交部長照會

爲照會事。上年十一月十六日。福州地方。貴國人民及日本人民惹起衝突。不幸兩國人民。致有負傷。此固由該地排斥日貨所激成。然顧念兩國親善之旨。此種事件發生。帝國政府。以爲遺憾。本使茲奉帝國政府訓令。將此旨轉達於貴總長。相應照達。卽希查照爲荷。

中國外交部長致日本公使照會

爲照會事。關於福州案件。接准來照。閱悉壹是。查福州地方。上年五月以來。人民因誤會發生排貨風潮。雖經地方官盡力取締。而有時仍不無軼出範圍舉動。以致貴國商民受其損害。茲爲兩國親善起見。本國政府實爲惋惜。相應照達。卽希轉達貴國政府爲荷。

觀兩國照會文意。日本竟以福州肇事原因。委諸該地排斥日貨所激成。中國政府深表惋惜。似承認該事肇發應由中國負責也者。而日人無故搆釁之多數兇徒。僅以應由兩國查明處理之空文了案。反之同時尼港交涉華艦本無砲擊日人之事。必令中國道歉賠欵琿春事件。全係韓人仇報日人。則日本自由出軍。除慘殺華籍韓人外。幷傷害多數華人之生命財產。而反要求駐兵設警之權。若福州事件。易地而觀。則福州何止變成今日之琿春也。

中國外交之闇弱

第八章　日本之侵略北滿

日本侵奪北滿之夙志

日人侵奪北滿之志。匪伊旦夕。當日俄戰爭、波子瑪斯講和會議時。日本全權小村氏第一次之提案。要求俄國將中東鐵路、自哈爾濱起、割讓與日本。爲俄國所拒絕。日本因得自長春以南之南滿鐵路而止。十餘年來。日本利用南滿鐵路。使奉天全省、及吉林南部、漸變爲日本之領土。使波子瑪斯和約。俄國允許自哈爾濱起割讓與日本。則北滿亦變成日本之天地。自無疑義。此日本人所引以爲遺恨者也。及歐洲開戰。日本乘各國無干涉東亞之暇。其對中國收策。擬下前局之箸。一方對德宣戰。以奪山東。以成二十一條之協約。一方與俄國秘密同盟。以定剖分中國之局。不期俄國革命。烈甯新政府宣布俄日同盟無效。而其時俄國歷來駐防哈爾濱、約三萬左右之軍隊。及守備中東路全線、約六萬之軍隊。因西歐戰事。大半開赴前敵。其殘餘中東路之軍隊。於俄國革命後。變成新舊兩派。常相衝突。不能融洽。至民國六年十二月。形勢益急。哈爾濱俄國總領事。兼中東鐵路

中國收回中東路守備權

督辦。霍爾哇拖全失其統御能力。不能維持秩敍。吉林地方官深恐釀成變亂。危及路政。命師長高士儐於七年一月十日夜率軍將俄營包圍。迫令一律解除武裝。旋與霍爾哇拖交涉。將亂兵送回俄境。所有中東鐵路守備之任。改由中國軍隊負責。自是中東鐵路之守備權。歸還中國。當時駐哈聯軍不但毫無異議。且以中國處置敏捷。鷄犬無驚。甚爲欣慰。惟日人甚不高興。蓋日人對於中東路。蓄意由俄國讓渡與日本。一如日本佔奪膠州之例。一旦守路權歸還中國。則日本較難下手也。且北滿俄兵既經撤退。准光緒三十一年、中日滿洲善後協約之附約。中國從此有要求南滿撤兵之權也。蓋滿洲善後附約第二條之原文如左

> 因中國政府。極盼日俄兩國從速撤退滿洲之軍隊。及鐵路守備兵。日本政府願依中國之希望。如俄國願將護路兵撤退。或中俄兩國、另商有適當辦法。日本願同樣辦理。又滿洲地方平靜。外人生命財產。中國可以完全保護時。日本亦可與俄國撤退鐵路守備兵。

影響南滿之情形

准此附約。日本駐紮南滿之軍隊。全依俄國在北滿守備兵之進退爲轉移。今北

軍事協定與日本出兵北滿之關係

滿之俄兵既撤。以日本之強權。雖斷不肯依約照辦。然不能拒絕中國要求撤兵之口實也。當時日本寺內內閣。惟恐中國政府有此覺悟。乘中國南北開釁積極援助北方軍閥之欵械。以擴大中國內部之戰爭。使北政府無顧滿洲之暇。及民國七年。俄國過激派之勢力大張於遠東。各國有出兵西伯利亞之議。日本政府。遂定囊括北滿及佔領西伯利亞之策。以中國共同出兵、有利日本之故。假濟順高徐二鐵路名義。墊欵二千萬元。誘段祺瑞內閣、與訂中日軍軍協定。於是日本乃得堂堂正正。將先後派赴西伯利亞約十萬上下之軍隊。大半經由北滿出發。（倘無中日軍事協定日本出兵西伯利亞照當時美日交涉日軍祇得由俄領上岸）所有軍用電信郵便兵站等類。均自由在北滿設置。是爲日本得派兵赴北滿之始。自波子瑪斯和會以來。日人對於北滿鐵路之遺恨。至此始作成攫取該路之機會。

原各國出兵西伯利亞之原因。爲防禦俄國過激派勢力東漸。而欲維持由西歐移據西伯利亞、反對過激軍之捷克斯拉夫軍隊是也。日本亦以此名義出兵。然其目的。則欲將俄國之遠東三省。（沿海阿穆爾貝加爾之三省）完全脫離俄國本部之關係而成

日本出兵西伯利亞之目的

爲日本之勢力範圍。故不僅反對俄國過激派之勢力東漸。卽捷克軍如不能贊成日本此種目的。日本亦並無實際維護之意思。當各國出兵之先。美國特與日本協議。約定各出七八千兵爲止。日本陽許之。而其實際派赴西伯利亞之軍隊。據美國人之調查。謂十倍於約定之數以外。蓋約十萬左右耳。此等大軍赴西伯利亞之後。分布於貝加爾、阿穆爾、沿海濱、三省之各阨要地點。其與美法意聯軍、實際維持捷克軍之旨。頗異其趣。蓋日本之陰謀。欲以俄國哥薩克將校、全聽日本指揮命令之謝米諾夫、爲西伯利亞之統一者。以作成遠東之緩衝國。而歸日本之所保護。

日本運用俄國黨魁

聯軍窺破此旨。則以沃木斯克之政府爲主體。而以東部西伯利亞各政團附之。日本見此形勢。旋又運用沃木斯克政府最高主權之高爾哲氏爲其傀儡。以種種複雜情形。西伯利亞各部。卒不能統一。

過激軍之全勝與各國撤兵

勞農政府之過激軍。遂以民國八年十一月。擊破沃木斯克政府。陷伊爾庫次克省。且急轉直下。貝加爾阿穆爾沿海濱三省之政權。相繼歸於俄國新黨之手。舊黨完全失敗。至此聯合各國。以勞農政府漸有統一全俄之能力。以不干涉內政之理由。遂根本變更從前

尼港事件與日本佔領沿海省

日本佔領沿海省之聲明書

出兵西伯利亞之方針。而決志撤兵。民國九年一月。美國首先撤兵。英法意三國亦相繼撤退。惟日本不肯過寶山而空回。則以保護僑民、維持接壤地安全之口實。獨按兵不撤。然以各國輿論之訾議。及本國一派之反抗。陷於進退失據。適三月十八日。尼科來伊佛斯克（即尼港）之日本兵民、約六七百人全爲俄國過激派所殺害。日本乘此機會。謂海參崴俄國新黨臨時政府之軍隊。亦有襲擊日軍之陰謀。於四月五日。突然解除海參崴俄軍之武裝。而佔領之。同時沿烏蘇里鐵路至哈巴羅甫喀。又沿黑龍江至尼港。并樺大島之北部。一概佔領之。至七月三日。日本政府以官報正式發表佔領之聲明書如左。

本年三月十二日以來。日本在尼港之守備隊、領事館員、及僑民、約七百人。全爲俄國過激派所虐殺。日本爲保全國家威信。不得不出必要之措置。惟因俄國目下無實際可交涉之政府。祇得暫時佔領尼港、及樺大北部。以待將來俄國正式政府成立。本事件得圓滿解決時爲止。又海參崴與朝鮮相接。更多日本僑民。哈巴羅甫喀爲通樺大島之要道。皆宜駐相當之軍隊。俟該地安定時撤退之至貝加爾方面之日本軍隊。政府顧今日之事體。本屢次之聲明。現決定向同地撤兵。

依此聲明。日本於各國撤兵之後。將俄國沿海省之重要部份。完全佔領。而換以撤退貝加爾方面之日軍。以符聯軍各國撤兵之旨。當經美國政府質問佔領俄土之眞意。日本以尼港事件無法解決、出於不得已、答之。美國不再追問。日本認爲默認。事實上作爲己有地矣。追憶十年前。日本戰勝俄國之結果。其取得於俄國者。不過樺大島南半截之領土而止。今與各國共同出兵。獨將俄國東部出海之重要部份。概行佔有。其所得報償。可謂特高。出兵之慾望。應以滿足。然事實殊不止此。其自貝加爾方面撤退之軍隊。則完全撤至中國領內黑龍吉林兩省、沿中東鐵路一帶之地域而止。北政府與東省當局。迭要請撤退。則以恐俄國過激派侵入滿鮮。及保護日本僑民生命財產之口實。拒絕之。此種軍隊之駐屯北滿。私運軍火。不服檢查。暗中齎與馬賊與謝米諾夫之殘軍。令其於中東路及滿蒙各處。肆行騷擾。俾日本駐在軍將爲相機之行動。蓋必欲攫奪中東路權。並繼承

日軍駐屯北滿中東路沿線

中東路管理權之變遷

聯合鐵路委員會之處置中東路

俄國帝制時代、在北滿外蒙一切權利利益、而後止也。（參觀拙著第三版中國近時外交史外蒙古事件章）此等野慾。對於中國政府。雖尚未到明白要求之機會。然爲新銀行團問題。日本正式向美英法三國政府。要求承認南北滿洲、內外蒙古、皆除外。（詳第十二章）其無忌憚之明白表示如斯也。

先是民國七年十一月。吉林當局。以俄兵紛擾。迫令解除武裝。收回中東路守備權後。旋由我國政府、添派該鐵路督辦一名。故中東路之管理權。事實上亦變爲中俄共有。及各國出兵西伯利亞。設置聯合國鐵路委員會於海參崴。協議將西北利亞鐵路、烏蘇里鐵路、及中東鐵路、統歸出兵各國共同管理。（俄國在內）雖經我國反抗。卒將中東路之守備權、委諸我國而止。以情理論之。西伯利亞鐵路與烏蘇里鐵路。因俄國紛亂。不能維持交通原狀。各國出而代庖。不失爲情理之正。至中東路原爲中俄兩國所合辦。雖俄國紛擾。然中國已負護路之完全責任。且中國爲參戰之一員。該路歸中國管理。應不成問題。乃聯合會僅以護路權許與中國。是爲各國不講公道。損害中國主權之行爲也。然日本尚不滿意。當時日本司令

日本謀奪中東路權之行爲

官大谷氏。援中日軍事協定、有中國軍隊入於日本軍司令官指揮之條文。向聯合會要求將中國中東路之守備隊。亦歸其節制。蓋欲藉此攫奪中東路之守備權也。然爲各國之所拒絕。嗣後日本對於謝米諾夫、高爾哲之援助。皆秘密訂有讓渡中東路權與日本之交換條件。然謝高二氏皆失敗。約束無法履行。

中東路權之歸還中國

民國九年三月十一日。爲俄國革命三週年紀念日。中東路之俄國業務人員。與西伯利亞遠東共和國政府甚表同情。因該路督辦霍爾哇拖、係帝制餘孽。又利用中東路之行政權與警察。屢與新黨不利益之故。擬於紀念日、起革命示威運動。因華警干涉不果行。遂全體罷工、要挾霍氏去職。吉林督軍兼中東路督辦鮑貴卿。以該路交通行將破壞之故。一方勸令霍爾哇拖解除督辦職。一方以軍力鎭壓工人。罷工問題。因以解決。自是中東路附屬地之行政權及警察權。完全爲我國收回。當時鮑貴卿發表一布告。大致謂中東鐵路沿線地帶。原爲中國之領土。曾再三訓告不得紊亂地方安甯秩叙、在案。然督辦霍爾哇拖、屢利用軍警。行利於己派之政策。致買俄國勞働界之怒。同盟罷業。余爲確保中國主權。及維持鐵路秩叙起見。不得不向霍爾哇拖提議。請其解除職務。以全路政。嗣後路事取决于董事會。以示公開。無論俄國政黨或個人。皆不許以政治之目的干涉鐵路事業。俟將來俄國統一後。中俄間再訂辦法云云。此宣告後。駐哈聯軍皆無異言。美國尤首先表滿意之答覆。當時雖有主張以四國名義出而干涉者。然各國不爲所動。自是中東路之俄國管理權。完全歸還中國。爲日本所痛心。萬不肯從此放手。遂將貝加爾方面撤退之日軍。全駐屯於吉黑兩省中東路沿線之一帶。動與中國

日軍暗助馬賊之目的

軍警爲難。而其暗助馬賊肆擾。尤爲毒狠。蓋不僅爲不肯撤兵之藉口。並欲以此證明中國軍警、無維持秩叙保護鐵路之能力。便要求添設日本軍警於該路之計劃也。現在吉黑兩省之馬賊。數達三萬以外。皆有日本給予明治二十八年式三十年式之完好武器。迭經東省當局查獲。及中外新聞之所証明。日本政府並不辯正。後藤男爵且認爲公然之秘密。故近年來、此等馬賊之肆行擾亂。爲前古

馬賊橫行與中東路之危急

所未有。將來必發生重大事變。影響於中東路權可拭目俟之。證諸往事。日軍入鄭家屯。則生鄭家屯朝陽坡兩大事件。入山東。則山東變成南滿。入延琿、則韓民

遭無天日之慘殺。中國受主權內政之侵害。今駐此等大軍於中東路。則中東路寧有倖免之理。日軍一日不撤。則中東路一日在危險中。固無疑義。推原禍始。蓋爲中日軍事協定之結果。

尼港事件

黑龍江航權之今昔

江防艦隊之使命

且日本之侵畧北滿。非僅欲奪中東路權而止。即中國於黑龍江之航權。亦必欲完全破壞之。此徵諸尼港事件而不誣者也。先是咸豐八年。愛琿條約規定黑龍江、松花江、（愛琿條約之松花江指黑龍江下游而言參觀拙著中國近時外交史三版四九五頁）中俄兩國有平等之航權。因清政府不修航政。黑龍下游之航權。爲俄國所獨佔。華商雖屢欲恢復愛琿條約之權利。然俄人以多年獨任勘濬費爲口實。阻絕之。自歐戰開始。該處之俄船。次第停駛。於是華商航業相繼以起。俄人以需要供給之故。甚歡迎之。且以俄船賣爲商運之用。然屢次被俄匪搶刼。華商因呈請北政府派兵艦保護。北政府乃有組織江防艦隊。保護黑龍江航權之舉。民國八年六月。中國新組織之江防艦隊。利綏利捷江亨利江四砲艦。經海參崴赴黑龍江口之尼港。擬溯江西上。打通松花江、與黑龍江上游、至黑龍江口之航路。此該艦隊之使命也。乃日本自出兵西伯利亞

日本阻害江防艦隊之行為

之後。於黑龍江自由行航。大有代理俄國獨佔黑龍江航權之慾望。關於中國恢復黑龍江航權之計劃必欲破壞之而後已自華艦由海參崴上駛之時日本即派軍艦跟隨其後。及至尼港。嗾使俄人干涉。而明由日艦監視不准其入江。然中國於黑龍江之航權。係根據瑷琿條約之權利。與日本毫不相干。當由駐海參崴外交委員劉鏡人與俄國臨時政府交涉。得其承認入江。詎俄司令官高梅果夫。全為他國人之傀儡。而聽其指使。俟華艦至哈巴羅甫喀附近。忽開砲轟擊華艦不得已退返尼港過冬。一面由北政府與俄國當局交涉清楚。預備民國九年春冰放釋時再進。詎料冰期將解日本阻害之計愈工。硬誣三月十八日。尼港俄人殲殺日人之時。華艦曾助俄人砲擊日人。藉此將華艦扣留。並拆卸武裝拘禁船員。迭經外交部與日使交涉。不得要領。乃由雙方派員實地調查。結果不能發見砲擊日人之確實證據。而日本固執。非依其要求砲艦不得放行。我國政府不得已。卒向日本政府道歉。並給日人死於尼港者撫恤金三萬元。乃將華艦放行入江。此日人破壞中國黑龍江航權之事實也。

尼港事件之結局

日艦擊沉中國風船事件

此間尚有一事。民國九年六月二日。我國江防艦隊停舶尼港利川號艦長林文壽。派水兵傭工數十名。乘大木船。赴五通山取柴。歸途無端受日艦砲擊。該船當懸中國國旗。水兵各手揚國旗。以示無他。卒被日艦擊沉之。死三十四人。傷數人。逃歸者十餘人。據林艦長呈江防司令之文。則謂當即函請駐廟街張領事向日本交涉。究竟張領事曾呈報外交部否。江防司令曾呈報海軍部否。皆不可知。總之我國政府。為日本扣艦事件。與日本判談數月。卒不提此案。以相抵制。及扣艦案了結之後。乃向日本提出。日本始初答覆。則謂如有此事。何以事隔數月。不聞及早提及。繼則謂是日本軍艦相機必要之處置。表示實有其事。而不得向中國負責。我政府亦無可如何。無實證之砲擊日人事件。則除扣艦之外。道歉、賠欵。始得了案。而實在無端擊沉懸掛中國國旗之船船。并擊死數十人。則毫無結果。國際祇論強權。不論是非之謂歟。

第九章　日本使署收容中國禍首事件

日本扶持參戰軍之政策

皖系藉外力之驕橫

直皖兩系衝突之發軔

民國七年九月二十八日。日本依據中日軍事協定。予北政府段祺瑞內閣參戰借款二千萬元。使編練巨額之參戰軍。同日日政府又予段內閣滿蒙四鐵路墊欵二千萬元。又予濟順高徐兩鐵路墊欵二千萬元。一日之間。日政府供給段內閣六千萬元之鉅欵。其目的一則攫取中國種種之權利。二則擴大中國自相殘殺之局。三則參戰軍用日本多數軍官訓練。以取得中國軍事上之特殊地位。已於第六章詳言之矣。段祺瑞內閣得此等鉅額之欵。乃命徐樹錚編練三師四混成旅之參戰軍。皖系軍閥。遂陡然於國內增強厚之實力。為各系軍閥之所側目。而屬於段系之安福俱樂部。氣燄愈張。把持政權。蹂躪上海和會。使無法進行。北總代表朱啟鈐遇事悉承皖系軍閥之意旨不能執行全權之職務致和會無解決時局之能力詳第六章第四節 民國八年五月。上海和會第二次破裂。全國各界無不憂慮。直系軍閥如曹錕吳佩孚等。亦深以安福系倚賴外力。阻礙國內和平為杞憂。深望和局有所轉旋。然其時北京政權。全為安福系所左右。

吳佩孚撤防與直皖開戰

總統及國務院。成爲一系之傀儡。六七月間。既任命徐樹錚爲西北籌邊使。兼西北邊防總司令。又任命段祺瑞爲邊防事務督辦。更任命安福俱樂部首領王揖唐爲議和總代表。當時駐衡州第三師師長吳佩孚。致電國務院。明言派此等毀法賣國領袖爲議和總代表。足徵無議和誠意云云。此直皖兩系衝突之發軔也。其後南北和局無望。兩系之暗鬥益烈。吳佩孚卒於民國九年四五月間。率駐衡州之軍隊。撤防北歸。遂招致湖南譚延闓趙恒惕等率湘軍逕陷長岳。湘督張敬堯失守逃走。受北政府之革職處分。爲皖系軍閥所忿恨。同時東三省巡閱使張作霖。與四省經略使曹錕。保定會議。以北京政局多被安福系把持之故。要請總統將安福系三總長。（交長曾毓雋財長李思浩法長朱深）及西北籌邊使徐樹錚。皆免職。徐以久苦安福專橫之故。竟于七月四日。下令免西伯籌邊使徐樹錚之職。改西北邊防軍直轄於陸軍部。遂大觸邊防督辦段祺瑞之怒。段於同月八日。由團河入京。召集軍事會議於將軍府。決定即起邊防軍。自爲總司令。討伐曹吳。惟以日本政府曾有不得利用該軍爭奪政權誘致內亂之提議。特將邊防軍改名定國軍。以免日本政府之爲難。同時要挾總統。免曹吳官職。並謂大總統任免黜陟。不能爲一黨一派所挾制。關於徐張免職。余不過問。惟湖南問題。四省經略使曹錕任吳佩孚自由撤防之罪。不可不問。余爲維持國家紀綱。擁護總統計。特與討賊之師云云。徐總統接閱此牒。惶惑無措。不得已當卽下令將曹錕四省經略使兼直隸督軍、革職留任將吳佩孚所有軍職勳位一概褫奪交軍法會議議處。直皖兩軍戰端因此開始。

原段祺瑞所率之定國軍。卽邊防軍之別名。亦卽參戰軍之別名。實與日本有產育教養之關係。故直皖兩軍將開戰之際。我全國人皆注視日本之態度。當時日本政府。令旅順艦隊動員。速向天津進發。又訛傳日本以三井洋行名義。借予交通總長曾毓雋一百萬元。南方軍政府、與全國各界、皆致電外交團與日本公使。要求主持公道。並明問日本政府之態度。而尤以七月十日、曹錕親致北京公使團之公函。爲最阨要。該函大致如左。

曹錕致公使團之公函

(上畧)近且脅迫總統。軟禁府中。將用其強暴武力。以與鄙人等開釁於疆場。

此雖關於內政衝突。然其中實與各國外交有牽聯之關係。不得不臚列事實。以求各公使預爲防禁。

一、前因中國參與歐戰。向日本借欵。編制參戰軍。聘日人爲教官。其宗旨全係對外而設。日本政府。曾經宣言、此項借欵所練之軍隊。決不令其對內。以害中國之統一。今參戰軍既改爲邊防軍。尙有日人在內教練。且開赴長辛店以迫我。其非對內而何。此應防禁者一也。

一、前各友邦互約中國未統一以前。不以軍械售與南北雙方。意至善也。不料近聞意大利日本兩國人民。有協助安福系軍隊之事實。不但協濟軍用品。且有該國人民、參與作戰之活動。素仰我友邦公使。一秉大公。不忍敝國人民。罹於兵禍。故不得不以調查所得者。爲友邦諸公使陳之。七月七日夜間。意公使館野戰砲兩尊。移赴南苑段祺瑞屯兵之地。七月八日、意人售與曾毓雋槍彈六百萬發。砲彈四百發。自山海關運赴南苑。且有意大利飛機師數人。現在南苑協助作戰活動。又西北邊防軍中。尙有日本士官爲教練員。七月八日、交通部長曾毓雋借到日本三井欵一百萬元。以德國在天津某項產業作抵。幷允許嗣後如因作戰續有需欵之處。可以續借。安徽督軍之秘書王郅隆。上星期見天津日本某司令。叩以對於此次政潮之態度。聞某司令答云。日本現有軍隊一千六百名。在支那北部。一旦安福失敗。北京騷動時。該日軍及駐旅順之日軍六千名。即可調赴北京。名義上爲保護日僑及外人。實則恐不免爲安福之後盾云云。錕深望友邦公使。如遇本國人民有上項不端舉動時。早爲禁絕。否則恐吾國內爭引起國際紛糾。致生全國人民永久之惡感。殊於國際交誼有礙也。

日本公使之宣言

曹錕發送此函後。意國公使旋聲明謂外交團議禁售賣武器與中國之約。意國曾聲請保留在案。且此次交付少數武器。實係購買者之責任云云。而日本公使小幡酉吉。亦於七月十四日。向外交團發表左記六項之宣言。

一 日本政府已致訓令於駐華日本各官憲。對於中國此次政變。宜守中立。不可有援助一黨一派之措置。

二　日本政府。曾提議不得利用邊防軍供國內政爭之用。經中國政府保障在案。惟實行保障與否。則是中國政府之責任。日本無強求之義務。且此時兩方已整戰備。若對一方干涉。顯有不守中立之嫌。

三　日本將校。實有在邊防軍內擔任訓練者。惟與實戰之部隊。毫無關係。且日本政府。已訓令此等將校停止出席。

四　關於武器輸入中國。日本仍守各國公共之約束。

五　日本依據一九一七年之宣言。凡流用政事之借欵。概不應允。今仍確守此旨。所有安福系借款之記事。全是謠言。

六　在京津之日本軍隊。單使用於日本公使館危險之際。其行動必與列國軍隊共同一致。

定國軍之大敗

此宣言之同日。直皖兩軍、實際開戰。計自十四至十七等日。兩軍激戰於京漢鐵路琢州、高牌店、琉璃河等處。其結果定國軍一敗塗地。前敵總司令段芝貴。及第一路司令、即第十五師師長劉詢、第三路司令、即邊防軍第三師師長陳文運。第

段祺瑞之自劾

參戰軍之撲滅

善後之處分

四路司令、即第九師師長魏宗翰、皆喪師逃走、僅以身免。第二路司令、即邊防軍第一師師長曲同豐、全軍覆滅、身爲俘虜。第五路司令、兼總參謀長徐樹錚、亦隻身走北京。總司令段祺瑞、不得已於二十日、呈請取消定國軍。并請褫奪本身一切勳位勳章、罷免現任邊防督辦與管理將軍府各官職。以自劾。自是皖系軍閥大被摧折。而自民國七年以來。徐樹錚利用日本之欵械。新練三師四混成旅之參戰軍。氣燄囂張。務欲以此橫暴武力。統一國家。經西南軍政府及上海和會、迭請北政府解散此種軍隊。而不可能者。僅於四日之內。全爲直軍吳佩孚等之所撲滅。殊爲中外人意料所不及。當兩軍開戰時。日本急令旋順艦隊。非常動員。向天津進發。意欲何爲。雖不可知。然該艦隊到天津。而戰事已經了結。京津間亦未發生何種外交問題。此誠中國之大幸也。自是北京由靳雲鵬組閣。對於時局善後。除解散邊防軍。免段祺瑞邊防督辦職。處王揖唐吳光新參加內亂罪。外以徐樹錚、曾毓雋、段芝貴、丁士源、朱深、王郅隆、梁鴻志、姚震、李思浩、姚國楨、爲十大禍首。懸重賞以索之。其時駐北京英美法意各公使宣言。公使館地界內不收容此等。禍首。免延。中國。之後。患。然日本以中國親日派之皖系軍閥大被摧折。又由日本產育教養之參戰軍亦被殲滅。大爲寒心。遂由駐京日公使小幡酉吉將徐樹錚等相機收容。加以保護。以待中國將來時局之變化。小幡收容徐樹錚等之後。

日使署收容禍首之通告

於八月九日。以左記通牒。知照北京外交部。

日前徐樹錚、段芝貴、丁士源、朱深、梁鴻志、曾毓雋、姚國楨、姚震、王郅隆、九人。來日本公使館各自求一身之保護。公使館顧國際之通義。與中國已往多數事例。認爲事情不得已。決定對於諸氏、加以相當之保護。收容於使館護衛隊營內。當誥誡諸氏。在收容所內。不得干與一切政治。並斷絕與外部交通。貴國政府、應諒解本公使館此措置實出於超越政治上之主旨。即諸氏之受保護。並非以其屬於何黨派。而予此特別待遇。實視爲不屬於何政派。故不能拒絕收容保護之請求也。

北政府要求引渡之回覆

靳內閣至二十二日。始致答覆於日使。大致謂徐樹錚等九人。貴公使雖認爲政治犯。加以保護。然敝國政府。認彼等爲刑事犯。俟各關係官廳查明各本人罪犯

日本外務省之公布

證據後。要求引渡其未引渡以前。務乞十分監視。不得令其逃亡。小幡當即向外部致拒絕引渡之回覆。同月三十日。日本外務省。特爲此事發表左記之公布。

曩者在華帝國公使館以收容徐樹錚等九人之原因。並監視該九人之嚴肅態度。曾通告中國政府。並同時向內外公表在案。然最近中國政府對於帝國公使館之措置。不表同情。其覆文有俟各關係官廳查明各本人罪犯證據後。要求引渡其未引渡以前。務希十分監視。不得令其逃亡等語。然帝國公使以中國政府對於徐樹錚等之逮捕命令。實依政治上之理由。故認爲政治犯人。而加以保護。則無論其有無附帶普通及刑事諸犯罪。不得承認引渡之要求。已將此旨回覆中國政府矣。

日使報告徐樹錚脫逃

日政府此公布。即表示無論中國政府判決徐樹錚等何等罪名。斷不引渡之宣言也。及十一月十六日。小幡忽致函外交部。報告徐樹錚於同月十四日晚間脫逃。北政府甚爲驚訝。當由外部向日本政府與小幡公使同時提出左記四欵之要求。

中國對日使之要求

一　貴使前旣聲明、禁止徐樹錚等干涉政治、勾通外間。今竟聽其逃逸。是貴使自食前言。應請正式向中國政府道歉。

二　貴使前旣聲明收容徐等於衛隊營內。則衛隊有看守之責。今疏於防範。應請予以相當懲罰。

三　以後徐樹錚如在敝國境內。或貴國勢力範圍內。有擾亂公安破壞國際地位之行爲。貴國政府、應負其責。

四　貴使署旣不能盡看守之責。請將徐樹錚以外八人。從速引渡。

日使之狡賴

殊日使對於此等要求之回覆。則謂徐等來求保護。本使照國際慣例收容之。彼等若撤回前請離去本署。本署不能攔阻之。故前二項之要求不成問題。而徐樹錚以後之行動。日政府無負責之理由。餘八人尤無引渡之義務、云云。雖經外交部以後迭次交涉。而日公使之狡賴如故。毫不能稍獲要領。原北政府發表十大禍首。本近滑稽。有罪較重而不列入者。有罪同等而任其消遙府院間者。且稍閱時日。此等禍首。未必不援張勳之例。而予特赦。故本無具論之必要。惟旣成國際

使館收容政治犯國際法無根據

小幡對華對日本之責任

問題。不得不就國際上之事實與法理。一究其是非。按公使館收容駐在國之政治犯。國際法原則上無確定之根據。雖西班牙南美等國。偶有此等事件。然歐美各大國。皆不公認。且多數學者亦多指駁。良以公使在駐在國。不應使駐在國內政。有感受困難之行爲。若公使有此等行爲。駐在國政府。有停止其公使待遇之權。且得要求該國政府撤退之。故此種保護。實不適用於現在。雖民國六年黎總統入日使署被保護。然非中國之罪犯。康有爲避入美使署。亦中國不認爲禍首。惟張勳避荷蘭使署。當時中國認爲禍首。然始終不承認荷蘭公使之保護爲正當。故日使所謂顧念國際之通義。及中國已往各事例。殊屬牽強。惟荷蘭公使既有保護張勳之先例。雖未經中國承認。然不能謂日使此次收容中國禍首爲全非。惟故意放走。且謂本署不能攔阻云云。則可見收容徐樹錚等。並非以保護爲目的。實以擾害中國將來之內政爲目的。此明爲日使令駐在國內政感受困難之行爲也。且日本外務省之公布。有並將監視該九人之嚴肅態度通告中國政府之語。今聽其逃走。監視之嚴肅何在。此尤爲日使喪失其本國國際上之責任。

日本國會問責之正論

道義與人格而不顧者也中國政府本可認此事爲小幡故意使中國內政感受困難之行爲而要求日本政府另簡賢明惜乎北政府不能執行也此事日本國內除新聞界大責本國政府與小幡氏蔑却國際上之責任外其國會議員藤村義朗等曾提嚴重之質問謂關於徐樹錚脫逃事件有不可輕易看過之事外務省既發訓令嚴禁干涉中國內政則徐樹錚等逃入公使館時小幡公使當然與各國公使取一致態度嚴行拒絕縱因平素有特別關係不能拒絕然徐氏從使館逃出時何得令某某等武官與以援助而使其貫澈目的公使館收容駐在國之犯人應予嚴重監視此國交上之責任也乃一夜脫逃並有官憲從內部助之政府對於中國之責任與小幡之責任爲何如云云此可見日本國會中亦有主持正義深以蔑却國際上之責任道義與人格之政府之公使爲不然者

韓人之獨立運動

第十章　琿春事件

民國九年十月二日。韓國獨立黨人。率同俄匪馬賊約三百人。由俄境雙城子方面。潛入琿春。先焚日本領事館。再轉燒日本街市而退。日本人死者十餘名。傷者十餘名。是爲琿春事件。（此依據日本方面之報告云然）先是日本合併韓國之後。韓人屢要求平等待遇、與自治權而不可得。一九一七年春。韓人聞歐洲和會主張民族自決。遂勃發獨立運動。一方派代表赴歐洲和會。陳訴日本之待遇。請予獨立。一方於國內起反抗日本之行爲。前者以無紹介。不得達陳訴之目的。後者韓民之老幼男婦赴日營要求自治權而死於軍火之下者頗多。因此韓國黨人。多潛匿於附近之中俄兩國地域吉林省延吉道之南。圖們江之北。日本稱爲間島區域者。准宣統元年、中日間島條約。中國允許韓民雜居該地。從事墾務。因此韓人避居該地之人數。忽達二十五六萬之多。此等韓人之壯年男子。其抱恢復祖國志願而從事秘密運動者。勢所不免。中國地方官憚於日本之問責。屢加壓制。驅逐黨魁。遂愈

琿春事件之原因與事實

激韓人報復之思。此琿春事件發生之根本原因也。至東省馬賊。雖素爲外人所養育。然其性質。不過掠奪金錢。擾亂地方而止。十月二日之琿春事件。雖有少數馬賊在內。然僅焚日本領事館及日本街市而止。與馬賊平常刼掠之性質。大異其趣。蓋實爲韓人報復日本之行爲。而非馬賊之主動力也。又此等韓人、實由俄領雙城子方面潛來。並非住間島之韓人所爲。此所以中國軍警不及防範。亦即中國不能負重大責任之理由也。乃日本政府接琿春事變之報。除當派大軍進入琿春外。並派大軍進據和龍、延吉、汪清、東寧、寧安之五縣。當時出兵之次第。其第一隊由圖們江出發。佔駐琿春全境。第二隊由海參崴出發。進佔中東鐵路三岔口、寗古塔一帶之地。第三隊由俄邊出發。佔駐中俄交界一帶之地。第四隊即自西北利亞撤回之兵。佔駐中東鐵路海林穆稜一帶之地。此外另有兩隊。一由海參崴斜入延吉。一由南滿出發。佔駐延吉以西各地。此等軍隊之實數。日本當局、極付秘密。據吉奉當局之調查。約一萬左右云。

日軍進佔延吉道

原此次事變之地爲琿春。無論琿春爲中國地域。日本不能自由出兵。縱出兵亦應限於琿春一處而止。乃將延吉道之大半縣份佔領之。其意何居。又此事變實爲住俄境韓人報復日本之行爲。日本不能心服所屬韓人。致擾害中國境內之治安。中國政府本可因此忠告日本。應稍予韓人平等待遇。免致擾亂邊陲。乃事不出此。日本反問中國之責任。自由出兵。而此等日軍、於十月六七等日次第進入延琿各地。日公使小幡酉吉於十月九日、始訪外交總長顏惠慶。請中國政府確定迅速辦法。並要求日軍協助剿匪。顏外長當謂中國政府已明令責成地方官出兵保護日僑。取締韓匪。日本毋須出兵。小幡以中國做事大慢。兵亦未必可以清匪爲言。堅持非出日軍不可。然其時日軍進入延琿境內者已數千矣。同日日本外務省、發表琿春事件之布告如左。

日本外務省之布告

自去年三月朝鮮獨立運動勃發以來。多數不逞韓人。以間島地方中國取締之迂緩。遂以該地爲根據地。又得俄領過激派供給武器。於去年五月曾焚間島日領事館之一部。並屢殺害日韓多數良民。最近復在該地設置兵舍。徵募壯丁訓練。將伺機進擊朝鮮。帝國政府屢訓令駐華公使領事、喚起中國政府及地方官之注意。奈中國政府不顧屢次之警告。並不實行取締。帝國政府、不得已。請由日本警察隊與中國共同動作。中國拒絕不允。八月上旬由吉林派兵至間島駐紮。然孟司令兩次出巡。並無何等效果。反使中國官兵與朝鮮黨人得互相妥協之機會。遂致掃蕩之事。益覺難辦。果然本月二日。有多數韓人、俄國過激黨馬賊及御中國官兵服式之華人等。集成大隊。來襲琿春日本領事署。除郵政室外。悉被焚燬。自警察署長、以至十餘名之日本警官。均遭慘殺。復焚燒日本街市。日人被害者甚衆。實為近時稀有之一大慘禍。蓋近時蟠踞內地之韓人。以遭中國驅逐。滿懷失望。因與馬賊過激黨通同一氣。觀此次專攻日本領事署。殺傷日本官民。則足知不僅為馬賊。而帶有過激采色之暴徒。殆無疑義。尤不能輕易視之者。則有中國官兵混入之形迹也。使果有其事。則中國之責任極其重大。俟精密調查後。應取包括的解決手段。與嚴重交涉之必要。但為一時應急自衛起見。已派日軍馳往琿春。保護僑民。但該匪黨尚出沒於局子街、龍井村、頭道溝、百草溝各地。帝國政府為防患未然起見。於本月六日。由奉天派遣軍隊馳往該處。以保護領署及僑民。是出於自衛之不得已。現在帝國政府就以上事實。求中國方面之諒解。倘形勢險惡。範圍更大。則尚須添派必要之兵力。至關於以後剷除過激派及不逞韓人之辦法。曩日帝國政府曾有所提議。此後當再與中國協議。由中日兩國軍警共同討伐之也。

日本駐兵設警之預劃

此布告故張大其辭。誹中國官軍不但不能清匪。且與匪同謀。所謂應取包括之手段者。蓋如調查華兵果有與匪同謀之處。則日本視華韓一體。將實際奪取延吉道耳。末稱關於以後剷除過激派及不逞韓人數語。則預備此後必於延琿各縣駐紮日軍。並設置多數日本警察署之預言也。

日軍之殘暴行爲

日本政府之決心既如此。當時日公使與外交部。日總領事與奉天巡閱使之交涉。則惟根據中日軍事協定。要求中國承認共同剿匪。雖北京奉天同聲拒絕。然日軍不稍阻滯。日軍到華境之後。對於琿春問題。並不過問。而對於二十餘萬之韓農與學校教會及其國籍等。一一爲嚴格之檢查。涉及中國內政。固所不問。而查出與黨人有關係嫌疑。則同村落之無辜韓民。同遭焚殺之慘劇。據韓教徒安昌浩控訴日軍殘暴、於羅馬法皇之電稱。此次日軍焚燬韓人家宅一千餘戶。燒教會二十一處。燬學校七處。慘殺教徒二千一百餘名。華人二百餘名。又據張巡閱使文日致國務院電云。據張旅長學良眞電稱。灰日韓匪撲襲日軍。於一面坡日軍迎追不及。竟亂捕農民。指爲匪黨。慘殺百七十餘人。割耳六十餘人。該地人民無辜被禍。紛紛來營哭訴。懇請指示辦法。又據日本衆議院議員淸瀨一郎之質問書云。大正九年十月三十日。延吉各村落之韓人。突被慘殺。村落房屋悉皆焚燬。此種暴舉。吾人初不相信。洎十一月六日、軍司令部發表、探知獐巖洞不逞鮮人潛伏。登將該地耶穌學校包圍。所有鮮人悉已射殺。學校亦已焚燬。其後陸軍部更發表、其他數處。尙有同樣之行爲。卽獐巖洞、龍井村附近各村落、及南屛洞等處之暴行是也。又陸軍部特派員水町大佐發表、日軍射殺鮮人之內。雖不無無辜良民。然一一審查其良否。則恐逃走。故一併射殺之等語。查前記各地方非日軍之前線。乃日軍之後方。捕之而不能審查其良否。誰能相信。且假藉秘密會所之名。濫將建造物燒燬。究竟是何目的云云。觀此數事。可證明日軍在延琿

中國條約上保護韓民之責任

中國外交之闇弱

各縣橫暴之情形矣。據宣統元年中日間島協約。中國政府有保護韓人生命財產之義務。萬無忍受日本此樣橫暴之理由。間島協約四五條之規定如左。

住居圖們江北雜居區域內之韓民。服從中國之法權。歸中國地方官管轄裁判。中國官憲對於此等韓民應予以與中國人民同樣之待遇。

中國政府對於圖們江北雜居區域內韓民所有之土地家屋。應視同中國人民之財產。予以完全保護。

准此協約。韓民之生命財產。與中國人民同等。中國政府有完全保護之責任。況此等韓人。率入華籍。即係中國之人民。乃日軍任意焚殺害及無辜。人道主義。且不必問。其蹂躪條約。蔑視主權。爲何如。在他國受此等侮辱。當然爲兩國開戰之問題。然我國當局忍受日本欺凌。已成第二天性。並不敢援條約上之權利。及主權關係。與日本爲嚴重之交涉。舉凡駐日公使胡維德、外交部長顏惠慶、東三省巡閱使張作霖、與日本方面之交涉。惟表示中國政府不承認日本此等自由出兵而止。一方由奉天吉林兩省派重兵赴延吉各縣。驅逐韓國黨人。一方以中國兵力可以維持秩叙、保護日僑、爲理由。要求日本撤兵。而日本政府始初以爲華兵加入韓匪爲事實。欲藉此以重中國之責任。繼調查無確實證據。而奉吉官軍到延琿後。驅逐韓黨。十分出力。事實上延琿全境肅清。又調查所有馬賊之武器。無一非日本所供給。日本自知不便佔領此等土地。乃倣鄭家屯故事。於日兵所

日本駐兵設警之處置

到之地。即設置日本警察署。於是琿春和龍延吉汪清東寧各縣。皆爲日本之警察區域。後患從此無窮矣。（如鄭家屯事件即係日本警察之所鬧成）然日本雖設置此種警察。仍不撤盡軍隊。雖中國政府主張全軍撤完後。始予商議。然日本利於延宕。至民國十年三月。尚留軍數千不撤。（本史於三月交付印刷）蓋以此事止於中國主權內政人民有損害。日本無急望結案之必要也。將來此案如何議結。尚不可知。

疎防之責任

原韓民獨立運動以來。日本之迫壓。及韓人之反抗。兩年來之事實。爲世界所注目。延琿接壤韓邊。有二十餘萬韓民集居。當然爲韓國政治犯逃命之藪。又處於日本嚴威監視之下。則東省當局。早應十分注意。乃擁兵二十萬。不能令得力軍警。防患未然。以致發生此次事變。疎防之咎。自有攸歸。至日本於福州事件。明爲

日本侮辱中國之甚

日本人無故殺害中國人。則要求懲兇而不准。又對於中國禍首。日使於北京境地。自由收容。自由放走。不承認中國問責。而韓人在中國境內之革命黨人。日本則視同無政府之國家。自由出兵。並視同阿非利加之野人區域。肆意焚殺。且傷害多數華人之生命財產。尙不聞我國政府。提出何等條件。而日本且有駐兵設警。及其他之要求。國際間不平等之事。孰有過於此者。世界能忍辱受侮之國家。又孰有等於中國者。然琿春事件。猶其小焉者。將來必有什伯倍於琿春事件。發生於吉黑中東路之間。

東省之危急

蓋從前日本侵佔東蒙與南滿。僅憑馬賊爲惟一之媒介。今則更增不逞鮮人、及俄國過激派之兩大口實。夫東省而欲免馬賊、韓黨、及俄國激黨、之侵擾。勢所不能。況有日人左推右挽於其間哉。（如東省近年馬賊猖獗全爲日本扶持所致後藤男爵自認爲公然之秘密馬賊首領住於大連馬賊武器全爲明治二十八年式三十年式東省各處之日本旅館即馬賊棲游保險之所）東省當局擁重大雄兵。勢優全國。甚願妥實防範。毋使琿春覆轍。再見於他日。則功在國家也。

第十一章　取消中日軍事協定

中日軍事協定各文書

中日軍事協定。始於民國七年三月二十五日、駐日公使章宗祥與日本外務大臣本野一郎。在東京交換中日兩國共同防敵之公文。繼於同年五月十六日、中國陸軍委員長靳雲鵬、與日本陸軍委員長齋藤季次郎、在北京締結中日兩國陸軍共同防敵協定。又於同年五月十九日、中國海軍委員長沈壽堃、與日本海軍委員吉田增次郎、在北京締結中日兩國海軍共同防敵協定。又同日締結兩國海軍共同防敵軍事協定說明書。又同年九月六日、中國陸軍委員徐樹錚、與日本陸軍委員齋藤季次郎、在北京締結兩國陸軍共同防敵軍事協定實施之詳細協定。又民國八年二月五日、中國陸軍代表徐樹錚、與日本陸軍代表乙東彥、在北京締結兩國陸軍軍事協定延長期間之協定。同年三月一日、中國海軍代表謝葆璋、與日本海軍代表伊集院俊。亦在北京締結兩國海軍軍事協定延長期間之協定。此外尚有民國七年三月二十五日、日本政府關於軍事協定有

民國八年之廢約運動

日本假軍事協定以擾山東之計劃

効期間及日後撤回日軍之兩點。特向中國政府致一聲明書。凡此皆中日軍事協定之關係文書也。此等協定締結以來。日本有百利而無一害。中國有百害而無一利。已於第六章第三節詳述之矣。中國除段系一派人物。以扶持己派勢力之目的。贊成此協定外。其餘全國國民。殆無不切恨此協定之成立與其存在。故民國八年、和平空氣瀰漫全國之時。西南軍政府、與上海和會之南方代表。莫不以中日兩國與德奧戰爭態度終了之理由。要求北京政府廢約。然段祺瑞在參戰督辦任內。與在邊防督辦任內。均無廢約之可言。而日本方面。其對於該協定。原具絕大之慾望。苟慾望未遂之時。尤無廢約之意思。故民國八年、南方要求北政府廢約之時。日本急與北政府將該協定有効期間、延長至於中國批准巴黎和約之日為止。蓋欲假該協定之約束。要挾中國斷送山東與日本之計劃也。其後山東問題。北京政府雖聽從日本之意旨、主張巴黎和約簽字。並主張與日本直接交涉。然皆為國民之所反對。不能實行。於是日本利用徐樹錚延長軍事協定有効期間之計劃。亦不收効。而事實上民國七年十一月、聯合國已與德奧正

民國七年冬即應廢約

式休戰。民國八年六月、維賽爾宮和約正式成立。民國九年一月、聯合國與德奧各將本國政府批准之和約、在巴黎正式交換。中日軍事協定原規定兩國對德奧敵國戰爭狀態終了時。即失其効力。嚴格言之。民國七年十一月。即應爲中日軍事協定廢止之時。蓋其時德奧本國。全失其戰鬥能力。無條件降服於協約國。中日兩國、地處遠東。有何防敵之可言。此明白之事實也。

兩國當局對於協定之黑幕

然日本當局、與中國段系一派人物。其締結軍事協定之目的。皆不過借防德奧敵國爲名。其實各有別項目的。（詳第六章）其別項目的未達到之時。皆不願廢約。其視與德奧戰爭狀態終了與否。實毫不相干。故民國七年十一月應廢之約。偏於民國八年二月。爲延長期間之協定。

時局之變化

卒至民國九年秋冬以後。日本則將西伯利亞沿海省之重要部份。完全佔領。又將貝加爾撤還之軍隊。全駐屯於中國境內吉黑兩省中東鐵路之一帶。又駐兵設警於延琿方面。中國則參戰系軍閥大失敗。無復把持之勢力。而靳雲鵬前後組閣數次。有取消軍事協定、以謝國人之意。乃有與日本協商取消之進行。而日本以當日締結該協定之別項目的業已達到。至此已成金蟬脫蛻之

取消協定之照會

時毋保存此骸蛻之必要容許之民國十年一月二十八日由兩國外交當局交換取消軍事協定之照會如左

中國外交部長致日本公使照會

爲照會事案照中日兩國前因共同防敵起見曾由本國駐使與貴國外務大臣換文並經兩國軍事當局商定陸海軍軍事協定各在案現中日兩國最高統帥部認爲兩國共同防敵之必要業已消滅應即取消關於中日軍事協定有效期間之協定（指民國八年二月五日徐樹錚與乙東彥之協定）以簽名蓋印之日承認爲已達戰爭態度終了之時機經兩國軍事當局遵此意旨簽訂節略認爲與事實相符所有民國七年三月本國駐日公使與貴國外務大臣之換文及根據換文雙方訂定之陸海軍軍事協定並基於該協定所訂各附件均應自本日起完全失其効力爲此備文聲明即希查照須至照會者

日本公使覆外交部長照會

爲照會事准本日維字第九號照開等因業已閱悉中日兩國前因共同防敵

中國受軍事協定損害之程度

起見。帝國外務大臣、與貴國駐使、交換公文。並經兩國軍事當局。議定陸海軍軍事協定、各在案。現中日兩國最高統帥部。認爲兩國共同防敵之必要。業已消滅。關於中日軍事協定有効期間之協定。以簽名蓋印之日承認爲已達戰爭狀態終了之時機。經兩國軍事當局。遵此意旨。簽定節略。查上開各節。認爲與事實相符。所有大正七年三月、帝國外務大臣、與貴國駐日公使之換文。及依據該換文、雙方締結之陸海軍軍事協定。並基於該協定、所締結之各附件均自本日起。完全失其効力。爲此聲明。即希查照。須至照會者。

中日軍事協定。至此正式取消。追思中國受此協定之損害。其程度究竟奚若。則可簡單答之曰。引日本侵奪北滿、經營外蒙之開端。是其直接之損害。使南北和議不能成立。永陷中國於分崩之局。又使直皖兩系交惡。啓北洋派自相殘殺之機。是其間接之損害。蓋無軍事協定則無參戰借欵。無參戰借欵。則參戰軍不能成立。參戰軍不成立。則安福系專橫囂張之氣、可以少減。即上海和會、不至於毫無結果。直皖兩系、不至於開戰。斷可知也。日本於歐洲休戰之時。予段內閣參戰借欵二千萬元。同日又予滿蒙四鐵路之墊欵二千萬元。又予濟順高徐二鐵路之墊款二千萬元。一日之間供給段內閣六千萬元之鉅欵。（此三批借欵皆爲民國七年九月二十八日駐日公使章宗祥同時簽字詳第六章第三節）其目的豈眞望中國參戰哉。一則奪取東蒙。二則奪取山東。三則擴大中國之內亂。取法以印度人殺印度人之策也。段系軍閥利令智昏。入其陷阱。以禍其國。以殃其身。不其悲哉。迄今軍事協定旣取消。自可慶幸。惟問日本駐紮北滿中東路一帶之軍隊。究作如何處置。不聞當局明白宣言。據民國七年三月二十五日、日本政府爲撤回日軍一節、向中國政府之聲明書有云。因共同防敵。日本軍隊進入中國境內者。待戰事終了。後統由中國境內，一律撤回。今旣彼此承認戰爭狀態終了。則日本應將駐屯吉黑兩省之軍隊。完全撤退。以符名實。不然。則我國當局何貴乎爲此有名無實之取消軍事協定爲也。

吉黑兩省之日軍撤退問題

第十二章　新銀行團成立與滿蒙除外

銀行團之沿革

對吾國借欵之有銀行團始於前清宣統二年。時美國以日本積極侵畧滿洲。提議滿洲鐵路中立。被日俄二國破壞。美國乃招英法德日四國、組織銀行團以應我國幣制借欵。英法德三國、欣然同意。日本獨不應。勸而單獨與郵傳部訂鐵路公債一千萬元之約。英美法德、乃組合一團。關閉日本。應度支部一億元之幣制借欵。而以滿洲諸稅作擔保。此爲四國銀行團對於我國借欵之始。（參觀拙著中國近時外交史第十四章第四節）値中國革命。該借欵未履行。民國成立後。財政甚困。先後總理唐紹儀、熊希齡、與四國銀行團商議大借款。四國以此種政治借欵與中國前途有重大關係。若不招日俄二國一致加入。深恐別生枝節。遂勸日俄二國加入銀行團。而日俄二國。一致要求四國承認滿蒙爲日俄特殊勢力範圍。並取消以滿洲諸稅作擔保之幣制借欵。始允加入。四國無可如何。終承認之。此爲四國銀行團、變爲六國銀行團之始。（參觀拙著中國近時外交史第十五章第四節）其後銀行團應中國善後大借欵。始要求監督

中國鐵路統一論之起源

財政。繼要求監督鹽務。威爾遜總統。以銀行團行政治侵略為不當。令本國銀行退出借款團之外。自是變為五國銀行團。及歐洲開戰。協約國排德國於銀行團之外。遂變為四國銀行團。俄國革命後。財政幾破產。遂變為三國銀行團。英法戰時。自顧不暇。無應中國借款之力。三國銀行團乃變為日本之一員。而日本自佔領山東。強要二十一條之結果。中國保全與均勢之局。全被破壞。殆成日本半保護國之勢。而白皙人在中國之勢力。亦漸將為日本所驅逐。更加民國六七年。日本與段祺瑞兩次內閣任內。所訂正草各借款契約。其總款共達四億六千萬元之多。而條約秘密。多不發表。究竟日本因此等借款攫奪中國利權至於何等程度。中外皆不得知。為英美二國所深惡。斯時英美方面。有主張中國鐵路統一之論。此論之主旨。大致謂列強應於歐洲和會協議。一致各自取消其在中國之勢力範圍。而將各自獲得之中國鐵路權。統交由中國、另借各國共同之新債。還清各自之舊債。俾中國已成未成之各鐵路。完全統一之。列強利害共同。既可消弭東亞將來第二次之歐洲大戰。又可力謀中國富源之發達云云。其命意所在。大

英公使之斡旋鐵路統一

抵對於日本之侵害中國。加以制裁。而使中國於各國利害共同之下。和平發展耳。此主張甚爲英國公使朱爾典所贊成。當時中英公司英人梅爾思、交通部顧問美人貝克、各以私人意見。擬具中國鐵路統一案。內有國際共同管理之言。爲我國交通系反對之口實。（參觀本史第六章第五節）英公使曾兩次招宴反對贊成兩派於使署。說明梅爾思、貝克、係私人意見。不足爲憑。統一鐵路辦法。在外國資本家。視爲解決經濟上困難問題之方法。並無政治上目的。何至有共同管理之事。敝國更無管理中國鐵路之議。惟中國近年、有各種合同。推廣政治性質之鐵路。並修築枝路。使外國勢力。益漫延於廣大區域。此非但使中國政治上經濟上不能統一。鞏固且釀分裂之機。將引起國際爭端。三十年來中日、日俄、日德之三次戰役。皆原於各國在中國之勢力範圍。而其結果則使勢力範圍。愈加鞏固。如現在不改變鐵路政策。解除各國之勢力範圍。不出十年。必再有一戰。若鐵路統一。使各國資本家利害共同。合力以謀發展。豈不中外皆善。吾意中國人愛國者。若知統一之意。必皆贊成之。因有三種利益。一爲收回屬於外人之路。二爲收回中國在其領土上已經失去政治管理權。三爲中國於一定期限內。可以完全自行辦理云云。英公使於北京反對鐵路統一最力之時。爲兩次披肝露胆、殷勤勸誘之說法。則可知英國政府必贊成中國鐵路統一無疑矣。然以日本積極反對。當時日本幣原次官在貴族院宣言日本已得權利絕對不受侵害云云 又加中國之自行反對。參觀本史第六章第五節 該問題遂無形消滅。然此間有一新銀行團問題發生。大致即中國鐵路統一論之變相也。

鐵路統一變相之新銀行團

新銀行團爲美國威爾遜政府所發起。當民國六年。段內閣向舊銀行團爲第二次善後借款時。四國以戰時困難。勸美國復歸銀行團。美國以曩日曾正式宣言脫離。拒絕之。至民國七年五六月。威爾遜政府。招集本國銀行家三十餘家。組織對中國借款團。而總本國政府之指揮。旋向日英法三國提議曰。此次戰爭。使美英日法等國。成互助提携之精神。由四國資本家、組織團體。辦理中國借款。以助中國產業之發展。與財政之鞏固。似爲適宜之舉。美國已擬定組織銀團之綱要如左。

美國發起新銀行團之提議

一 由美英日法四國資本家。組織對中國之借款團。

二　凡中國政治借欵經濟借款。一概承受。

三　舊銀行團各員既得之借欵優先權讓予中國、或新銀行團。

英法二國。自歐戰以來國內財政困難。皆無力向中國投資得美國此提議自表歡迎。惟日本邇年對中國之投資政策。已樹中國財政上之特殊勢力。玆新銀行團並包攬中國經濟借款。則日本無操縱餘地。加入之、則違反本國對中國之政策。不加入則日本陷於孤立。斯時日本對於此問題之手腕。一則派代表參加四國銀團會議。一則由國人積極反對新銀行團之政策。民國八年五月十二日、四國銀行代表、在巴黎議決新銀行團實行上諸問題之要點如左。

巴黎會議之決議案

一　贊成美國組織新銀行團之綱要。

二　關於實業及鐵路借款。除已爲各國既定之權利外。凡現在及將來。此項借欵優先權由本團承受。其本團外資本家、已經訂有契約或優先權務設法使讓渡於本團。

三　四國承認俄國政府後。得許俄國資本家加入本團。

日本銀團要求滿蒙除外

四　比國財團成立後。可希望加入。

五　團內之各國銀團。各自成本國團體。祇許代表本國經濟活動。不得代表他國利益。

六　實業及鐵路借款。由本銀行團統籌全局辦理。本團內之各國銀團。得各使其代表及技師。提出計劃書。

七　許日本銀團。平均擔任湖廣鐵路借款。（由日本代承德國權利之意）

此議決最關重要之點。爲第二欵各國既定權利除外是也。據英人之解釋爲「凡已成鐵路。已成事業。得不屬於新銀行團範圍」則日本在中國之已成事業。如南滿、安奉、吉長、四鄭、撫奉、新奉、及江西之南潯、各鐵路。又撫順煙台、本溪湖、天寶山、桃冲礦、與漢冶萍煤鐵等。皆不受新銀行團之影響。惟未成鐵路。如吉林至會寧、吉林至海龍、海龍至開源、長春至洮南、鄭家屯至洮南、洮南至熱河、洮熱間至海岸、之各擬築鐵路。當然讓渡於新銀行團。斯時日本輿論大起反抗。由日本銀團之名義。向三國銀團提議。附左記二項之條件。日本可加入新銀行團。

一　滿蒙地方不在新銀行團範圍之內。

二　一千萬元之小借款不在新銀行團範圍之內。

美政府之駁斥

此二條件第一項爲要求英美法三國承認南北滿洲、內外蒙古全爲日本之勢力範圍新銀團不得在該區域內投資第二項爲反對新銀團包攬中國之實業借欵美國政府當即致函日本大使聲明日本銀團之提議係誤解新銀團對於中國寬大無私的精神此等保留區域之主張不但與新銀團取消各國在中國利益範圍之根本主義相違且減少各國互相提携之功用諒日本政府必能勸告本國銀行家服從正義、云云。然其時中國方面反對新銀團之熱度殆與日本同等其理由亦不外包攬經濟借款則條件必苛酷於中國不利凡徐總統覆美公使之函與財政委員會之意見無不如此斯時日本政府欲根本的破壞新銀團使不成立見中日兩國之情形如斯乃正式照會美英法三國政府切實聲明

日政府正式要求滿蒙除外

日本政府贊助日本銀團滿蒙除外之要求並聲叙日本與滿蒙在地理上、歷史上、皆有特別關係並屢經各國所承認如新銀團對於日本在南滿東內蒙之特

殊權利與利益。不予絲毫損毀。則日本政府、可令本國銀團。參加新銀行團。云云。此照會與日本銀團主張不同之點。爲將南北滿洲、內外蒙古之範圍。減少爲南

英政府之駁覆

滿東蒙而止耳。當時英國政府、致駐英日使函曰。滿蒙爲中國重要地域。若劃出範圍外、與新銀團取消利益範圍之根本主義相違。若因此起他國同樣之要求。則何以維持銀行團。勸日政府取消滿蒙除外之提議。日政府因此另向三國爲左記之提議。

日本之新提議

日本政府。承認一九一九年五月十二日、四國銀團代表在巴黎會議之議決案。但此項承認不能解釋爲有不利之影響及於日本在南滿洲及東內蒙古之特殊權利與利益。

英政府之駁覆

此提議雖主張加入新銀團。然滿蒙除外之主張。毫未變換。當時英國政府、又照覆日本、文曰。日本以地理的要求。主張南滿東蒙、在新銀團借款範圍外。英國不能承諾。蓋與借款團撤廢利益範圍及開放中國全土爲國際協同活動之主義直接抵觸也。南滿洲依日本造成之重要鐵路。及其他實業。雖可劃除於借款團

美政府之駁覆與讓步

外。然東內蒙則不然。日本雖在該處獲得築路優先權。然尙未動工。且東內蒙之南境。事實上包圍北京。有侵食直隸之形勢。與日本屢次保全中國獨立與領土之誓約、不相容也。美國政府、亦鄭重聲言曰。若因加入新銀團。而要求承認其一種利益範圍。則是分裂中國之辦法。美國政府從中國正當民意方面。與列強在中國利益方面、觀察。必以此爲大不幸事。日本政府、或以爲他國有假新銀團、故意侵犯日本在南滿之利益者。其實并無此事。査五月十二日巴黎合同第二款規定新銀團、祗承辦現未確實進行之事業爲止。則現在已成之事業。如南滿鐵路。四鄭鐵路。撫順煤礦等。自應除外。且不妨從寬解釋。將延長已辦鐵路之計劃線。如四鄭鐵路、擬延長至洮南吉長鐵路、擬延長至會甯之計劃線。亦不妨除外。諒日本政府既知新銀團無意侵犯日本已成之事業與計劃延長之優先權。則當然無所用其保留云云。

以上所述英美文件中、最可注意之點。一爲英美兩國、同聲明取消各國在中國利益範圍。爲新銀團之根本主義。二爲英國指摘日本有侵食直隸之形勢。三爲美國承認日本之滿蒙計劃線。不列入新銀團活動範圍內。是爲對日本讓步之點。時美英法三國、恐意見不一致。愈難對付日本。乃派美國銀團代表拉門德、爲三國銀團代表。親赴日本。冀與日本當局爲切實之協議。然日政府於拉門德未到東京以前。即民國九年三月十六日、向三國另提左記之新議

日本提出之保留案

日本在毗連朝鮮之滿蒙境內。所興辦事業。皆爲與日本安全、有密切之關係。所有日本在南滿東蒙之特別利益者。卽在此也。茲日本再讓一步。提出左列之保留。

一、南滿路、及其各支路、連同附屬於鐵路之礦產。不受新銀團公共活動之影響。

二、吉長鐵路、新奉鐵路、四鄭鐵路、業已建築完竣。不在新銀團公共活動範圍之內。

三、吉會鐵路、鄭洮鐵路、長洮鐵路、開吉鐵路、洮熱鐵路、及由洮熱鐵路之一點至海岸之鐵路。或爲南滿鐵路之支線。或爲捍注線。不但與日本國防有重

要關係且爲維持遠東治安之要素。又皆爲美國節署中所開延長已辦鐵路之線也。故亦盼望其置於新銀團公共活動範圍之外。

四、將來如有涉及南滿東蒙之借欵事件。經日本政府、認爲於日本國防安全上、經濟生存上、足以發生重大障礙者。日本政府、仍得保留必要辦法。以保障此項安全之權。

英政府之駁覆

此保留案之前三項。美英法三國政府、已擬有調解辦法。交拉門德赴日本協議。其第四項爲三國所不肯承認。英國政府當卽向日使聲明曰。日本無庸以新銀團將施行何等活動。以妨礙日本經濟生存、與國防之安全、爲慮。各國斷不贊成此等活動云云。

美政府之駁覆

美國政府之答覆則曰、日本提出之方式。顯將南滿東蒙與中國其他領土劃而爲二。此與維持中國領土完全主義。不能相容。且所謂國家自衛權者。係國際間普通承認之權利、不必對於某項事之適用提出特別方式。又此項主義已包含於一千九百十七年十一月二日藍辛石井交換照會中。美國已經諒解。卽加入新銀團之他國。聞亦與日本有此樣之關係。則日本對於新銀團、殊不必抱侵害國防與經濟生存之憂。日本可完全信賴美國、與其他加入銀團各國。決不致有妨害日本生存利益之任何行動。且美國政府、對於洮南至熱河、又洮熱間至海岸之二路。謂必由日本獨築獨管。乃可保障日本國防經濟、之一節。殊難了解、云云。

以上所述英美文件中最可注意之點。一爲英美兩國、完全担保新銀團決無妨礙日本經濟生存、與國防之安全。二爲美國重聲明中國領土完全主義。三爲使藍辛石井之照會、加一層保證。四爲除洮熱間二鐵路外。其他之未成各路、美國皆承認不在新銀團範圍內。比較的日本實佔重大之便宜。故日政府於此時、一方承接與三國代表拉門德磋商。一方仍照覆美政府、文曰。日本政府、提保留案之原因。以爲藉此可使日本因地理接近發生之特別地位。愈趨明瞭。初不料所提方式。有如美國政府所指陳之誤解。幸美國政府所持異議之點。在該辦法之方式。而非在該辦法之主義。查日本要求保障之根據。既如美國來函所謂、係各國普通承認之權利。且係藍辛石井交換照會中所包含之意義。新銀團、及加入

日本取消保留案與新提議

新銀團之各國。決不至有侵害日本國防及經濟生存之任何行動。則日本政府。可信賴美國政府之保障。而取消其三月十六日之請求。但以各關係國、皆有如美國政府所提出上項之諒解爲條件。至洮南至熱河、與洮熱間至海岸之二鐵路。日本原意、藉此爲中日兩國共同防禦庫倫方面外力侵入之軍用鐵路。不料惹起美英兩國、以爲有威脅北京之誤解。茲日本以左列二項之條件。不反對該二路作爲新銀團公共企業之計劃。

一、新銀團日後若有延長洮熱線、北接中東路之計劃。必先得日本政府之許可。因該路卽錦瑷路線之復活。於南滿鐵路大有影響也。

二、日本原有速築上記二路之意願。若日本銀團、向新銀團商議建造該二路。新銀團不願投資時。應許日本銀團單獨擔承該二路之建築。彼時美國政府應贊助該路與京奉鐵路相聯接。

美政府之駁覆

關於此節。美政府覆日政府函曰。日本承受美政府之提議。取消三月十六日之請求。美政府深爲欣慰。惟日政府新開二項提議。美政府以爲遺憾。因拉門德之

日本贊成三國調解辦法

調解辦法正在進行。日本又提新議。其結果徒延宕時期而已。關於新提之第一項。自係要求得阻止新銀團建築某路之權利。據美政府觀察。新銀團成立後各國以和衷友好之互助代替從前之競爭。設令銀團中之一國得阻止某路建築權。是與新銀團廢止利益範圍之根本主義違反也。第二項係預想之事。已爲五月十二日巴黎合同所定第四款十九節所規定。美國政府深信美國提供之保證。已可保障日本之利益。茲以最友誼之精神。信任日本政府能按照三國所提調解辦法之方針。共策進行。而不附加何等保留。

日政府又致美政府函曰。日本此提議。並非新要求。如第一項、僅爲免除將來誤解起見。舉此一端。作爲實例之一。表示此等企業。卽足以妨害日本之生存利益。深信銀團有關係各國政府。已承認此問題。在保障範圍內也。第二項、蓋訴於銀團之協助精神。認爲其時有請各國協助之必要耳。美國政府茲重行聲明美政府所提之保證。儘足保障日本之利益。則日本政府信賴美國之友誼精神。不再堅持此二項。提出討論。幷照三國之調解辦法。贊助新銀團之協定速成、云云。同

拉門德與日本協定之辦法

日本勝利之點

時日本以此旨照會英法三國。自是日本主張滿蒙除外之問題、解決。拉門德乃代表三國銀團、與日本銀團於一千九百二十年。即民國九年五月十一日。協定滿蒙調解辦法如左。

甲、南滿鐵路、與其現有之支路。連同為鐵路附屬品之礦產。不列入新銀行團鐵路範圍之內。

乙、議築之洮南熱河鐵路。與議築自洮熱間至海岸之鐵路。歸入新銀行團鐵路範圍之內。

丙、吉林會寗鐵路、鄭家屯洮南鐵路、開原吉林鐵路。吉林長春鐵路、長春洮南鐵路、新民屯奉天鐵路、四平街鄭家屯鐵路。皆在新銀行團範圍之外。

此調解辦法。於日本始初要求滿蒙地域除外之主張。三國雖未承認。然丙項所舉日本擬築各路。如吉林至會寗。鄭家屯至洮南。開原至吉林長春至洮南、之各路。一併認作業經日本切實進行之路、辦理。則三國對日本之讓步甚大。事實上。與滿蒙除外無甚差別。且類似錦愛線之路。日本亦認為與日本之生存關係有

新銀團成立與通告中國

礙。欲不准新銀團建築。則滿蒙。仍為日本封鎖。可知矣。（類似錦愛路問題。美國政府。實未承認此等請求。日本則認為在美國保障範圍之內。將來關於此問題。必兩國解釋不同。發生異議。）而日本藉美日折衝使藍辛石井之照會加一保證。並將日本因地理接近發生特殊地位之主張。重向三國聲明。尤為日本勝利之點。當時日外相內田氏、在議會宣言曰英美法三國政府為尊重日本之國防及經濟生存起見。已承認日本之特別地位云云。蓋藉上述英美對日本讓步之點、而故云然耳。自此美英日法四國組織對中國借款之新銀行團。起自一千九百十八年(民國七年)七月。迄於一千九百二十年九月。其間為日本滿蒙除外問題。費二年以上之時期。始得解決。而新銀行團正式成立於民國九年九月。由四國駐華公使將新銀行團成立、及希望中國早立統一政府、使新銀團贊助中國前途發展之計劃、得見諸實行之旨。通告中國政府。至民國十年三月。更將新銀行團交涉經過各文件。送致中國政府。

先是日本恐新銀行團成立。則日本對中國單獨借款政策不能行。又恐滿蒙不能除外。故全國一致反對新銀行團。我國人恐新銀行團壟斷借款之故。亦積極

新銀團與日本停止借欵之關係

反對之。及促成日本滿蒙除外之要求。日本人固不反對矣。我國人亦遂不反對。其實新銀行團對中國之借款政策。實善意的扶助中國主義。以此民國六七年、日本對中國之借款政策。有天淵之殊。當新銀行團發起之始。我國卽受一最良好之影響。卽民國七年十二月二日、日本政府對外發表『帝國政府恐中國國內政局、更增紛糾、凡借欵及其他財政上之援助、一槪決定停止』之宣言是也。民國六七年。爲我國南北戰爭最激烈之時期。日本於此時期與北方主戰派內閣、所訂借欵。並正約草約之總額。共達四億六千萬元之多。(詳第六章)南北戰爭之慘酷。以此國內久不能統一。亦以此。日本違人道、背正義、冒世界不韙、爲使中國人自相殘殺之借欵者。實有大慾存焉。蓋中國之債權國。首推英國。然其債額、不過四億餘萬元。日本從前對於中國之債權。不過一億二千萬元。至此陡增六億債權。超過於英國之上。又歐戰時期。金磅低落。日金每圓不及華洋半元。歐戰終了。金磅價高日金半元。超過華洋一元以外。此種倍本加利之債務。中國當然不能如期償還。日本將相機倡監督中國財政之說。而以頭等債權國爲首席。此日本

新銀團與中國國際關係之變化

對中國投資之大慾所在。故祇恐中國不借耳。日本政府斷無不肯借之理。（此事西南軍政府派代表請求日政府停止援助北方欵械。全國各界忠告日本。外人亦多煩言。日本政府皆不理。）假使美國不於民國七年七月以前向英法日三國發起新銀行團。并登時得英法兩國無條件之贊成。則日本不至有停止中國借欵之宣言。斷可知也。

又自新銀行團成立。我國與列強之國際關係。實劃一新紀元。蓋自中日戰爭之後。列強對中國爲積極之侵略。各劃定勢力範圍。牢不可破。如從前美國欲築錦愛鐵路。則日本拒之。欲築綏遠至巴頭鎭之鐵路。則俄國拒之。欲築株州至欽州之鐵路。則法國拒之。欲築周家口至襄陽之鐵路。則英國拒之。我國之領土。已無自主之權。我國欲築與國家最有關係之路。而爲他國所不准。甚至惹起各國之紛爭。故此種勢力範圍之爲害。實不可勝言。我國欲要求廢除。而不可能者也。雖近年英法二國。對於其所謂勢力範圍。特別緩和。然日本則積極擴張而進步。如佔領德國勢力範圍之山東。如二十一條作成對中國之優越地位。如日俄密約、壟斷中國之領土權、與政治權。如日美照會、要求對中國之特殊地位。如最近延

列強取消中國勢力範圍之宣言

吉五縣設警。沿吉黑二省中東路駐兵。幷要求北滿外蒙除外諸事實。幾使我國不可終日。英美方面鑒於此等情形。於民國七年特倡中國鐵路統一論者。蓋欲取消各國對中國之勢力範圍。和平的贊助中國發展耳。新銀行團組織之基礎。卽本此主義以行。其計劃書甲項之主張。曰各國在華勢力範圍之弊。各以本國之資金。僅發展其本國之勢力。而不顧及中國之利益。新銀行團從根本上改弦更張。以爲欲謀銀行團自身事業之利益。應從鞏固中國政府入手。認中國之利益。卽爲各國之利益。故主張各國應一致協助中國政府。供給欵項。俾能推行要政。發展經濟。如此則勢力範圍之制。可以破除。而其禍、隨以消滅云云。其後以日本滿蒙除外之要求。雖有所讓步。然英美兩國政府。與日本往來公文中。迭聲明日本之要求。與新銀團取消利益範圍之根本主義不相容。又曰、日本以地理的、要求滿蒙除外。英美不能承諾。又曰、日本提出之方式。顯將滿蒙與中國其他領土。劃而爲二。凡此云云。皆正式的嚴格的取消各國對中國勢力範圍之宣言。其結果卒使日本服從此主義拋棄地理的區域的除外而變爲事項的除外此二

新銀團包攬經濟借款之必要

十餘年以來列強對中國作成勢力範圍至此始明白取消為新銀行團成立予我國最大之紀念品也。

至我國人惡新銀行團包攬經濟借款、或條件苛酷、之兩點。亦應分別言之。凡強勢之國。政治借款與經濟借款。判然分明。弱勢之國。則雖經濟借款無不含政治之關係。如民國七年。日本寺內總理、將與中國所訂製鐵借款草約交付外交調查會審查時、之言曰。此借款含有根本的改革中日兩國製鐵之重大意義在內。非可視為單純之經濟借款云云。又民國七年。中國致日本欣然同意之照會。規定膠濟鐵路、歸中日兩國合辦經營。警官聘用日本人。濟南駐日軍一部隊。此明明政治的關係也。而日本代表在巴黎和會宣言曰。此不過為日本僅僅保留在山東之經濟利益而止、云云。又民國六年。吉長鐵路借款。應目為經濟借款也。然該約規定、該鐵路之管理權、雖屬於中國政府。但借款期限內。委託南滿鐵路會社。代為管理經營。而該路工務、運輸、會計三主任。皆由南滿鐵路會社選任之。此明明將吉長鐵路拱手讓渡與日本也。如此之類。不可勝數。國家主權。隨此等經

新銀團借欵條件之蠡測

濟借欵。為人所奪去者。已不知凡幾。假使舊銀行團、將中國政治借欵、與經濟借欵、一概包攬之。則民國六七年、日本對中國之投資政策。不能成立。（民國六七年日本總借欵中惟屬於善後借欵之三千萬元為政治借欵）即中國於該兩年喪失之國權。不至於此之鉅。南北戰禍。亦不至如此之慘。此我國人所宜注意者也。

至條件苛酷之點。以銀團分子不齊。道德未可全恃。實屬可慮。惟新銀行團不能強迫中國借欵。苟我國可以不借。自不發生問題。若將來借欵條件。不超過民國二年善後大借欵條件之外。我國可承受之。准新銀行團計劃書丁項之主張曰。新銀行團無統治中國、或監督中國行政之意。新銀行團所注意者。僅在投資之穩妥而已。投資穩妥與否。全視政府行政之妥善與否為斷。故新銀行團所希望於中國政府者。第一。為財政公開。一切詳細情形。均應從實宣佈。以防弊混云云。觀此宣言之意旨。則將來借欵條件。或比較的屬於監督用途之部份。為嚴密。此應為我國人所歡迎者也。蓋我國當局。財政不能公開。以甲項借欵移作乙項之用。已成第二天性。國民又無行使其監督之權。如民國二年善後大借欵。原有稽核用途之規定。民國六七年、日本所墊善後借欵之三千萬元。則不施行該條件。其他各借欵、亦如之。遂使當時之政府以此種借欵供國內黨爭戰費之用。而不見一生產事業之發生。准此以觀。與其不稽核用途。而濫借濫用。既使國家喪無限之國權。又致人民遭無窮之塗炭。則不若聽其嚴核用途。既可禁當局之濫借。更可免人民遭濫用借欵之淫威。此又為我國人所宜注意者也。

附錄一

國際聯盟條約

署名本約各國。為承認國際紛議。不訴諸戰爭。而贊成公開平允、並顧全榮譽之國際關係。確立國際公法之信約。以為各政府間相處之規則。幷於民族團體、彼此交際間。維持公道。確守條約上義務。以增進國際之互相協助。而保國際之平和與安全起見。特協定本項國際聯盟之憲典。

第一條　署名本約附件之各國。及附件所載無條件贊成本約之各國。皆為國際聯盟會員。　此項贊成之舉。須於本約實行後兩個月內。備具宣言書。送交秘書處存案。由秘書處通知聯盟各國。　附件中未記名之自治國、自治領、或殖民地。如能切實保證遵守國際義務。並能服從本聯盟會所定海陸軍及軍備之條例者。經代表會三分二之同意。得加入為聯盟會員。　聯盟員有願出會者。須於兩年前、預先通告退出之意。其未退出以前。仍須履行本約所規定之一切義務。

第二條　聯盟會為執行本約內之事務。應以代表會、與行政部、佐以經常秘書處、為施行機關。

第三條　代表會以加入各國之代表組織之。集會分定期臨時兩種。得在聯盟會所在地。或其他便利處行之。　凡屬於聯盟範圍以內。或關於世界和平事件。皆審議之、　加入國各有一票表決權。列席代表每國不得逾三人。

第四條　行政部以美英法意日五國代表合其他加入國中之四個國代表組成之。此四個國代表由代表會擇其適當者選任之。行政部經代表會多數之同意得加派在會國之代表、爲行政部委員。行政部之集議有需要時。不論次數可連續行之。每年至少亦須舉行常會一次。行政部會議時得處理聯盟行動範圍內、或關係世界平和之事件。但關於聯合國內之何國有特別關係之事項。而該國幷無代表在行政部者。則應邀請該國派一代表列席參與會議。行政部會議時每聯盟國祗有一投票權。代表亦不得過一人以上。

第五條　除本約另有規定者外。代表會或行政部會議時。其決定事件。須得列席會員全數之同意。又代表會或行政部之會議規則。及指派委員、調查特種事件之任命法。由代表會或行政部之多數同意取決之。

第六條　經常秘書處。設於聯合會所在地。秘書處、以秘書長一員。與應用之秘書組織之。秘書長由行政部任命。但須得代表會多數之同意。秘書處之秘書職員。由秘書長委任。但須得行政部之認可。秘書長兼任代表會行政部會議時秘書長之職務。秘書處經費。按照萬國郵政公會事務所費用之分攤比例。由聯盟國分任之。

第七條　聯盟會所在地點。現擇定爲日內瓦。但行政部可隨時議決遷移。隸屬於聯盟會一切之職務。無分男女均得稱任。聯盟國之代表。及聯盟會職員。於從事會務時。得享受外交上之特權及優免。

聯盟會、或其職員與代表所居之房屋、及他項產業均有不可侵犯權。

第八條　聯盟國確認維持和平須減縮各國軍備、至於國防及執行國際義務必需不能再少之數。行政部須察度各聯盟國之地勢及處境規定減少軍備之計劃以供各政府之考慮與施行。此項計劃至少每十年重議修訂一次。聯盟各政府、採用此等計劃後其規定之軍備限度非經行政部同意不得超過。聯盟會爲反對商造工廠承辦軍器應由行政部籌擬防止此種製造之方法。惟聯盟國有不能自製國家安甯上必要之軍械者須顧及之。又聯盟國各將其國內軍備之多寡與陸海軍計劃之範圍及可改爲戰事用各種工業之情形相互推誠通告。

第九條　任命常設委員備向行政部建議關於實行第一條第八條之規定及關於海陸軍一切問題之意見。

第十條　聯盟各國爲尊重保全聯盟國之領土及其政治獨立使其不受外力侵畧如有被侵畧之時。聯盟國爲履行此種義務遵行政部籌擬之方法施行。

第十一條　茲特宣言無論何項戰事或以戰事威脅他國者不論其是否與任何聯盟國有直接關係。皆認爲與聯盟全體有關係之事。聯盟會應採行適當有効力之辦法以保障世界和平凡遇此項緊急事故。秘書處經任何聯盟國請求時立即召集行政部會議。茲並宣言凡聯盟國如遇有國際交涉之任何情勢。可以擾亂和平或擾及國際良好之影響者。均有喚起代表會或行政部注意之根本權利。

第十二條　聯盟國公認、如聯盟國間發生爭端。勢將決裂者。兩造即將該項爭端。交付仲裁。或交行政部審查。並公認非經仲裁員判決、或行政會報告之三個月後。不得出於戰爭。本條所指事件提交之。後仲裁員須於相當期內判決之。行政會報告須、於爭端交議後六個月內發表之。

第十三條　聯盟會公認、如聯盟國間、發生爭端。認為非外交所能解決。宜交仲裁者。兩造宜將爭端之。全案送交仲裁。　凡爭端或關於條約之解釋。或關於國際法問題。或關於可以破壞國際義務之事件。或關於可以破壞國際義務事件應得賠償之額量與性質者。皆為宜交仲裁之事件。　受理爭議之仲。裁法庭。應為聯盟各國所公認。或聯盟各國間契約所規定之法庭。　聯盟國公認、凡仲裁法庭之判決。案應以誠意遵行之。且公認對於遵行判決案之國。聯盟各國不得加以武力。對於不肯遵行判決案之。國得由行政部擬定相當賠償之辦法。

第十四條　由行政部擬定設立國際經常裁判院之計劃。交由聯盟國採用之。此項法庭。有權審判兩造所提國際性質之任何爭議。並得對於行政部或代表會之諮詢事件。發表意見。

第十五條　聯盟國間、發生爭端。或將決裂。而未照上述提交仲裁者。聯盟國公認、應將所爭事件。提交行政部。　又相爭國任何方面。均可將相爭之情形、通知秘書長。喚起其注意。秘書長應即籌備將該案充量考查。因此相爭國宜將案情說明書。及關係事實諸文件。儘速送交秘書長。行政部可立即飭令公布此種案卷。　行政部須竭力謀爭議之解決辦法。已有解決辦法時。則須將該爭端之事實。及行政部認爲適當解決之辦法製備說明書公布之。若爭端竟不能因此解決。則行政部經全體或多數之贊成。仍將該爭端之事實及行政部認爲適當之解決辦法製備說明書公布之。派有委員在行政部之聯盟國均得將關聯之事實及該國之論斷以說明書公布之。行政部內、除爭議國之代表外其餘行政會委員對於行政部之報告一致同意時則聯盟各國對於遵從報告之爭議國公認不得與之開戰。若除爭議國之代表外。其餘行政部委員對於行政部之報告不能一致同意時。則聯盟各國自有主權、施行彼等認爲維持正義公道之必要行動。若爭議國之一。抗言爭議之事實按照國際公法全屬內政範圍。經行政部查係實情者。則行政部當據實報告。並附解決之意見。又行政部於本項事件。均可諮詢代表會。若經當事國之一。請求移付代表會時。即得照辦。但此請求限於爭議案提交行政部十四日以內行之。又爭議案移交代表會後。凡本條及第十二條所規定行政部之職權。得適用爲代表會之職權。惟代表會所備報告。如除當事國之代表外。經列席行政部之聯盟國及其他聯盟國之多數代表同意時。則該報告之効力。與行政部報告書得全部（除爭議國）之贊同者相等。

第十六條　聯盟國中。如有不顧本約十二十三十五各條之規定。而訴諸戰爭者。則當然認爲對於聯盟全體之開戰行爲。聯盟各國、應即與該國斷絕各種商務及財政關係。禁止該國人民與本國人民之交通。并設法阻止該國人民與其他聯盟國或非聯盟國之一切財政商務或個人之交通。如遇此等事件。行政部應擬陳辦法。向有關係各政府提出建議。使聯盟國各分擔提供有力之陸軍或海軍以保護聯盟條約、聯盟國公認實施斷絕違約國財政經濟方法時須相互扶助俾得減少因此發生之損失與困難如違約國對於聯盟國之一施行何等特別辦法則各國互相贊助以抵制之並允凡保協同保護聯盟條約之聯盟國軍隊得假道於其領土。又凡違犯聯盟條約者經行政部投票表決並經其他聯盟國代表之同意即宣告令其出會嗣後不准再入。

第十七條　聯盟國與非聯盟國間、或皆非聯盟國間發生爭議時行政部得爲平允之條件邀請該非聯盟國專爲該爭端臨時承受會員之義務此項要請一經承受則行政部即可將本約第十二條至十六條各項加以修改而適用之並立即審度其爭議之情節而擬具最良最有力之解決方法若該國不承受臨時會員之義務即不承認此等解決方法而對於聯盟國之一開戰時則聯盟全體對於該國、應適用本約第十六條之規定。若兩造皆不承受臨時會員之義務則行政部議其可以免生戰爭之辦法提出解決之建議。

第十八條　此後聯盟會中無論何國締結條約或國際契約須隨即交秘書處存案秘書處須儘速公布之。此項條約契約非經存案則歸無效。

第十九條　有條約之業已不能適用者或有國際情形變遷不改將危及世界和平者代表會得隨時勸告聯盟國提出重議。

第二十條　聯盟國公認凡彼此間有與本約不相容之國際間一切義務與秘密接洽皆自然爲本約

所廢止並嚴肅立誓此後不得再締結與本約不相容之任何契約　若聯盟國在未加入本會以前有擔任與本約不能相容之義務者則該聯盟國應立即設法解除此項義務

第二十一條　凡從前因維持和平所訂結之國際信約。如仲裁條約。或關於區域範圍之宣言。類如們羅主義者。皆不受本約之影響。

第二十二條　各殖民地、或領地因此次戰爭。不能再隸於從前統治該地之國。而其居民、尚不能自立於現世迫切狀態之間者。應施以下開之原則。凡欲促進此等人民之安甯與發展。實爲文明國一種重要天職。故本約應規定實行此項天職之保證。將護視此項人民之責任。委託於富力經驗地理均極適當之先進國。由聯盟會委任其代治該地。至委任統治之性質。視該地人民之文化程度、地理情勢、經濟狀態、及其他種相類情形而定差異。　前屬於土耳其帝國之人民團體。有已經發達。暫可承認其爲獨立國者。但仍須由委任統治國予以行政上之指道協助。至能完全獨立之日爲止。惟此項委任統治國之選擇。應首先重視該地方人民之希望。　至其他民族。尤以中部非洲爲甚。其程度有不得不令委任統治國、完全負担行政責任。但除維持公共秩叙道德。禁止販賣奴隸、軍械、烈酒。不建設要塞與海陸軍根據地。又非因巡警及防衛地方、不訓練土民爲兵卒外。仍須保證該人民思想信仰之自由。並保聯盟國商務機會均等。　又其他土地。如非洲之西南部。及南太平洋諸島。或因人口稀少。或因幅員狹小。或因其遠離文化之中樞。或因其接近委任統治國土地。其治理最良之法。不如即作爲委任統治國之一部。適用委任統治國之法律但爲土人利益計仍須有上開之各項保證。 委任統治國每年應將所管境內情形報告於行政部。其支配權能、及施政程度若未經聯盟各國豫先協定則應由行政部明白規定之。 爲襄助行政部起見得設立一經常委員會使其接受並稽查各委任統治國之年報並研究關於委任案件實行上各問題。

第二十三條 除仍按照現行或將來訂立之國際公約外聯盟國應遵照下列各款。 甲、對於本國及其商工業關係所及各國之男婦幼稚工作情形務保持公正人道之勞働狀況並設立國際機關以維持此旨。 乙、對於所管領地內之土民應予以公平之待遇。 丙、委託聯盟會監視關於販賣婦稚鴉片及其他危險藥品各約之實施。 丁、委託聯盟會凡爲公共利益計對於何國之軍械軍火營業有監視之必要者即監視該國之此項營業。 戊、設法保障並維持聯盟國間運輸之自由與商務之平允待遇。關於此點尤須顧念于一九一四年至一九一八年戰事被殘毀之區域 己、疾病之預防及撲滅有涉及國際關係時須相互努力爲之。

第二十四條 凡從前由普通公約規定業已成立之國際機關如經該條約國之認可應改置於聯盟會支配之下此後爲辦理國際利益所設立之國際機關或委員會亦應置於聯盟會支配之下。 凡國際關係事件僅在普通公約中規定而未歸國際機關或國際委員會管理者聯盟會秘書處經行政部之許可及有關係方面之願意代爲接收或分布一切有關係之消息並予以必要之協助。 行政部可將聯盟會所轄各機關或委員會之經費併入秘書處費用項下。

第十二五條　聯盟會、對於適當組織之國民志願紅十字機關以改良全世界衞生。防杜疾病。減輕疾病、為宗旨者。允奬勵其設立並協助之。

第二十六條　本約之修正。經有委員在行政部之聯盟國全體及代表會議之多數聯盟國核准。始生効力。若聯盟國中有不同意此項修正文者。得不受修正文之拘束。但其聯盟一員之資格同時取消。

附錄二

中國代表在巴黎和會提請廢除二十一條中日協約之陳述書

為請求廢除一九一五年五月二十五日、中日兩國政府所訂之條約及換文事。特具陳理由。分三章說明如左。

第一章

一　日本政府最初之訓令　一九一四年十二月三日。日本駐華公使日置益氏得東京寄到致中國政府之二十一條正文。共分五號。當時日外相加籐氏致日置益左記訓令一件。

帝國政府為謀日德戰爭善後。且鞏固帝國地位。以保持遠東和平起見。決計陳說中國政府。勸其按照提議中所定前四號。與帝國政府訂立條約及合同。夫鞏固帝國之位地。以保持在東亞之利益。而使中國依上述之提議以行事。是帝國政府所信為至要之舉。必竭力謀之。宜用種種方法。以求達到此目的。茲以全權相委。開議時務希堅持勿懈。至於第五號。係帝國政府一種願望。而非條件。然亦望勉力進行。以總得見諸實行為目的。

觀此訓令。日政府第五號之要求。仍以設法見諸實行為目的。則可知非僅願望而已。

二　日本對德宣戰之目的　今茲所以提及日本對德宣戰之目的者。以日本對中國之政策觀之。則可知其對德宣戰之主旨。全以造成日本在東亞優勝之地位為目的。而以聯合國中之中國為其犧牲品。故中國應有要求和會取消日本要求之權利。而和會對於日本要求山東權利加以干涉，於理於法亦均無不合也。

三　二十一條之交付　日使於一九一五年一月十八日。將二十一條遞交中國。時在中國要求取消交戰區域之後。查中國外交總長致日使牒文。共有六通。該牒文不獨言及交戰區域。即日本之強佔山東鐵路。亦曾聲明抗議。看該牒文。則知日本攻擊青島與二十一條要求。無非為日本造成在山東之鞏固地位也。當時在青島要塞之德兵。共計不過五千千二百五十八人。而日本以軍事必要之口實。於距青島一百五十英里之中國領地登岸。其後日本陸軍軍官死者十二人。傷者四十人。兵卒死者三百二十四人。海戰之損害、則一小巡洋艦為德之地雷所炸沉。水手死者二百八十人。水兵死傷四十人。上述日本海陸軍死傷之數。非貶抑日本之武功也。乃以證明青島戰事之實況耳。中國外交總長於青島陷落兩個月後請日本取消軍事區域之牒文曰。查自青島克復兩月於茲。英兵旣已退出青島。貴國之兵。亦漸次撤退。特別戰線之內。今後已無戰事。自應將前項戰線予以取消。敝國辦事素主和平。爲此知照貴公使。請煩轉達貴國政府。本其維持遠東和平之主義。查照施行。以資信仰。而固邦交等語。不料中國政府表示此希望之後。不及三十六小時。而日本公使日置益氏已挾其二十一條遞交我中華民國大總統矣。中國朝野皆認此等要求。與惹起歐洲大戰奧國與塞國之最後通牒。同一性質。

第二章

一、二十一條件之解析　今試取二十一條觀之。則知日本以此條件加諸中國者。猶高麗未合併之前。以待高麗之故智也。試分號言之如左。

第一號之要求。爲關於山東全省之事。夫山東者。以面積人口言。實較英倫全島爲大。而孔廟孔林都在是省。即中國文化所自始之省也。

本號第一條要求之原文曰。中國政府對於日本政府將來與德國政府協定關於德國依據條約、及其他關係、在山東省享有一切權利、利益、讓與等項之處分、一概承認之。所謂德國在山東一切權利利益讓與者。係包括膠州租借地、青島港灣、膠濟鐵路、以及其他南鐵路、幷省內礦權而言。此係德人十六年來積極侵略山東之結晶物也。一旦移交日本。則是以德國宰割攘奪之山東。又委授於以旅順爲軍事根據地之日本也。

和會果允日本此項要求者。則中國極爲危險。蓋膠濟鐵路。不但控制山東全省。且扼津浦鐵路南北之衝。津浦路北段係德人所建。日本得此。則山東全省。及津浦路北段爲所控制矣。至其他兩鐵路。甲路爲高徐路。起自膠濟路之高密。而達軍事要地之徐州。日本而得此路之借欵建築權。則津浦全路爲所控制矣。乙路爲濟順路。起橫截津浦鐵路之濟南。西至京漢路之一點而止。日本而得此路之借欵建築權。則通中國南北之京漢路。又爲所控制矣。且日本管理山東鐵路。其管理法與他國不同。與德國亦異。凡路務之上下人員。一概用日本人。雖中國人亦在排斥之列。各站既全用日本警察。沿路更密布日本軍隊。其包藏禍心。殊可疑懼。況南蒙東蒙鐵路。已在日人掌握。今又括長江以北。爲其勢力範圍。北京已陷於孤立。蓋渤海既爲日本所制。京漢津浦又爲日本所斷也

日本對中國之鐵路政策。全爲軍事上之作用。其第一號第三條。爲要求中國允准日本建築自煙台或龍口起。至膠濟線之鐵路。試取山東地圖觀之。與旅順口遙遙相對者。威海衞也。英之租借威海衞。在中國人視之。雖與其他各國之租界同爲侵蝕中國領土之完全。然以威海衞軍事上之價值而言。即中國人亦頗爲英人寒心。蓋龍口煙台同爲威海衞之後門。假使已得旅順口之國。復得龍口或煙台。則威海衞岌岌可危矣。

第二號共七條。要求南滿東蒙之一切特殊權利。此種要求之結果。中國在該二地之行政權。不能行使。而日本從前夷高麗爲郡縣之政策。今推行於該二地耳。

本號之要求既危及中國領土完全又侵害中國政治獨立其最重要者爲旅順大連二灣並南滿安奉兩鐵路租借期限延長至九十九年蓋欲永植異族政權於該二地耳旅順爲亞洲最重之要塞大連接南滿安奉二路佔商業上重要地位日本得此足以控制中國歷史上北胡寇華所必經之通道中國之安全從此岌岌不可終日矣夫旅順大連歸還中國之期照原約本在一九二三年延長之後則歸還期乃在一九九七年即中華民國之第八十六年

第三號之要求爲攫奪中國之經濟獨立權即對於揚子江流域最重要實業之漢冶萍鐵廠一手捲盡之是也該要求之文曰漢冶萍公司作爲兩國合辦事業不得日本之允可中國政府不得沒收不得歸官辦不得借他國資本觀此可知日本之經濟政策欲宰制中國之天然富源已見一斑再近來日本代表牧野氏在和會宣言曰中國富原料日本需原料日本以資本開發中國富源以資兩國之利用云云又外相內田氏在國會宣言曰我國求經濟上之生存非依賴中國之天然富源不可夫中國之天然富源非所以保持日本之經濟生存猶之亞爾薩斯勞蘭之天然富源不以保持德國之經濟生存也

第四號僅有一條即約中國政府不以中國海濱之港灣及島嶼讓與任何之他國是也日本之堅持此條名以保全中國領土完全爲目的然細辨其文義則知所謂他國者日本實不在內而令中國不得違犯領土完全之約定特爲日本計耳中國政府見其詞意含混力拒之然日本卒要求由中國自行宣言

第五號共七條爲世人所注目日本政府以欺詐手腕始否認之既以列強質問二十一條內容則竟刪

除此七條此世人所周知也。依此七條件。中國須聘有勢力之日本人爲政治財政軍事顧問。中國重要城邑之警察須中日兩國合辦。中國必向日本購買過半數之軍械。或在中國設立中日合辦之軍械廠。聘用日本技師採購日本材料。此要求之用意。即使中國陸軍必盡爲有勢力之日本軍事顧問所編制所統御。而其軍械亦皆採用日本所製造者。

又關係鐵路之要求則與一九〇八年滬杭甬鐵路合同。一九一四年甯湘鐵路合同。一九一四年南昌至潮州鐵路歸英商經辦之合同。均相衝突。中國政府以前述理由。嚴拒要求。然日本公使猶敦促中國之承認不已也。又有關於在中國內地購地以設學校病院寺院及傳教之要求也。此種條件於中國有嚴重之窒礙。兩國宗教既同。日本來中國傳教。其說不能存立。此不過日本假僧徒傳教名義。陰施其政治上之陰謀耳。蓋兩國人民信仰雖同。然見地大異。如各挾己見以取勝。則爭執必無已時。以二國人民容貌相似。僧侶服色相同。欲辨其孰爲日僧而與保護。殊非易易。日本勢必借保護僑僧之名而行其政治上之侵畧無疑也。又有關於福建省籌辦鐵路礦山及軍港軍用儲炭所各軍政機關。除日本外。不得借他國資本之要求。日政府最初訓令。僅有此非條件而爲願望之言。然其最後通牒中亦強中國之必允。

上述五號二十一條之要求。日本於一九一五年五月七日。將最後通牒遞交中國政府。警告於五月九日午後六點鐘、不收到中國政府滿意之答覆。則日本取自由行動。而此通牒中。要求中國政府於一二三四各號之條件完全承認。至第五號各條。除關於福建。已迫中國照允外。其他各條。仍要求中國政府於最後覆文內、聲明從緩磋商。此從緩磋商之意。不強迫中國於最後通牒時完全承認。而於交涉了結、之後。其對華政策與其在華之舉動。無不盡照第五號各條件而進行。觀於一九一七年十一月二十二日俄國革命政府宣布同年十月十六日駐日俄使克洛本思氏、致其本國政府之電文。而知此言之不虛。克氏之電文曰『前聞日本預備大宗軍械、售與中國政府。旋即據情向日政府詢問。確實日外相本野子爵覆書直認其事。但謂北京政府、允許不用此項軍械進攻西南耳。觀該外相之言。以爲僅有北京政府之允許。即證明此項軍械之購買。並無不合之處。然於日本不干預中國內亂之聲明。實屬自相矛盾。日本政府之用意。似欲得有中國陸軍盡行改用日本軍械之權。且有使中國將來專恃日本兵工廠接濟軍火之意。聞此次日本售與中國之軍器。共值日幣三千萬元。同時日本又有在中國設立兵工廠製造軍械之計畫。』又克氏於同年十月二十二日致本國政府第二電文。尤足證明日本對於中國政策之價值。該文前半所敘者。謂美國承認日本在華之地位。足使俄國與日本將來感情日趨於嚴重。後半之言如下。『觀於日本近來之表示。其對於在中國特殊地位一語。實作非先與日本商妥。則他國不得在中國有政治上之舉動解。是不啻日本有督察中國一切外交事務之權也。且日政府對於中國開放門戶。保全領土等主義。已不甚注重。彼以爲此種主義。不過昔年日本對於他國之一種保證。而日本實不爲此保證所束縛。以是美日二國將來不免有齟齬之一日。今日余晤外相本野。彼謂石井子爵在華盛頓所磋商者事關日本在中國全國之特別地位非僅關於指定一處之特別讓與己也』又克氏於同年十一月一日第三次致本國政府電曰『華盛頓日美換文美國承認日本在華之特別地位及特別利益二語將來兩國解釋必有不同之時觀於日外相之答辭知彼亦深悉將來二國不免有齟齬之一日惟其意即使齟齬竟起而日本之解釋必較美國之解釋爲強且終能按照日本之解釋而見諸實行也』觀此可證明日本必欲實行其獨吞中國之政策矣

第三章

一、一九一五年中日條約之應廢除　因日本二十一條要求與最後通牒之結果中日兩國所締結一九一五年五月二十五日之條約及換文其性質實發生於歐戰之關係蓋此條約之主要部份爲日本要求繼承德國在山東之一切權利利益故也日本曾將此項要求提出於五大國會議非經會議之承認不爲功日本政府亦自以爲然也准此以觀該條約實因歐戰直接所發生講和會議實有審查及修正之權也

二、一九一五年條約與歐戰之關係　此條約與歐戰有密切關係證之日政府最初致日公使之訓令曰帝國政府爲謀日德戰爭之善後云云又日本最後通牒之第一語謂日本此舉志在處置一切事務以應日德戰後所發生之新境遇則可知該約實與歐戰有密切之關係

三、一九一五年條約係強迫簽定　該約雖經中國簽字然中國並不因簽字之故而失去其交由和

會修正之權。蓋中國之簽定此約。實廹於日本最後通牒之廹壓。當時中國所處之境遇。盡失其自由磋商之權。一切條件皆由日本所指定。中國不得有所提議也。

四　廢除一九一五年條約於日本並無不公平之嫌　日本以國土接壤之口實。要求在中國之特殊地位。然英法兩國亦各有領土在亞洲。亦皆與中國領土接壤。從未有特殊地位之要求。則拒絕日本之要求。殊無不公平之嫌。

五　中國不得早日參與歐戰之原因　日本欲攫奪德人在山東之權利。遂力阻中國參戰。苟非日本之阻止。則中國必於一九一四年八月、或於一九一五年十一月加入協約國。對德宣戰矣。一九一四年八月。中國曾請求助英日攻青島。然爲日本所拒絕。一九一五年十一月。中國又請求參與戰事。日本又阻之。然中國卒於一九一七年二月十四日對德抗議。同年三月十四日對德絕交。同年八月十四日對德與宣戰。當時日政府之態度。讀一九一七年二月八日寇洛本恩氏致俄政府之電文而知之。（參照第九款）

註　此間應將中國對於世界大局所盡之義務。與多數人力供聯合國使用之事績。一述之。當戰事方殷之日。由中國募集之大批華工。在法國北部戰線背面任勞働之役者。共有十三萬六百七十八人之多。被敵人進攻傷死者不少。此外華工受雇於英國。在米索坡達米亞、及德屬東斐。助英國作戰。及在英國戰艦上充當水手者。爲數尤夥。

又中國除勉力省出其自己欲用之出口商船九艘。供協約國使用外。曾允以陸軍十萬人。派赴法國資聯合國之助。當時巴黎最高軍事會議。聞中國此舉。甚爲欣慰。其後以協約國噸位缺乏。不克派船來華運載。致未實行。是爲遺憾。

假使膠州不爲日本佔領。則中國早與聯合國取一致之行動。而膠澳租界亦直接歸還中國矣。

六　柏林會議修改條約之先例　中國所以請和會廢棄一九一五年之條約者。則以有先例可據。一八七八年柏林會議。曾經聯合列強修正俄土兩國所訂之條約。當時列強修正俄土條約之主要原因。則以該約全出於俄國之所指揮。其結果將不利於歐洲和平故也。今一九一五年之中日條約。亦全出於日本之指揮。實不利於遠東之和平。其結果且不利於世界之和平也。

七　和會有決定之權　一九一五年中日條約。所以不能發生効力者。其理由有二。一則和會有決定之權。二則該約爲非定局也。該條約關於山東協定之第一條。規定凡德人在山東所有權利利益讓與等之處置。將來由日本與德國同意。後中國政府、須承認之。關於此節。有不可不申明之點。即和會對於德國屬地問題。皆由和會裁決。不復與德國磋商。則德國在山東之權利。亦應聽和會發落。日本不得與德國直接談判矣。日本既不得與德國直接協商。則上述之第一條。自不能見諸實行。即爲無効之約矣。

八　有名無實之歸還　日本雖有交還青島之換文。然考其性質。殊屬有名無實。夫膠州之所以爲重要者。半在青島一港。半在統轄該港第一碇泊所之區域。今此極要之區域。已被日本劃出。留作該國單獨佔據之用。且欲以其地置諸該國裁判權之下。則境界之內。無論何國。不得有管理土地之權矣。雖曰歸還中國。是中國得膠州之幻影。而日本得膠州之實質也。

九　一九一五年條約非定局　觀一九一五年條約訂結後、日本之行爲。則知日本亦深以此項條約非定局爲虞也。日本曾與列強保證中國之獨立、與領土完全。今欲一九一五年之中日條約。得永存不廢。非先得列強之承認不可。日政府於此。即於一九一五年之夏。與俄國訂立兩種條約。一爲明約。一爲密約。密約之最後一條。規定本約除兩締盟國外。相互嚴守秘密。查英日同盟第三條曰。兩立約國無論何方。非經與其餘一國商妥。不得與第三國締結妨害本約總綱內之宗旨。所謂宗旨者。其一即擔保中國之自主與領土完全。及各國在中國商工業利益均等之主義。因以維持各國在中國之公共利益也。以是可知無論何國。苟有攫取中國政治上統轄權、與領土權、則爲侵犯日英同盟之宗旨。然日俄密約。對於該二國於中國之政治權。毫無預防之規定。惟預防第三國在中國得有政治權而止。按日俄明約第二條之規定。俄日二國在遠東之領土權利。或特別利益。遇有危險時。當彼此互商防護之手段。證以密約之特提中國。則明約中特別利益一語。必指兩國在中國之特別利益而言可知。夫自一九一五年中日條約締結後。日本已在中國之南滿東蒙山東等處。已得有極有價值之領土權利。及特別利益矣。此後因此條約而發生轇轕者。不知伊於何底。勢不至於中國政治。由日本統轄。而與英日同盟宗旨完全衝突不止也。

且日俄更有磋商之事。閱一九一七年二月八日。駐日俄使克洛本思氏、寄本國政府之呈文而知之。此文所述。係克氏勸說日本勿阻止中國參戰。略謂凡遇可以進說日外相之機。彼即以中國參戰與日本未始無利益之說進。今外相已允為探詢北京政府意見云云。文中又曰。惟外相又提出要求。謂保護將來日本在和會地位起見。假使中國果得參與和會。則日本繼承德國在山東所有之一切權利。並取得赤道以北諸島之願望。有不得不先求協約國之贊助者。極望俄國政府即日予以贊助。克氏又勸俄政府曰。中德絕交問題極為重要。今欲催促其進行。則日本所請求者。我政府應即允許。俄政府於同年三月五日。允許日本之要求。照會如左。

前據貴外相來文。備悉一切。茲本公使承本國政府命令。凡貴國政府之願望。即德人在山東權利及赤道以北諸德屬島嶼讓與貴國一端。敝國政府完全贊助。特此保證。

今請述一合理之說。假使當日日本視一九一五年所加於中國之條件為定局。則其對於後來提出和會之山東要求。必不至請求各協約國贊助。如此其岌岌不遑也。日本要求他國贊助。不僅俄國也。同年二月十六日。得英國允許。三月一日。得法國允許。意大利則由其外交總長於同年三月二十八日允曰。意政府對於此事。並不反對。然則謂日人深知一九一五年條約為非定局。夫復何疑。

夫中國正決定與聯合國取一致行動。以與德奧宣戰。而協約國有此等條件之簽定。其為失意。自可概顯然有不可不申明者。協約國雖對日本有此等允許。然可以不爲此等允許所束縛。蓋自一九一七年八月十四日中國加入協約國對德奧宣戰後。形勢大變。與英法各國爲此允許之日。事異而境遷也。

十　中國政府之否認　中國政府亦以一九一五年條約不能爲定局。此可查中國公布二十一條交涉經過之宣言而知之。在交涉進行中。日本政府以大軍進入南滿、山東。中國政府詢其撤兵時日。日使答稱非至磋商事件達於完滿之結果。斷不撤兵。其後中國受最後通牒之壓迫。致日本要求達於完滿結果之後。曾出有正式宣言。聲明中國雖以廹壓不得已承認最後通牒中各條件。然如有因此次承認而與各國保全中國獨立與領土完全及商工業機會均等各主義相抵觸者。中國斷不承認。

十一　片面的談判　此案之中日談判。盡由日本獨斷。爲狀之奇。古今僅有。蓋日本乘保全中國獨立、與領土完全各協約國。正與德國苦戰。特向中國行刦奪耳。中國所派代表之人數及人員。均出於日使之指定。中國代表請備正式記錄。以記會議之經過。而日使不允。其結果中國代表在會中之重要宣言。兩方面之記載不同。日使反責爲擅自湮滅其總代表之宣言。其實中國代表並未嘗爲此宣言也。又會議時日使兩次延會。其延會之故。以兩方意見不同。日使即借此以強廹中國同意也。一言蔽之。該談判自始至終。一切情形。皆日之本獨斷而已。

十二　美國之抗議　美國政府於日本遞交最後通牒第四日。曾以同樣之宣言通告中日二國政府。其宣言如左。

此次中日二國磋商事件早已開始。而猶未告竣。磋商所至當有議決之件。敝政府不得而知。然有不得不向中日兩國政府宣言者。即中日二國政府。無論有何同意或企圖。凡有害於美國國家及人民在中國所有條約上之利益。及中華民國政治上或領土上之完全。或關於中國之國際政策。即所謂開放門戶政策者。美國政府。一律不能承認。特此宣言。

結論

觀於上文所論。中國要求廢除一九一五年條約之理由。可作一總結如次。

一 因一九一五年條約。全因歐戰所發生。而條約中所擬定之事件。其解決之權利。又完全屬諸和會。

二 因一九一五年條約。違反各協約國所主持之信條。即所謂公道正義。爲今日和會所視爲金科玉律。而爲解決各國事務。以免除或減少將來戰事之標準者。

三 因一九一五年條約。破壞中國之領土完全與政治獨立。即英法俄美四國與日本所訂條約擔保者。

四 因一九一五年條約。係先以恐嚇。使中國不得不與之磋商。繼以最後通牒。逼中國不得不簽字而訂結者。

五 因一九一五年條約。本非定局。即日本亦自知之。故於中國將加入戰事之時。日本設法與他國訂立山東秘密條約。其實違反交戰國所承認和平解決之基礎主義。

附錄三

中國代表在巴黎和會提出中國希望條件之說帖。

一 廢棄勢力範圍

中國地富人庶。利於商務及投資。政府為促進本國經濟發展起見。嘗謀予各國以均等機會。顧力有未逮。則以在中國有利益關係之各國。要求其所謂勢力範圍者為之梗也。此等要求之意。似謂在此勢力範圍之內。惟要求國得獨享領土上之利益。以及優先或獨得商務與投資之權利或特權。德國要求以山東省為勢力範圍。實為造端之始。嗣各國於中國他處。亦有同類之要求。似出於維持遠東均勢之意。各國在中國要求勢力範圍。其所依據。不外二端。一即各國自相締結、而中國未與聞之協議。如一八九八年九月二日英德銀行團所訂。並經英德兩政府核准之、關於建築鐵路合同。與一八九九年四月二十八日。英俄二國所訂。關於兩國在中國互享鐵路利益之協約是也。一即在中國不能自由行使其意願之時。各國與中國所訂之條約或協議。如各國爭奪權利時代所訂之不割讓土地之各約。與一八九八年三月六日之中德膠澳租借條約。以及因日本二十一款之要求所訂之一九一五年五月二十五日之中日條約是也。

各國在中國要求勢力範圍之政策。其為不合公道。厥有數端。其一即不特不能助中國經濟之發展。反足以阻礙之也。此等政策。似專為要求國之利益而設。指定中國之一省或數省。為其人民專享之利藪。

而於中國人民經濟之需要。在所不顧。實足以阻滯羨餘資本之自然傾注。剝奪選購物料雇用專門人才之自由。而供求相應之原則。亦且因之而失其作用。往往有經營事業。適在某國勢力範圍之內。該國既不能自供必要之資本與合宜之人才。而又不肯任他國之兼有資本人才者。投資舉辦。此等事實。已不一而足。

其次則因破壞各國商工業機會均等之原則。而妨及他國之公益也。一國既有勢力範圍。而於築路開礦、以及他種實業之投資。得享優先或專有之權利及特權。往往得居經濟上之優越地位。而該地經濟集權之要素。亦漸漸入其掌握。則其利益與機會。自非他國所能平分矣。

抑勢力範圍之要求。更有大不可者。一國要求於此。他國必要求於彼。要求無已。則其結果不特不能在中國境內爲統一有序之經濟發展。徒造成多數經濟區域。互相對抗。既足以危害中國領土之完整。與政治之獨立。抑將引起國際之猜忌。而妨及遠東之平和。故爲中國計。爲世界眞利益計。凡有關係之各國。宜舍棄其勢力範圍之要求。蓋此種範圍。實爲經濟上之障碍。足以使各國商工業機會均等之原則、不能適用。且滋生經濟上之仇意。最易變成國際重大爭端之原素也。

鑒於以上各項理由。苟有關係之各國。本其誠意。重視中國主權。暨與中國通商各國公共利益之旨。發爲宣言。各自聲明在中國既無勢力或利益範圍。亦無提出此項要求之意。並聲明從前所訂一切條約協議換文合同。凡因之而授予領土上之專有利益、以及優先或獨得之讓與及權利特權。足以發生勢力範圍而妨及中國之主權者。或可解釋爲有授予之意者。並願與中國磋議修改。此中國政府所深望者也。

二 撤退外國軍隊巡警

中國境內。在非租借地及租界各處。有外國軍警。久爲政府所極焦心之事。茲舉軍隊巡警二者分別言之。至租界與租借地。詳另篇。

一、在中國之外國軍隊。

甲、此項軍隊之來由

在中國之外國軍隊。不外二類。一根據約章而來者。二無所根據而來者。

一、拳匪之亂。聯軍各政府於一九〇〇年十二月二十二日。向中國政府提出議和條件。其要求之一。即各國在使館界內。均得常設衞隊。以護使館。旋中國於一九〇一年一月十六日照覆。允其所請。復於一九〇一年九月七日。條約中申明此意。該條約又准各畫押國於北京至海口之間。自相商酌。擇地設兵駐守。以護交通。於是在京奉鐵路上。指定地點若干處。爲外兵駐守之所。諸畫押國中。除日斯巴尼亞外。其餘如奧匈比利時法國德國英國和蘭義大利日本俄國美國。皆派兵駐守一二處不等。歐戰以前。各國軍隊之總數。時有增減。大致在九千左右。自一九一四年歐戰起始。各國有撤退軍隊者。及中國與德奧斷絕邦交。德奧軍隊。皆爲中國所拘留。然尚有他國軍隊。迄今猶存。

二、尚有中國他處之外國軍隊。非若使館衛隊京奉駐兵之根據約章。乃毫無根據而來。且不顧中國之屢次抗議者。

A．滿洲之俄日兩國軍隊。按一八九六年中國與道勝銀行所訂東清鐵路合同第五條云。中國政府、應設法保護該路、及路上所用人員。旋俄國政府給予東清鐵路特許狀。有云在鐵路及其附近所屬地界內維持法律秩序之事。責成該公司所派巡警人員辦理。又云該公司應擬定巡警章程。依據此兩項規定。該公司遂常設護路巡隊。然該路建築之際。俄國藉口於保護路線。派兵至滿洲。及拳匪起事。俄國復藉端增加兵額。佔據牛莊奉天及沿東清鐵路扼要各處。雖一九〇二年四月八日。俄國與中國訂立合同。擔任於約定時期之內。將軍隊撤退。然終未肯實踐。僅將軍隊移至鐵路公司界內。而又佔據遼河口及鳳凰城安東各處。旋日俄兩國有所磋商。未能就緒。繼以日俄之役。其戰場即在滿洲。

俄國因波茲馬斯和約。將旅順至奉天之鐵路。移交日本。按該約第三條。俄日兩國雖互相擔任除遼東半島之租借地外。同時將軍隊完全退出滿洲。仍於另一條中。保留權利。均得駐紮衛隊。以各護其在滿洲之鐵路。其額數每一基羅米突。不得過十五人。在此限數以內。俄日兩國軍官得自相協定何者為實用所需至少之數。此南滿鐵路沿途日本軍隊之所由來也。

中國雖於一九〇五年十二月二十二日。與日本訂議。允俄國將日俄戰事前所有租借權利。鐵路特權。及鑛產權利移交日本。然上述之另條關於鐵路衞隊者。中國不特未許。且於第十一條內。深表示願滿洲日俄軍隊、及鐵路衞隊、從速退去之意。而日本政府則願俟俄國肯撤退鐵路衞隊時。或中俄兩國議定他種合宜辦法時。亦舉行相類之辦法。而鐵路衞隊究未撤退。自俄國政變後。東清鐵路及哈爾濱長春鐵路之俄國衞隊。雖已盡易中國軍隊。而南滿東安二路之日本衞隊如故。

B·自一九〇一年以來。日本政府於奉天之六道溝。及吉林之延吉等處日本領事館。駐紮日兵。俄國旋於一九一一年。步日本後塵。亦於吉林延吉等處領事館、駐紮軍士。

C·一九一一年之秋。中國革命起事時。日本以保護僑民爲詞。遣一支隊約六百人。至長江上游。距海約八百英里之漢口。駐紮於條約所載租界地址以外。其數有時增至一千五百人。雖中國政府屢次請其撤退。迄未退去。該隊現有機關槍一連。其所住營房。係兵到後特建者。可容二千五百人。設有無線電站。

D·內蒙邊界之遼陽地方。亦有日軍。係一九一四年遣來。是年秋、有中國巡警一隊。在滿洲內地昌圖地方與羣盜屢戰。適有日軍一連經過該地。羣盜誤以爲中國巡警。向其轟擊。彼此開槍。斃中國巡警三人。又路人一名。日人亦有二名受傷。然其是否受創於巡警。抑爲羣盜所傷。無從證實。日本領事當即派兵至遼陽。嗣後雖經中國政府懲罰巡警。申斥警官。並賠欵一萬二千元。以爲案已辦結。而日本軍隊迄未撤去。

E·一九一四年。歐戰發起日本向德宣戰。隨即攻擊青島。日軍登岸之處爲龍口。在其目的地之北約一百五十英里。又藉口於軍事上之必要。將山東腹地之膠濟鐵路。全行奪取。並佔據沿途緊要車站。迫令中國軍隊退出附近地方。嗣後軍事於十一月間完全停止。青島亦於次年一月一日開放市塲而日本軍隊不顧中國屢次之抗議。仍逗遛山東。計沿鐵路之日軍數目約二千五百人。

F·一八九六年。英人在中國回部新疆省之庫叶喀爾地方設立郵站。有郵差數名往來於該處與印度之間。投送文牘。五年後。俄國亦在該處設立郵站。護以騎兵十餘人。及一九〇〇年。俄兵增至一百五十人。一九一八年英國遣印度兵三十人至該處。聲言係爲保護領館之用。

乙、所以應撤退之故

A·以外國軍隊之因一九〇一年專約、而駐紮於中國境內者言之。中國政府。深信現無駐紮此項軍隊之必要。該約爲拳禍之結果。彼時鑒於中國北方情形。而有駐兵之條件。今此等情形。已不復存。中國之尊重外人生命財產。已極昭著。而無可非議。雖在內亂之時猶然也。

B·使館之衞隊。京海間之駐兵。不特爲中國人民之辱。抑亦爲主權之疵累。而使館界之劃地自守。不准中國人民居住。尤爲世界各國首都之所無。

C·此等外國軍隊。每至滋生事端。擾害地方秩序。往往兩國軍士。彼此尋仇。雖未必釀成重大事故。而地方官已爲之不安。

至於毫無根據。而闌入中國之外兵。則不特具有以上之弊病。抑更有亟應撤去之理由。

A·外兵闌入中國境內。足以損害各國彼此間之睦誼也。試舉事實以證之。一九〇〇年、俄兵屯集於蒙邊及滿洲。而俄日之間遂生惡感。卒以俄國不允撤回滿洲之軍隊。而致有日俄之戰。

B·此等兵隊之逗遛。足以損害中國與該兵隊所屬國之交誼也。觀於日本軍隊與中國人民齟齬之多。可資佐證。試舉一二如左。

一九一三年駐漢口之日本軍隊中。有西森大佐者。欲強入第二師之司令部。守門軍士勸阻。被其刃傷。一時民氣甚爲激昂。

一九一三年九月。直隸省昌黎事件。則較爲重大。是時有日兵數人。圖竊小販之梨。爲巡警所阻。旋有日軍官率兵四十人。攻擊警署。欲將巡警捕去。日軍官並刺傷警長。而四十日兵則放槍三排擊中國巡警四人。以致民情憤怒。中國官長竭力防杜。始免暴動。

一九一三年九月。吉林省之長春地方。有日人毆擊中國小販。經中國巡警干涉。旋有日兵一小隊。約百餘人。擁至第三第四兩警區。搜尋該巡警。欲將其捕去。

一九一六年內蒙古鄭家屯地方。中日軍隊衝突。計斃華兵四人。日兵十二人。互有負傷。日本藉此要求多端。其中不乏大礙中國之條件。中日邦交。爲之不固者。計五閱月。

日軍駐紮山東內地。屢滋事端。致居民發生惡感。中國政府因其違法逗遛。提出抗議。而日本乃藉此於一九一五年一月。出其膾炙人口之二十一條要求。致中日交誼。爲之大傷。
中國政府。鑒於以上諸理由。故請（一）將所有外國軍隊。無法律上之根據。而駐在中國者。立即撤退。（二）將一九〇一年九月七日專約之第七第九兩欵。宣告廢止凡根據該兩欵而駐在中國之使館衞隊。暨外國軍隊。即自平和會議日起。一年以內悉行撤退。

二　在中國之外國巡警

自一九〇五年以來。日本政府於滿洲設立巡警機關。日漸擴張。一九一七年。據奉天吉林地方官報告。此項巡警機關。已增至二十七處。
租界之內。設外國巡警。雖爲條約及中國政府所核准之租界章程所許。其在他處。則未嘗以此項特權。授與外國。故日本之設立巡警。實無理由。
日本政府。屢謀向中國取得南滿洲及東內蒙設立巡警之特權。及一九一六年八月。鄭家屯事件發生。要索尤力。欲中國政府允其於南滿洲東內蒙擇必要之處。設立日本巡警。以保護日本人民。並欲中國政府。准南滿洲官長。雇用日本警官。其所持理由。則謂日本政府。以爲該處地方爲管理並保護日僑起見。有設立日本巡警之必要。且南滿洲之內地早已設立日本警官多名。地方官與接洽是業已承認且此項特權。係與治外法權相輔而行者。
中國政府之答覆。謂管理保護日僑之事。已有約章規定。並無設立日本巡警之必要。巡警問題。不能與治外法權相提並論。中國政府亦不能認為相輔而行。且自有治外法權之條約以來。從未聞有此等要求。至業已設立之日本巡警機關。則久經政府及地方官屢次抗議。請即撤去云云。

中國政府對於滿洲之日本巡警。仍持以上看法。茲特再請將此項巡警與此外法律上無所根據而駐在中國之外兵及衛隊。一並立即撤退。

三　裁撤外國郵局及有線無線電報機關

自一八六〇年以後。中國通商各口。漸次增設外國郵局。然非條約所准。亦未經特別許可。僅為中國政府所容忍而已。

同時中國海關。仿照西法。附設常川遞信機關。往來於沿海各口及揚子江一帶。創設以後。日有進步。至一八九六年上諭專設機關。派定專任人員。不復由關員兼任。及一九一一年。郵政總局直隸交通部。遂完全與海關脫離。

中國雖於一八七八年。承萬國郵政公會邀請加入。而自顧制度未備。遲遲未決。至一九一一年。始有加入之舉。自是以後。中國遂為郵政之第一等國。擔任經費。亦在最多之列。

中國郵局於一九四一年脫離海關。改隸交通部之時。其分局已遍布全國。並推及蒙古與喀什噶爾。暨俄國交界等處。計是年分局之數為六千二百零一處。及一九一七年。則增至九千一百零三處。

一九一七年。郵局送遞信件之途徑。共長五十二萬里、即十七萬英里左右。大半為鐵路輪船所未通。較之一九一四年。計增多三十四萬里之譜。

成績之進步亦足稱、一九一一年所遞信件之數四百二十一兆。一九一四年、爲六百九十二兆十八萬二千二百。及一九一七年、則增至九百六十五兆四十七萬八千三百七十一件。

此外送遞包件之數。亦屬不細。計一九一七年所遞包件之數。爲十一兆四十六萬五千零六十一件。估價一百三十六兆十三萬七千二百元。共重三十七兆七十九萬七千二百七十一基羅。即四萬噸左右。

又有掛號信處。信札包件。均可掛號保險。並可代商家遞送貨品。代收貨價。

郵政匯票亦已風行多年。計一九一七年所發郵政滙票之數。爲一百零三萬張。共值二十一兆五十二萬三千元。其尤可注意者。則英法政府支付在歐華工之家屬費用。皆利用中國郵政滙票也。即就威海衛一處之英政府招工局而論。其一九一七年內九個月之間。所購中國郵政滙票。已達一百萬元之數。其所遞郵政匯票之處。大半在直隸山東之內地。計華工家族二萬五千餘戶。從未聞有一票遺失者。

郵政初設之際。不免賠累。近則不特能自給。且有盈餘。計一九一七年收入之數。爲八百五十四萬六千元。支出之數。爲七百七十萬四千元。計盈餘一百四十二萬二千元。可資推廣整頓之用。

中國郵政。雖在革命之時。極邊之處。亦毫無停滯。

郵政機關如是其大。所用人員。自不得不多。計一九一七年十二月間。在郵局服務之外邦人員。雖因戰事而數目大減。然尚不只百人。分任郵政司副郵政司助理員等職。同時中國人員之數。爲二萬五千八百六十七人。中國政府之意。於需用外人助理之時。仍不裁撤外人。

就以上所舉概略觀之。可見中國郵政發起於五十年前。擴張至今日之大。分局完密。辦事精到。近五年來。已在郵政公會中為設備完全之國。

中國政府之意。以為中國郵局既能完全勝任。則按各獨立國之通例。國內不應有他國郵政機關。故請平和會議裁決。凡現在中國之他國郵政機關。寬予期限。俾得從容收束。自一九二一年一月一日起。一律裁撤。

中國又有所不能不要求者。中國境內不應設立外國有綫無綫電報機關。凡此項業已設立之機關。亟應由中國政府給價收回。

四 撤銷領事裁判權

領土主權之行使。與領事裁判制度之存在。二者互相抵觸。盡人而知。無俟贅論。茲第論此項制度之行於中國。非根於國際公法之原理。乃純由條約強造而成。條約訂設此制之最早者。有一八四三年中英五口通商章程第十三款。此約雖經中英天津條約宣告廢棄。而該款要旨。仍載入天津條約第十五第十六第十七等款。此外則有一八四四年中美五口貿易章程第二十一及第二十五款。及同年中法五口通商章程第二十五第二十七第二十八等款。原此制設置之理由。蓋以當時中外法律懸殊。中國司法制度。未臻完備。顧此項矯揉造作制度。原屬暫設。終歸撤廢。試觀一九〇二年中英商約第十二款。彰彰明甚。其文如下。『中國旣深願改良其司法制度。期與泰西各國司法制度不相出入。英國茲允盡力襄助此舉。幷俟中國法律狀況。審檢辦法。及其他情形。足使英國滿意。彼將允棄其治外法權。』此外如一九〇三年中美商約第十五欵。及同年中日商約第十一欵。亦有同等之條文焉。

諸友邦正式惠允拋去領事裁判權之約。旣如此明顯。則首應解決之問題。即現時中國法律狀況審檢辦法是否已臻妥善。足使英美日本及其他有約國咸覺滿意。俾可實行拋棄領事裁判權是已。我人雖未敢遽謂中國現時司法情形。已足媲美先進諸國。然自上述商約締結以後。中國司法改良之成績。固已斐然可觀。此實中外所共覩而共信。姑撮要言之如左。

一中國臨時約法。採三權分立之制。凡所以保衛人民生命財產之根本權利。及保障司法官之審判獨立。不受立法行政兩權之干涉。悉有明文規定。載在憲章。

二中國業經編有法典草案五種。一刑法。二民法。三商法。四刑事訴訟法。五民事訴訟法。各種法律法典。有已呈准暫行援用者。如暫行新刑律、及刑事民事訴訟法內管轄審理各節是已。有業經正式公布者。如法院編制法、高等以下審判廳試辦章程等是已。凡諸法與法律之編纂。多取才於先進諸國。斟量折衷。並以不背於中國社會爲度。

三正式法院。係分三級。曰大理院。曰高等審判廳。曰地方審判廳。並經採用檢察制度。各級法院均配置有檢察廳。

四關於訴訟法律之改良。其顯著者。則民刑案件分庭受理。審判取公開主義。刑事案件。注意證據。刑訊勒供。早經廢止。辯護制亦已仿行。凡業律師者。須經法定考試。或具有相當資格。

五各級法院之推事檢察官。咸受有相當之法律教育。其中畢業於外國專門大學者甚夥。

六監獄警察諸制度。均經整頓改良。成績昭昭在人耳目。

上列各項成績。既若是顯著。而司法改良之進行。且復駸駸未艾。準是以推。上列商約所訂撤銷條約之實行。爲日當已不遠。是昔日所據以設領事裁判之理由。業已無復存在。不特此也。試舉此項制度之陋點。其撤銷之不容緩。更屬明甚。

一適用法律之參差也。　領事裁判之管轄。依據被告國籍而定。此爲通例。訟英人者。赴英領署。訟法人者。赴法領署。訟美人者。赴美領署。餘準此類推。而各國法律。間有出入。同一案也。甲領署認爲有罪。乙領署認爲無辜。此以爲證據未充。彼容謂理由已足。往往案情雖同。而判決竟異。寃濫之繁。恒由斯起。劣點一。

二領署對於異國之證人原告無管轄權也。　案中所需証人。苟有國籍異於被告。領署非特不能勒令出庭作證。即彼自願作證。或作證而所言不實。領署既不能科以罰金。並不能科以妨害公務或僞證之罪。對於他國籍之原告。亦復如是。且假使被告對於原告之請求。雖不能抗辯。而提起反訴。以爲抵銷。顧該領署既無管轄原告之權。該項反訴理由。雖極充足。無從爲之審理。劣點二。

三外國人在中國內地犯罪搜集證據之艱難也。外國人旅行內地。如有犯罪情事。按照條約『應就近送交領事官懲辦沿途止可拘禁不可凌虐』。前美國駐華公使黎德曾有言曰。此項條文實言之。直謂旅行內地之外國人。雖犯強姦故殺。須解送遠在千里外之通商口岸領署懲辦。沿途止得寬行看守。日久途遙。搜檢證據之艱難。不問可知矣。劣點三

四領事官與裁判官職務之衝突也。　領事以保護本國僑民之利益爲職務。今以他國人民訴其本國人民之案件。交彼審理。與其保護之職務。既不相容。而欲望其裁斷平允。毫無偏袒。不亦難乎。至此制之與現今行政司法分權之原則。顯相背馳。更無論矣。劣點四。

右舉領事裁判制度之種種劣點。已足爲撤廢之理由而有餘。況曠覽寰區。此制大有日就消滅之勢。在昔日本此法行焉。厥後五種法典、及法院編制法、次第編纂頒布。乃要求各國改正條約。卒於一八九九年將此制全行撤廢。暹羅自改組後。亦得英法各國允許。將其領事裁判權之一部分。移交暹羅法院。並允俟司法事宜改良完竣。擴充其境內法權焉。

因是中國亦請求有約諸國。允於一定期間內。下列兩項條件實行後。將現行於中國境內。此種陋制。實行撤廢。

一刑法民法商法及民事訴訟法刑事訴訟法、完全頒布。

二各舊府治所在地。（實際上外國人普通居住之地）地方審檢廳完全設立。

中國允於五年內實行右列兩條件。同時要求有約諸國。允俟該項條件實行後。即將領事裁判權撤廢。其在中國境內設有特別法庭者。同時一並裁撤。

更有請者。在領事裁判實行撤廢之前。中國要求有約諸國。立爲下列兩項之許可。

一華洋民刑訴訟。被告爲中國人則由中國法院自行訊斷。無庸外國領事觀審參預。

二中國法院依法發布之傳、拘票、判決書。得在租界或外國人居宅內執行。無庸外國領事或司法官預行審查。

抑領事裁判權之撤廢。受其利者。不獨中國而已也。有約諸國。行見於中國法權統一之下。凡華洋訴訟。及國籍不同之外國人訴訟案件。歷來種種窒礙不便之處。消釋以盡。不寧惟是。今中國舉國人民。莫不般盼司法權之收回。一旦如願以償。其感激友邦親善之美意。庸有既極。且中國法權旣能普及於全境之居民。於國內行政及治安之保障。亦有莫大之裨益。舉國人民。將自行敦促政府開放全國。俾外人貿易居住。將來國際商務之發達。可操左劵。此尤中外人民所共同跂望者也。

五　歸還租借地

中國境內之有租借地。實危及領土之完整。其發端之始。起於德國之侵略行爲。德國以武力佔據山東省之一部。中國政府屈於武力。不得已允以海濱最良之港口。即山東省之膠州灣。租與德國以九十九年爲期。

一八九八年十一月。有德教士二人。在山東內地被害。德國艦隊立即佔據膠州。要索賠償。凶手旋即伏法。地方官員數人亦坐辦事不力受懲。並建教堂兩所以誌感謝。衡以最苛之標準。其所以謝德人者不可謂不至且切矣。

抑知伸雪之後。猶未能息事。曹州之教案甫經辦結。而德國駐北京公使海靖氏即向中國政府提議。須將膠澳租與德國。德皇復遣其弟亨利親王率艦隊至中國海面。以壯聲氣。亨利親王瀕行。德皇賜宴勗以無惜鐵拳。中國政府見國際情形如是。迫不得已而從其請。爰於一八九八年三月六日。簽定租借條約。劃出膠澳周圍百里環界。准德國有兵隨時過境。並以膠澳海口南北兩面之地及島嶼若干處。租與德國。以九十九年為期。在租界地內。德人並有建築砲台之權利。該約復准德國建築鐵路。橫貫該省。並在鐵路附近三十里內。勘採礦產。稽英倫與威爾施之幅員。不及山東一省。而按照此約。該省如需外國幫助。須儘先用德國人民。德國貨物。德國資本。

德國既在中國沿海。得有屯兵要塞。俄國遂藉均勢之義。於膠澳租約畫押之日。向中國提出限期答覆之要求。謂旅順口大連灣及附近海面。應租與該國。庶該國艦隊得有穩固之根據。並要求其他事件。如建築鐵路貫串滿洲。與兩年前許其興築橫亘滿洲之鐵路相接。且以俄兵駐守該路。即其一也。

中國政府屈於俄國之壓力。乃於一八九八年三月二十七日。允以旅順大連租與俄國。以九十九年為期。同時並允其他項要求。

日俄之役。以一九〇五年九月五日波茲馬斯之約爲結束。俄國於該約中訂明經中國許可之後。即以旅大兩口及附近地面海面之租借權暨附屬於租借權之權利特權轉讓於日本。旋經與中國和衷磋商。中國亦即允之。此一九〇五年十二月二十二日事也。

自德租膠澳。俄租旅大之後。而廣西沿海之廣州灣於一八九八年四月二十二日。租與法國。以九十九年爲期。九龍拓界及香港附近之地面海面。於是年六月九日租與英國。亦以九十九年爲期。而山東沿海之威海衛。於是年七月一日租與英國。則以俄國佔有旅順口爲期。英法二國之要求租借地。皆根據遠東均勢必須保全之說。

各國對於租借地所得行使之管理權限。雖各有不同。其租期則均有年限。而其非經中國政府之許可。不得轉讓於第三國。則或明白規定。或隱示限制。在租借之內治理之權。雖或委諸受租之國。如膠澳之例。而主權則無不仍屬於中國。且大多數租約皆規定中國兵艦得使用租借港口爲海軍根據地。其權與租借國無異。僅廣州灣租約則附有條件。以中國處中立地位時爲限耳。

關於以上所述。則領土主權、於治理租借地之權。雖有限制。而其地仍爲中國領土之一部分。則甚明。此種租借地。係從條約發生。自事實上法律上言之。皆與割讓不同。且不能謂與割讓相似。

此等租借地。即作如是看法。亦無繼續存在之充分理由。不特中國之准予租借出於迫脅。且他國之要求租借。無非爲造成均勢起見。所謂均勢者。非指中國與他國而言。乃各國爭謀權力利益彼此抵制之謂。蓋其時滿清失政中國有分裂之虞也。二十年來情形大變。德人勢力既已剗除。則擾亂遠東和局之重要原素已不復存。且不日萬國聯合會成立。以杜侵畧戰爭此後更無維持遠東均勢之必要。租借地之要求本以均勢爲主要原因。則各國舍去租借地之理由。又多一層矣。

不特此也。中國政府以爲租借地之存在。大傷中國之利益。此等地方。俱在形勢扼要之處。不特爲國防之障礙。且不啻在一國之中。另立多國。有危及領土之完整。況受租各國利益。每不能相容。往往自起紛爭。累及中國。而於彼此戰爭時爲尤甚。

且此等租借地。往往用以爲壟斷附近地方經濟權之張本。而爲勢力範圍之起點。於在華各國工商業門戶開放之原則。殊有損害。

租借地一日在他國掌握。則中國之困難。一日不去。而其流弊。且日增一日。中國政府實有不得不請各國概行舍棄者。至關於保護界內業主權利。及治理退還地方。爲此項租借地退還後應有之義務。此中國政府所深知而願擔任者。可保證也。

六　歸還租界

自一八四二年八月二十九日。中英訂立江甯條約。其第二條准英國民人寄居廣州福州厦門甯波上海五處。貿易通商無碍。而外人在中國居住貿易之權利。始確實規定。次年又爲便於實行起見。又訂續約。其第七條規定於通商各口。由地方官知會領事、指定地畝房屋。專備英國人民之用。

他國亦與中國訂立相類之條約。其人民亦獲相類之權利。

自一八四二年以後。五口之外。又增開多處。其中亦有劃定專界。備外人居住貿易者。此等通商各口之專界。即所謂租界者也。各處租界每由一國單獨享受。故往往一口之內。而有租界多處。如天津漢口是也。上海之英美兩國租界於一八五四年合併爲一。改稱公共租界。惟法國租界仍爲獨立。

租界之地。仍爲中國領土。其外人之執有地產者。仍須繳納地稅於中國政府。與中國人民無異。惟治理之權。則或屬於承受該租界之國所派領事官。或屬於納稅外國人民所選舉之工部局。凡租界利病所關。皆歸其管理。並發布命令。以維持租界秩序。又徵收捐稅。以備地方費用及建造公用房屋修築道路雇用巡警之用。

租界內之人民。中國人居其多數。租界之收入。亦大抵出諸中國人民。然除鼓浪嶼一處之工部局得由地方官派委員參與工部局事務外。其他處租界工部局之選舉。中國人不得與焉。上海公共租界中國人民居全數百分之九十五。而只有各商團所舉之中國値年董事三人。僅備顧問之用。

各租界大抵爲商業繁盛之區。中國對外通商之進步。以各租界之功爲多。而人民之受其益者亦不淺。然各租界之外國官員。每爭索權力。以致損害中國主權。阻害中國內政。

舉一事以言之。中國人民居住租界者。中國政府不得施其裁判之權。即如中國地方官欲於租界之內。

拘捕中國人民。則須先得該租界之國領事官許可。在公共租界者。必先得領袖領事官許可。若該中國人與任何外國商行或家族有關繫者。又須先得該商行或家族所屬國領事官之許可。租界之內。華人互控之案。雖與外人利益毫無關係。仍須由會審公廨審斷。其外國會審員不特從旁視察。且實握判決之權。中國人有因案逃避於租界者。中國官非先請租界外國官許可。發出拘票。則無從拘捕。

租界雖爲中國領土。而中國軍隊不得經過。是租界之外國官長。已不認中國之主權。

此種專享權利。不啻於一國之內。另設一國。於領土所屬國之主權。大有妨礙。此等情形。實非當日創設者之意料所及。一八六三年四月八日。英國外相洛塞爾子爵訓告英國駐北京公使布魯斯云『英國租界內之地。自係中國領土。毫無疑義。中國人民不能因居住租界內之故。遂得免其履行天然之義務』是年駐京各國公使會議。決定上海公共租界改組之原則如下。

一關於領土之權限。必須由各國公使直接商之於中國政府。

二此項權限以純粹地方事務。暨道路巡警及地方所需之捐稅爲限。

三中國人非實係外國人所雇用者。須完全歸中國官管束。與在內地無異。

四各國領事官。仍各自管束其人民。工部局官長止能拘捕違犯公安之罪人。向其所屬之中外官長控訴。

五工部局中。須有中國董事。凡一切有關中國居民利益之措施。須先諮詢得其同意。

此等原則至近年始行廢弛。

推廣租界之案亦層出不窮。租界居民漸增。則要求中國政府准其推廣。顧以領事官及工部局之權限。甚爲廣泛。爲所擬推廣界內之居民所反對。中國政府自不能無所遲疑。外人不諒。每有怨言。

推廣租界之案。不特足以傷中外之感情，亦往往引起各國彼此間之爭執。一國要求推廣租界。他國亦援例　求。每有兩國利益。不能相容。則彼此之感情爲之大傷。

租界由工部局治理之權。遂爲近年所訂新關租界之條約所許。其從前劃定外人居住管理之各地。則並未授予此項權限。不過基於租界章程。爲中國地方官與各國領事官所同意者而已。

茲姑不論其權限之所自來。總之今日已無維持此項獨立工部局之必要。昔中外交通之始。人民尚未相習。故以劃分外人專用地界爲便利。而此等專界每在郊野之區。則又不得不設立一種地方組織以維持該處僑民之秩序。如此則可免中外人民之齟齬。而領事官行使其條約所定之保護管束事宜。亦較爲便利。

然昔日分居之必要。今不復存。即如長沙南京等處。並無外國租界。而中外人民相安無事。即租界內中國人民甚多。亦未聞有與外國人相衝突之事也。

中國近來於地方自治。大有進步。如租界收回。儘可担負切實治理之責任。以北京地面之廣。而地方行政皆從新法。中外居民。無不翕服。又如天津漢口之德奧租界。自一九一七年中國宣戰收回自治之後。

亦未聞有非議者。

現在租界治理之辦法。亦非享受通商權利所不可無。二十年來。中國於鼓勵國際商務之政策。推行無間。不特於條約上增設通商口岸多處。且在內地自闢商埠。以便外國通商。即如濟南等處。外人須服從中國地方及巡警章程。與中國人無異。行之亦無弊病。此類商埠。雖係新闢。而外人來者日多。漸成繁盛商區。

中國政府。因以上所列理由。深望各國現有租界者。允將租界歸還中國。中國政府。亦願與各國商議辦法。以保障各口外人租用地面之權利。

在實行歸還以前。中國政府願租界內治理之章程。稍加更改。俾中國居民。可得平允之待遇。亦可為最後歸還之準備。此項更改之處。與有約各國人民之權利。毫無損害。臚舉如下。

一中國人民。在租界內得購置地畝。與外國人民無異。

二中國人民居住租界者。得有選舉工部局董事及被舉之權。

三租界外之中國主管法庭所發之傳拘票及判決。應在租界內執行。不由外國官長審查。

四凡租界內華人互控案件。不得由外國會審官參與審斷。

七　關稅自由權

中國現行海關稅則。發端於一八四二年之中英江甯條約。次年復依據該約議定則例。按貨註明稅率。

大抵以值百抽五爲比例。然亦有值百抽十者。嗣後他國與中國通商。即援此爲例。及一八五八年。中國與英法等國改訂稅則。始一律以值百抽五爲率。各約內均有按期改訂之規定。即嗣後所訂商約。亦均有改訂之條欵。然自一八五八年以來。僅於一九〇五年及一九一八年改訂兩次。即此兩次改訂。亦不過改訂貨價而值百抽五之率。則仍舊貫。此項稅則。不特不公。且亦不合科學原則。蓋日用必需之品。課稅之重。與奢侈品無異。其流弊必至大傷中國之財政與商務。茲舉其理由言之。

一無交換也。因此類條約及最惠國條約之故。各國均得享受普通之稅則。又以最惠國條約之故。苟一國得享受任何權利特權。他國即可援例享受。然中國不能得交換利益。故凡有約國之貨物。皆得以值百抽五完稅運入中國。而中國貨物之運往各國者。不能享此利益。按國際習慣通商稅則。無不以交換互讓爲根。此等不交換之情形。實與國際習慣相背。

二無區別也。一八五八年。課稅不復區別。而原料及日用必需之品課稅。與奢侈品相同。此亦與各國習慣相異者。試列表以證之。

一九一三年各國奢侈品課稅之率（一九一三年爲歐戰發起之前一年。其時情形未失常度）

	菸葉	醇酒
英	每磅八先六便	每軋崙十五先二便
美	每磅十八先九便又值百抽二十五	每軋崙十先十便

法	每磅一鎊七先二便半	每軋崙二先六便半
日	值百抽三百五十五	每軋崙十先二便
中國	值百抽五	每軋崙四便半

觀以上稅率輕重昭著無待贅一詞矣。

因稅率輕微之故。國家收入不足、以致不應徵稅之貨物。亦不得不稅課。試觀下列數目。即知一九一三年。中國與各國免稅貨物成數之比較。

中國免稅貨物居全數百分之	六・五
日本	四九・五
法國	五〇・〇
美國	五四・五
英國	九〇・七

此種劃一稅則。不適於今時之情形。可就下列比較數目而見之。

	稅則所列貨物種數	進口貨物之價值（鴉片不在內）
一八五八年	一百三十八種	約三十兆兩
一九〇二年	三百三十二種	約二百八十兆兩

一九一二年　五百九十八種　約五百四十五兆兩

於此可見六十年來雖貨物之種數增至四倍。進口貨之價值增至十八倍。而值百抽五之劃一稅則仍未更改。當一八五八年中國允行值百抽五劃一稅則之時。外國商務尚未臻重要。今則其數大增。不特覺其分配担負之法至爲不公。且原料機器之輸入。無從鼓勵。奢侈品之輸入。無從限制。於國家經濟大有不利。

三收入不足也。值百抽五之率。已較各國爲輕。而即此值百抽五。亦僅有名無實。條約中本有隨時改訂稅則之規定。而從未按時實行。即有改訂之舉。其所定貨價標準。亦必較時價爲低。即如一九〇二年之改訂。則以一八九七至一八九九年之平均價目爲標準。故貨價雖漲。而關稅所收。則恒不能得按照時價應收之數。且海關所收進口稅。僅居全國收入之一小部分。即如一九一四年。全國收入爲二百八十兆兩。而進口稅所得。僅十八兆兩。不及百分之七。於是政府因關稅收入不足。而不得不取盈於他稅。雖明知其有害。而欲罷不能。即如厘金一項。中外人士。同聲非議。然因其收入有四十兆之多。不能廢也。各國久知厘金之害。故一九〇二、一九〇三年。中國與英美日三國訂立條約。其中有廢止厘金增關稅至值百抽一二五之規定。然非有約各國全體承認。則不能實行。而國數既多。欲其全體同意。又幾爲不可能之事。故此條規定。雖有若無。於此更可見關稅一事。中國雖以權利。徧餉各國。而不能食報也。

三改訂有名無實也。值百抽五之稅率。規定於一八五八年。嗣後並無真實之改訂。其一九〇二年、與一九一八年、所謂改訂者。不過重估貨物之價目。而計算各貨應完關稅之多少。而值百抽五之率。則五十年來從未更改。

依據萬國聯合會之宗旨目的。中國應有改定稅則之權利。甚望各友邦承認而樂從之。且改訂關稅之事。必經有約國全體之許可。此爲平時所不易辦到者。故中國政府尤以此次平和會議爲絕好機會也。

中國所望於平和會議之同意者。爲兩年以後廢止現行稅則。易以無約國貨物之稅則。此兩年內中國亦願與各國磋商。就各國所最注意之貨品。按照下列條件。另訂新稅則。

一、凡優待之處。必須彼此交換。

二、必須有區別奢侈品課稅須最重。日用品次之。原料又次之。

三、日用品之稅率。不得輕於百分之一二五。以補一九〇二至一九〇三年商約所訂廢止釐金之短收。

四、新條約中所指定期限。期限屆滿時。中國不特可自由改訂貨物之價目。並可改訂稅率。

中國以廢止釐金爲交換條件。以冀除去商務之障礙。爲一勞永逸之計。

中國並無施行保護稅則或苛斂之意。不過以現行稅則。不得其平。不符學理。不合時宜。不敷需要。故要求修訂之而已。中國對外商務。輸出不抵輸入。積年既久。負債日多。財政經濟。益見困難。非改訂稅則。鼓勵輸出。不能救濟。且輸出多。人民之購買力亦增。於他國亦未嘗無益也。及此改良。已嫌其遲。中國政府對於和平會議。提出此案。實爲全國人民所屬望。凡我友邦。其以獨立國應享之經濟權利。還我中國。俾中國人民。得以發展其富源。而增其購買世界貨物之能力。與各國從事於文化之進步。此中國政府所望深者也。

八　結論

中國政府提出說帖於平和會議。非不知此類問題。並不因此次世界戰爭而發生。然平和會議之目的。固不僅與敵國訂立和約而已。亦將建設新世界、而以公道平等尊敬主權為基礎。徵以萬國聯合會約法。而益見其然。此次所提各問題。若不亟行糾正。必致種他日爭持之因。而擾亂世界之和局。故中國政府。深望平和會議熟思而解決之。如下。

一、關於勢力或利益範圍者。其有關係諸國各自宣言。聲明在中國現無勢力或利益範圍。亦無提出此項要求之意。至從前所訂一切條約協議換文合同之授予領土上之專有利益。以及優先權特權。足以造成勢力、或利益範圍、而妨及中國主權者。或可解釋為含有授予之意者。並願與中國商議修訂。

二、關於撤退外國軍隊巡警者。凡法律上無所根據而現在中國之外國軍隊及巡警機關。立即撤去。一九〇一年九月七日之專約第七九兩款。由平和會議宣告廢止。自宣告日起。一年以內所有外國使館衞隊。及依據該約而駐紮中國之軍隊。一律撤退。

三、關於外國郵政及有綫無綫電報機關者。自一九二一年一月一日起。所有外國郵局。一律撤去。此後非經中國政府明白允許。不得再在中國領土上設立有綫無綫電機關。其業已設立者。由中國政府給價收回。

四、關於領事裁判權者。中國担任於一九二四年底以前。（一）頒行五種法典。（二）在前有各府城設立審判廳。而各國則允將其領事裁判權。及設在中國之特別法庭一並放棄。並在領事裁判權實行撤消以前。允從下開辦法。

甲、華洋民刑訴訟。被告為中國人。則由中國法庭自行審判。毋庸外國領事或代表參與訊斷。

乙、中國法庭所出傳拘票及判決者。得在租界或外國人居宅內執行。無庸外國領事預先審查。

五、關於租借地者。此項租借地。歸還中國。由中國擔任歸還後應盡之義務。如保護產業權及治理歸還地面之義務是。

六、關於外國租界者。請有關係各國。允於一九二四年年底。將租界歸還中國。中國担任義務、保護界內之產業權。在實行歸還以前。先按照說帖所述。更改租界章程。

七、關於關稅自由權一端。請宣言由中國與各國商定時期。此時期屆滿時。中國得自行改訂關稅。又在此時期內。中國得自由與各國商定關稅。交換協約。並得區別必要與奢侈之稅。則其必要品之稅率。不得輕於百分之十二五。在未訂此項協約之前。先於一九二一年起。廢止現行規則。中國允於新協約訂立時。廢止厘金。

附錄四

巴黎和會議長復中國代表公函

承中國代表團送來說帖兩件。其一爲中國要求平和會議廢除一九一五年五月二十五日中日條約及換文事。其一臚列各項重要問題。如撤退外國軍警。裁撤外國郵局。撤銷領事裁判權等。請平和會議提出糾正。舉以上兩項業已收到。本議長茲代表聯盟共事領袖各國最高會議聲明。聯盟共事領袖各國最高會議、充量承認此項問題之重要。但不能認爲在平和會議權限以內。擬請俟萬國聯合會行政部能行使職權時。請其注意。屬本議長容復如右。此致

中國外交總長陸

法國國務總理兼陸軍總長克勒蒙梭

一九一九年五月十四日

敬啟

『民國專題史』叢書，乃民國時期出版的著名學者、專家在某一專題領域的學術成果。所收圖書絕大部分著作權已進入公有領域，但仍有極少圖書著作權還在保護期内，需按相關要求支付著作權人或繼承人報酬。因未能全部聯系到相關著作權人，請見到此説明者及時與河南人民出版社聯系。

聯系人 楊光
聯系電話 0371-65788063
2016年3月28日